LA SUPER MEMORIA

3 Libri sulla Memoria in 1:
Memoria Fotografica, Allenamento Per La Memoria e Miglioramento Della Memoria
-
Come Incrementare la Memoria e la Potenza del Cervello

Edoardo
Zeloni Magelli

© Copyright 2020 Edoardo Zeloni Magelli - Tutti i diritti riservati.

ISBN: 9798695152715 - Dicembre 2020

Autore: Psicologo, Imprenditore e Consulente. Edoardo Zeloni Magelli, nato a Prato nel 1984. Nel 2010 subito dopo la laurea in Psicologia del Lavoro e delle Organizzazioni lancia la sua prima startup. Come Businessman è CEO di Zeloni Corporation, azienda di formazione specializzata in Scienze Mentali Applicate al Business. La sua azienda è il punto di riferimento per chiunque voglia realizzare una idea o un progetto. Come scienziato della mente invece è il padre della Psicologia Primordiale e aiuta le persone a potenziare le loro menti nel minor tempo possibile. Amante della musica e dello sport.

UPGRADE YOUR MIND → zelonimagelli.com

UPGRADE YOUR BUSINESS → zeloni.eu

Il contenuto di questo libro non può essere riprodotto, duplicato o trasmesso senza il permesso o una specifica autorizzazione rilasciata dall'autore.

In nessun caso qualsiasi responsabilità o responsabilità legale sarà ritenuta responsabile nei confronti dell'autore, per danni, riparazioni o perdite monetarie dovute alle informazioni contenute in questo libro. Direttamente o indirettamente.

Note Legali: Questo libro è protetto da copyright. Questo libro è solo per uso personale. Non è possibile modificare, distribuire, vendere, utilizzare, citare o parafrasare qualsiasi parte, o il contenuto di questo libro, senza il consenso dell'autore.

Disclaimer: Si prega di notare che le informazioni contenute in questo documento sono solo per scopi educativi e di intrattenimento. Ogni sforzo è stato fatto per presentare informazioni accurate, aggiornate e affidabili e complete. Nessuna garanzia di alcun tipo è dichiarata o implicita. I lettori riconoscono che l'autore non è impegnato nella prestazione di consulenza legale, finanziaria, medica o professionale. Il contenuto di questo libro è stato ricavato da varie fonti. Si prega di consultare un professionista autorizzato prima di tentare qualsiasi tecnica descritta in questo libro.

Leggendo questo documento, il lettore accetta che in nessun caso l'autore è responsabile per eventuali perdite, dirette o indirette, che sono sostenute come risultato dell'uso delle informazioni contenute in questo documento, inclusi, ma non solo, errori, omissioni o imprecisioni.

INDICE

Il Pilastro della Memoria..13

    Memoria e Oblio..16
    Il Sovraccarico Cognitivo..18
    Proteggere la Mente..19
    TPN e TNN..20
    Il Primo Pilastro del Successo..................................22

MEMORIA FOTOGRAFICA..27

Introduzione..31

1. Conoscere la tua Memoria......................................37

    Il processo di memoria..37
        Codifica...38
        Immagazzinamento...39
        Recupero..40
        Interferenze con il processo di memoria.........42
    Tipi di Memoria...44
        Memoria Sensoriale..44
        Memoria a Breve Termine..................................45
        Memoria a Lungo Termine.................................46
    Memoria Fotografica..48

2. Benefici della Memoria Fotografica......................51

    Prestazioni accademiche migliori............................51
    Ricorderai più informazioni nei dettagli................53
    La Memoria Fotografica aumenta la tua fiducia...53
    Diventerai più consapevole......................................55
    Diventerai un oratore più irresistibile....................56
    Avrai relazioni più profonde....................................57
    Diventerai più produttivo...58

Altri benefici..58

3. Miglioramenti dello Stile di Vita per la tua Memoria...61

Attività fisica..61
Dormire a sufficienza..62
Mangiare sano..63
Prendere integratori...64
Guarda la quantità di stress con cui hai a che fare...........65
Altri modi per migliorare la tua memoria........................66

4. Il Palazzo della Memoria..67

Come funziona il Palazzo della Memoria?........................68
    Impostare il proprio Palazzo della Memoria...............68
Puoi avere più di un Palazzo della Memoria....................71

5. L'Occhio della Mente..73

Mantieni lucido l'Occhio della Mente................................74
    L'osservazione è la chiave...74
    Annotati le informazioni...75
    Fermati a sentire il profumo delle rose........................76

6. Le Mappe Mentali..77

Elementi essenziali delle Mappe Mentali..........................79
Crea la tua Mappa Mentale...81

7. La Famiglia della Mnemotecnica.............................83

Principi fondamentali delle mnemoniche.........................84
    Associazione..84
    Posizione..85
    Immaginazione..85
Tipi di mnemoniche...85
    Ode o rima...85
    Musica..86

Acronimi..........86
Grafici e piramidi..........87
Le connessioni..........87
Parole ed espressioni..........88
Acrostici..........88

8. Tecniche di Memoria di Base..........91

Annotare le informazioni..........91
Impara come se dovessi insegnare..........93
Organizza la tua mente..........93
    Utilizza una lista scritta..........94
    Sii coerente..........94
    Essere consapevoli dell'overdose da informazioni..........95
I Ganci di Memoria..........96
    Tre punti importanti..........97
    Suggerimenti per rendere interessanti i Ganci di Memoria 98
Il Metodo dei Blocchi - Chunking..........98
La Tecnica del Collegamento - Linking Method..........99
Il Principio SEE..........100
    S è per Sensi..........101
    E è per Esagerazione..........101
    E è per Eccitazione..........101
Suggerimenti per la memorizzazione..........102
    Preparati per il tuo tempo di studio..........102
    Registrati e scrivi le informazioni..........103
    Riscrivi di nuovo le informazioni..........104
    Insegna le informazioni a te stesso..........104
    Non smettere di ascoltare le registrazioni..........105

9. Tecniche Avanzate..........107

Il Metodo dell'Auto..........107
Le Mollette Mnemoniche - Peg System..........109

Perché usare il Peg System..110
Peg System con la Rima...112
Il Peg System Alfabetico..113
Il Peg System di Forma..114
La Ripetizione Spaziata...114
Memorizzare un mazzo di carte..116
Crea il Palazzo della Memoria..117
Memorizzazione e richiamo..118
Il Metodo Militare...119

10. Come Ricordare..121

Ricordare i nomi..122
Connessione del Luogo di Incontro..123
Connessione di Aspetto...125
Connessione di Carattere..126
Ricordare i numeri...127
La Tecnica del Viaggio..129
Metodo della Forma Numerica...129

11. Continua a Costruire la tua Memoria......................131

Suggerimenti per aiutarti ad avere successo.......................................131
Rimani concentrato..132
Ritagliati del tempo ogni giorno...133
Non permettere a te stesso di procrastinare....................................134
Scopri le tecniche per concentrarti meglio.......................................134
Rimani sempre in controllo...135
Sii autodisciplinato...135

12. La Pratica Rende Perfetti..139

Esercizio #1: Ricordare i nomi..139
Esercizio #2: Il Palazzo della Memoria..140
Tecnica Bonus: L'Approccio Basato sulle Emozioni...........................141
Conclusione..145

ALLENAMENTO PER LA MEMORIA..............149

Introduzione..............153

1. **Tecniche e Miglioramento della Memoria**..............157

    L'efficienza della memoria..............159

        La causa del dimenticare..............164

        Strumenti per la memoria..............168

    Apprendere e memorizzare meglio..............170

    Strategie per migliorare la memoria..............173

        Fai dei cambiamenti..............174

        Ripetizione..............177

2. **Attività per il Cervello per una Memoria Migliore**....179

    Esercizi di memoria di base..............181

    Il gioco del disegnare mappe..............183

    L'esercizio delle foto spontanee..............185

    Tendere la mano..............186

    Puzzle, cruciverba e sudoku..............188

    Yoga Mentale..............190

        Mignolo e pollice..............193

        Afferra il lobo..............194

    Giochi di gruppo per il miglioramento della memorizzazione 194

3. **Esercizi per Potenziare il Cervello**..............201

    Giocare ai giochi per il cervello..............218

    Neurobica ed esercizi neurobici..............222

4. **Tecniche di Memorizzazione**..............231

    Giochi di carte..............234

        Come memorizzare un mazzo di carte..............236

        Il gioco delle corrispondenze..............238

        Visualizzazione, associazioni e tecnica dei loci..............239

Testare la propria memoria...242

5. Imparare Nuove Attività...245

    Parti dal vero significato...246
    Mantienilo piccolo e semplice..248
    La competenza inconscia..251

6. Consigli per una Memoria Efficiente......................253

    Dormire al momento giusto...255
    Mindfulness...257
        Scegli un colore...258
        I cinque sensi..259
        Laser corporeo...261
    Riflessione sulla ruminazione ansiosa.............................261
    Il minimalismo della memoria..263
    Parlare con persone intelligenti..264
        La teoria dei giochi..265
    Conclusione...267

MIGLIORAMENTO DELLA MEMORIA........................269

Introduzione..273

1. Come Funziona la Memoria......................................275

    Biologia..275
        Modelli di memoria...277
        Memoria Sensoriale...278
        Memoria a Breve Termine...279
        Memoria a Lungo Termine..281
        Onde cerebrali..284
    La scienza dell'apprendimento..288

2. Cibo e Scelte di Stile di Vita.....................................291

    Cibo per il cervello...291

Stile di Vita..302
    Pianificare le attività..303
    Programmare l'allenamento.......................................304
    Dormire...305
    Monitorare lo stress..306
    Fai attività di potenziamento della memoria...........306
    Monitorare le relazioni...306

3. Interesse e Memoria..309
    Osservazione...309
    La messa a fuoco...310
    Immaginazione..312
    Processo di Memorizzazione della Forza Bruta.......315
    Il Metodo Ridicolo per ricordare le liste...................316
    Espandere i confini...319
    La creazione di collegamenti.....................................320
    Suggerimenti e trucchi...321

4. Numeri e Mnemoniche..323
    Il Codice Mnemonico..323
    L'Alfabeto Numerico...324
    Memorizzazione..329
    Associazione..330
    Suggerimenti...331

5. Le Parole Chiave Sbloccanti...................................333
    Il Succo del Discorso..333
    Memorizzare i discorsi...334
    L'ispirazione creativa...335
    L'applicazione del metodo...337

6. Pianificazione delle Attività...................................339
    Il problema della produttività...................................339

9

Multitasking 340
La scarica di dopamina 341
Il tuo cervello e il multitasking 343
Come lavorare 346
Suddivisione del lavoro 346
Creare una routine 349

7. Mind Mapping 355
Immagini visive 355
Cosa sono 356
Perché le mappe mentali funzionano 359
Svantaggi 361
Aiutare la memorizzazione 363
Consigli e astuzie 365

8. Sfruttare la Mente Subconscia 369
Mente e Cervello 369
Mente Cosciente 371
Mente Subconscia 372
Mente Inconscia 376
Addestrare il Subconscio 381
Meditazione 382
Visualizzazione 385
Affermazioni 388
Una memoria migliore, un migliore te 391

Conclusione 397

Riferimenti bibliografici 409

"Non esiste apprendimento senza memoria"

SOCRATE

Il Pilastro della Memoria

La tua capacità di fare affidamento sulla tua memoria è importante in più di un modo. Se non puoi usare il cervello per ricordare le esperienze che hai, le persone che incontri e le informazioni che apprendi, non sarai in grado di pensare chiaramente. Avere una grande memoria è molto più che essere in grado di recitare dei dati che hai letto una volta.

La memoria, è la base per i pensieri. Senza la memoria, non saresti in grado di pensare.

I tuoi pensieri sono molto importanti. Quello che sei oggi, è conseguenza di quello che hai pensato in passato. Dietro ogni tuo risultato c'è una azione e dietro ogni tua azione c'è un pensiero. Tu sei il risultato dei tuoi pensieri e la tua memoria è la base per i tuoi pensieri. Una memoria migliore, quindi ti trasformerà in una persona migliore.

Immagina adesso di dimenticare la metà di quello che conosci. Parole, numeri, persone, esperienze, tecniche e strategie di ogni tipo. La qualità della tua vita sarebbe certamente inferiore. Al contrario, immagina adesso di poter apprendere e ricordare il doppio delle informazioni che hai adesso. Porteresti la tua vita ad un livello superiore. Faresti molte più cose e saresti più bravo, efficace, efficiente, veloce e produttivo in ogni ambito della tua vita.

Le informazioni che ricordi ti mettono nella condizione di elaborare dei pensieri che influiscono direttamente nelle decisioni che prendi ogni giorno. Migliorare la tua memoria, significa migliorare ogni area della tua vita.

MEMORIA → PENSIERI → DECISIONI → AZIONI → RISULTATI

MIGLIOR MEMORIA → MIGLIORI RISULTATI

Una buona memoria può essere paragonata ad un superpotere che espande la tua capacità di apprendimento e questo libro ti aiuterà a sviluppare proprio questo superpotere.

Memoria e apprendimento sono i pilastri su cui si basa ogni cosa. Quando puoi imparare e quando puoi ricordare quello che impari, niente potrà fermarti dal raggiungere i tuoi obiettivi.

Riuscirai a memorizzare meglio le informazioni, ridurrai i tempi di apprendimento e quindi imparerai qualsiasi abilità più velocemente. Migliorerai la comprensione delle informazioni e quindi potrai applicarle meglio in ogni ambito della tua vita. Velocizzerai la tua capacità di elaborare i pensieri, sarai in grado di pensare più velocemente e chiaramente, e questo ti aiuterà a elaborare più informazioni, aumentando le tue capacità di problem solving e decision making. Una buona memoria è anche un fantastico strumento che ti aiuterà ad avere performance lavorative eccellenti. Questo ti aiuterà anche a sviluppare la tua carriera e a rafforzare la tua situazione economica.

Perché quando alzi la qualità delle tue performance, puoi guadagnare di più. Immagina ad esempio un imprenditore, un manager o un venditore che ricorda i nomi di tutti i suoi clienti, che conosce perfettamente tutti i manuali dei prodotti e che ricorda senza esitazione le sue argomentazioni di vendita. Sarebbe una persona che risparmia tempo, quindi molto più produttiva. Verrebbe percepita come più esperta, competente e professionale. Sarebbe più calma e sicura di sé. In poche parole, sarebbe una persona che vende di più.

In una società dove veniamo sempre più pagati per le nostre competenze, riuscire a imparare di più e in minor tempo, significa anche guadagnare di più e più rapidamente.

Mentre leggi, pensa alla tua memoria come a qualcosa di più di uno strumento che si basa sulla ripetizione per funzionare. Sebbene la ripetizione sia una chiave per memorizzare le informazioni, è solo uno dei modi in cui il cervello assorbe dettagli importanti.

Avere una buona memoria non è una prerogativa moderna. La sua importanza era già nota nel mondo antico. Anche nei tempi antichi, avere una grande memoria era associata al successo.

La memoria è sempre stata una risorsa brillante fin dall'antichità perché le informazioni venivano tramandate oralmente prima di essere registrate con carta e penna. Queste tradizioni e informazioni sono state tramandate da generazioni in generazioni. Questo è ciò che ha creato culture diverse in tutto il mondo, dando la possibilità alle sue popolazioni di diventare parte di un qualcosa di esclusivo.

Quando si cresce nel mondo moderno di oggi, una simile espressione verbale della cultura viene ancora tramandata. Dal modo in cui i tuoi genitori ti insegnano a cucinare o a vestirti, tutto questo diventa parte della tua educazione unica che non può essere appresa semplicemente prendendo un libro.

Rimanendo fedele a questo approccio fondamentale, costruirai la tua memoria in un modo che onora ciò che hai imparato in precedenza. Il tuo sapere non riguarda solo i fatti e le formule che conosci. Diventa l'unico modo in cui raccogli i principi che ti aiutano a operare quotidianamente. Queste cose ti aiuteranno ad orientarti nella tua vita. E così, capirai quali sono le tue credenze fondamentali e come puoi integrarle nel tuo modo di pensare e agire.

Abbiamo visto quanto la memoria sia importante, però anche la dimenticanza lo è. Due miti greci furono usati per spiegare meglio i concetti di memoria e oblio; entrambi sono equivalenti in questo mondo, poiché dimenticare è altrettanto importante. Molti sono pronti a liquidare questo come un tratto negativo, ma in realtà aiuta a bilanciare il nostro cervello.

Memoria e Oblio

In origine era il caos nell'universo. Da questa entità primigenia nacque Gea, la Terra, la dea primordiale madre di tutte le divinità. Cominciarono a generarsi le cose. La Dea della Terra generò il suo sposo, Urano, il cielo stellato, e dalla loro unione nacquero i Titani, tra cui la Titanessa Mnemosine, la Dea della Memoria.

Essa era anche la madre delle nove Muse - concepite con Zeus, il re degli Dei - protettrici di ogni arte e conoscenza, le quali dovevano ispirare e proteggere ogni tipo di espressione artistica. Si pensava che re e poeti ricevessero i loro poteri di parola autorevole grazie al loro rapporto speciale con le Muse.

Le Muse diventano le custodi della Memoria, dove oltre a depositare i ricordi ed essere fonte di ispirazione favoriscono la capacità di far ricordare, contrastando l'Oblio, l'inesorabile minaccia distruttrice del tempo che si impossessa voracemente di ogni cosa. Memoria e Oblio, sono una coppia di opposti inseparabili personificati da Mnemosine e Lete, figlia della Dea della Discordia Eris e sorella del Sonno e della Morte.

Lete era anche il fiume dell'oblio che scorreva nell'Ade, il regno delle anime, che forniva acqua da bere alle anime morte per dimenticare le loro vite passate prima di rinascere a nuova vita. Chi beveva dalle sue acque perdeva ricordi e conoscenza.

Secondo le lamine d'oro orfiche del IV secolo a.c., più avanti del fiume Lete si trova la fredda acqua che scorre dal lago di Mnemosine. Chi beveva dalle sue acque poteva percorrere una sacra via, un cammino verso la conoscenza, la omniscenza e la vita eterna.

La conoscenza è direttamente proporzionale alla capacità di ricordare. Perché ti sto raccontando tutto questo? Perché nella vita dovrai essere bravo a trovare il giusto equilibrio per capire quando bere da Lete e quando da Mnemosine. Perché sebbene i due siano opposti, sono inseparabili.

Quando scegli di dedicare il tuo tempo ad attività che limitano le tue cellule cerebrali, scegli di dimenticare parte dei ricordi che hai lavorato duramente per immagazzinarli nella tua memoria. Anche inconsapevolmente, potresti prendere abitudini che non giovano alla tua mente. Queste possono essere azioni semplici come guardare molta televisione, mangiare cibo spazzatura o passare troppo tempo sui dispositivi elettronici.

Ma dimenticare è una parte essenziale della crescita personale quando si tratta di informazioni che non ti sono più utili. Pensa alla programmazione mentale ricevuta in passato, ricca di manipolazione mentale e propagande di sistemi di potere, o credenze limitanti che la società, la famiglia o la scuola ti hanno inculcato su quello che puoi fare o non fare. È importante saper dimenticare quello che non serve e ci limita. Cedere volontariamente alla sensazione di oblio può aiutarti a valorizzare sia la parte chiara che quella oscura della tua vita, entrambe necessarie per mantenere l'equilibrio. Quando si capisce come dimenticare, si è in grado di apprezzare meglio ciò che si conosce.

Il Sovraccarico Cognitivo

Viviamo nell'era delle informazioni: Internet, radio, televisione, computer, smartphone e tablet. Il mondo è pieno di informazioni facilmente accessibili e chi non ha il controllo della propria mente rischia di essere violentato quotidianamente da una valanga di spazzatura.

Le menti delle persone spesso sono sovraccaricate da una mole impressionante di informazioni inutili che fanno perdere le forzi mentali e annebbiano l'efficienza del cervello. Tutto questo può rallentarti in ogni aspetto della tua vita. Con grande lungimiranza Nietzsche nel 1874, nel suo secondo saggio della raccolta Considerazioni Inattuali, ci ha detto:

> *"Immaginate l'esempio estremo, un uomo che non possedesse punto la forza di dimenticare, che fosse condannato a vedere dappertutto un divenire: un uomo simile non crederebbe più al suo stesso essere, non crederebbe più a sé, vedrebbe scorrere l'una dall'altra tutte le cose in punti mossi e si perderebbe in questo fiume del divenire..."*

Il problema è che nonostante possiamo affogare nelle informazioni, manca una vera e propria conoscenza, perché in realtà queste inutili informazioni hanno creato la società delle distrazioni e della disinformazione.

Bisogna saper elaborare un'arte della dimenticanza, ecco perché dobbiamo raggiungere la maestria del controllo mentale per capire quando dobbiamo bere da Mnemosine e quando da Lete, stando molto attenti a non dimenticare la vera conoscenza.

I dispositivi tecnologici se non li sai gestire ti possono risucchiare dentro un vortice di informazioni e distrazioni continue che ti allontanano dalla vera produttività e dalla pace mentale. Essere in grado di saper calibrare memoria e oblio produrrà un sano equilibrio.

L'oblio ci è necessario per difenderci dall'eccesso di informazioni, per concedere alla nostra mente quel riposo indispensabile a rigenerarla. Inoltre un eccesso di memoria può limitare il nostro pensiero e la nostra capacità di ragionare. Non è necessario che tu memorizzi tutto; è altrettanto malsano quanto approcciarsi alla vita con una "mentalità dell'ignoranza è beatitudine".

Proteggere la Mente

Devi imparare a proteggere lo spazio sacro che è la tua mente, consentendo l'ingresso a informazioni che possono portare un valore aggiunto alla tua vita, ed eliminare il superfluo. Lasciare nella tua mente troppi eventi esterni si tradurrà solo in un disordine che diventa difficile da eliminare. Non aprire a chiunque o a qualsiasi cosa bussi alla tua porta.

Se scopri che qualcosa non serve a uno scopo, hai il diritto di lasciarlo andare. Pensate a tutto lo spazio che avrete nel vostro cervello quando lascerete andare tutto ciò di cui non avete più bisogno.

Quando smetti di permettere a cose inutili di occupare spazio nella tua mente, stai dimostrando a te stesso quanto apprezzi il tuo cervello e stai mettendo dei confini. Questi confini non devono tenere le persone lontane da te, ma possono proteggerti dall'essere condizionato, influenzato e manipolato mentalmente. Se sei propenso a far entrare nella tua vita tutti quelli che insistono per starti vicino, questo ti prosciugherà rapidamente le energie.

TPN e TNN

Nel nostro cervello è presente un sofisticato meccanismo duale - formato da reti di neuroni - che ci aiuta a proteggerci dall'eccesso di attenzione e informazioni. Abbiamo due distinte modalità di attenzione: la task-positive network (TPN) e la task-negative network (TNN). Quando una è accesa, l'altra è spenta.

La TPN è una rete nel cervello preposta alla concentrazione, che si attiva quando siamo impegnati in delle attività che richiedono un'attenzione senza distrazioni. La rete si attiva quando il nostro cervello è molto impegnato a svolgere un compito. La TNN invece è attiva durante azioni involontarie o quando sogniamo ad occhi aperti e i nostri pensieri vagano liberamente.

È salutare per il tuo cervello passare avanti e indietro tra entrambe queste reti, dandoti la possibilità di pensare consciamente e inconsciamente. Se ti concentri solo su una rete e non sull'altra, sperimenterai squilibri nel modo in cui pensi e ricordi.

Dopo che il nostro cervello è stato impegnato per un periodo abbastanza lungo in delle attività che richiedono una estrema concentrazione, abbiamo necessariamente bisogno di fare una pausa, altrimenti perderemo la nostra capacità di concentrazione. Grazie all'attivazione dalla TNN, dopo saremo liberi di tornare ai nostri compiti freschi e riposati senza distrazioni. Quindi all'interno delle nostre giornate è fondamentale programmare del tempo per riposarsi e rigenerarsi.

L'alternanza tra TPN e TNN è alla base del corretto funzionamento del nostro cervello. È molto importante sia per il nostro pensiero razionale, sia per il nostro pensiero creativo. Infatti, la TNN non ha solo la funzione di far riposare la nostra attenzione e concentrazione, molti dei nostri pensieri creativi scaturiscono da questo sistema perché la nostra mente è aperta in questo momento. È la situazione in cui riusciamo a trovare le soluzioni ai problemi mentre pensiamo ad altre cose. Anche in questo caso, una corretta alternanza può far aumentare esponenzialmente la nostra efficienza, proprio come Mnemosine e Lete, Memoria e Oblio.

La nostra mente è un affascinante esempio di struttura duale costituita da coppie di elementi apparentemente opposti: l'io razionale e l'io irrazionale, l'emisfero logico e l'emisfero creativo, la TPN e la TNN. La scienza oggi suggerisce che, quando una coppia di opposti lavora integrandosi armonicamente, si generano risultati che appaiono quasi prodigiosi (Maggi, 2015).

Il Primo Pilastro del Successo

Qual'è l'abilità da sviluppare più importante di tutte? Naturalmente l'abilità di imparare ad apprendere. Semplicemente perché è l'abilità che ti permette di "apprendere" tutte le altre abilità. Ma se non puoi ricordare quello che hai appreso, non ti serverà a molto. Quindi qual è la prima abilità da sviluppare più importante di tutte? Naturalmente quella di saper ricordare quello che si apprende. Non ci può essere apprendimento senza memoria.

Ecco perché è nata questa raccolta di libri. Perché la Memoria, è il Primo Pilastro del Successo.

Le antiche civiltà lo avevano capito molto bene che la memoria era una abilità fondamentale da sviluppare. La loro conoscenza è spesso sottovalutata, possiamo imparare molto dalle loro scoperte, possiamo trarre spunto e ispirazione dalle storie mitologiche, come quella di Mnemosine e Lete. Spesso la scienza conferma le intuizioni dei grandi pensatori dell'antichità. Si può dire con certezza che abbiamo ancora molto da imparare e che può essere appreso attraverso lo studio del passato.

Adesso sei pronto a sviluppare questo superpotere? Tutti possono sviluppare una super memoria se decidono di essere pronti a impegnarsi. Ora hai questo libro che ti guiderà in ogni fase del percorso.

Leggendo questo libro, imparerai molte nuove tecniche e metodi supportati dalla scienza e dalla psicologia: funzionano grazie a queste solide basi. Mentre ti avvicini al tuo viaggio per ottenere una super memoria, assicurati di aver compreso il tuo ruolo nel processo: hai la capacità di espandere la tua mente in qualsiasi momento lo desideri.

Preparati a usare le tue esperienze passate per plasmare il tuo presente e fai riferimento ai ricordi che hai creato per capire come puoi migliorare il tuo modo di pensare.

"Sono figlio della Terra e del Cielo Stellato. Di sete son arso e vengo meno. Datemi da bere la fredda acqua che viene dal Lago di Mnemosine"

MEMORIA FOTOGRAFICA

Tecniche di Memoria di Base e Avanzate per Migliorare la Memoria
-
Tecniche Mnemoniche e Strategie per Migliorare la Memorizzazione

"La memoria è tesoro e custode di tutte le cose"

MARCUS TULLIUS CICERO

Introduzione

Gli storici fanno risalire la memoria ai tempi di Aristotele, più di 2.000 anni fa. In verità, fu Aristotele che per primo cercò di capire la memoria quando affermò che gli esseri umani nascono come una tabula rasa. Ciò stava a significare che tutto quello che conosciamo, lo abbiamo imparato solo dopo essere nati. Per certi versi, aveva ragione, perché la maggior parte di ciò che impariamo e ricordiamo avviene durante il corso della nostra vita. Questo libro non solo vuole diventare una guida per principianti, ma anche uno dei libri più completi sul miglioramento della memoria fotografica. Mentre la maggior parte dei libri sul mercato esamina o le tecniche di base o quelle avanzate, *Memoria Fotografica* le tratta entrambe. Inoltre, discuterà i metodi che è possibile utilizzare nella vita di tutti i giorni per migliorare la memoria con le attività quotidiane.

Il capitolo 1 è un'introduzione alla tua memoria. Devi essere in grado di capire cos'è, come funziona e quali parti ha, prima di poter capire almeno buona parte della tua memoria. Questo capitolo discuterà il processo di memoria e cosa può interferire con esso. Dopo questo, sarai in grado di identificare i vari tipi di memoria prima di entrare in quella protagonista, che è la memoria fotografica.

Il capitolo 2 si concentra sul perché dovresti migliorare la memoria fotografica. Dopo tutto, se hai intenzione di dedicare del tempo ed energie ad imparare queste tecniche di base e avanzate, dovresti essere interessato anche a conoscere i benefici che ne derivano dal miglioramento della memoria fotografica. Ad esempio, che cosa può fare per il tuo rendimento accademico?

Il capitolo 3 esamina i cambiamenti di stile di vita che potresti dover attuare per ottimizzare la tua memoria. Uno degli argomenti che discuterò in questo capitolo è l'importanza dell'esercizio fisico e del dormire a sufficienza per la mente. Esamineremo anche come mangiare cibi più sani e l'assunzione di integratori che ti aiuteranno a migliorare le funzioni cerebrali.

Oltre a questo, è necessario considerare i tuoi livelli di stress. Adesso potresti domandarti, che relazione c'è tra lo stress e la memoria? Alcune persone pensano che il primo può essere buono per il secondo, altri invece credono che lo stress possa influenzare negativamente la memoria, soprattutto se lo stress diventa cronico.

Il capitolo 4 analizzerà quella che le persone considerano la base o la tecnica più importante per costruire la memoria fotografica: il *Palazzo della Memoria*. Questo è anche conosciuto come il palazzo mentale o il metodo dei loci. Se hai fatto delle ricerche precedenti sull'argomento, probabilmente ti sei imbattuto già in termini simili. Tuttavia, per il bene di questo libro, mi riferirò ad esso come il palazzo della memoria. In questo capitolo, non solo imparerai a conoscere il palazzo della memoria, ma sarai anche in grado di allestire il tuo primo palazzo mentre ti accompagno passo dopo passo. Poi, riuscirai a scoprire se puoi avere più di un palazzo della memoria.

Il capitolo 5 parlerà dell'*Occhio della Mente*. È probabile che tu abbia fatto delle ricerche per migliorare la tua memoria o qualcosa di simile, e ti è capitato di imbatterti anche su questo argomento. Tuttavia, quando si tratta della tua memoria, che relazione ha e che cosa significa? Inoltre, quali informazioni importanti devi conoscere per assicurarti che l'occhio della tua mente funzioni correttamente? Dopo tutto, questa è una parte importante della tua memoria, quindi ti deve essere il più chiaro possibile. Altrimenti potresti trovarti in difficoltà. Un aspetto specifico che imparerai è come l'osservazione e la scrittura delle informazioni riescono a mantenere l'occhio della tua mente affilato.

Il capitolo 6 ruota intorno alle *Mappe Mentali*. Questo è un capitolo importante perché molti principianti spesso si confondono tra il palazzo della memoria e le mappe mentali. Potrai trovarci qualche somiglianza, ma ci sono sostanziali differenze. In questo capitolo, ti guiderò attraverso il modo corretto dandoti le informazioni necessarie per creare le tue mappe mentali. Potresti scoprire che ti piacciono di più le mappe mentali piuttosto della creazione di un palazzo mentale. Tuttavia, entrambi sono estremamente importanti per l'apprendimento e la pratica mentre migliori la tua memoria.

Il capitolo 7 discute della *Mnemotecnica*. La mnemotecnica è l'insieme dei metodi e degli accorgimenti atti a sviluppare e coltivare l'uso delle facoltà mnemoniche. Questo è un altro punto importante quando si affronta il miglioramento della memoria. Tuttavia, non imparerai solo come eseguire una mnemonica. Imparerai anche i tre principi fondamentali che fanno parte della mnemotecnica, come la posizione, l'immaginazione e l'associazione. Conoscerai anche quali tipi di mnemoniche ci sono. Attraverso questo capitolo, dovresti essere in grado di scoprire quali sono le tue mnemoniche preferite e con quali invece faticherai un po' di più.

Il capitolo 8 descrive una varietà di ciò che molte persone considerano come alcune delle tecniche di memoria più facili da usare. Certo, è importante considerare due fattori quando si tratta di tecniche che si considerano facili. Innanzitutto, la maggior parte delle tecniche ti sembreranno un po' difficili all'inizio. Tuttavia, una volta che le pratichi un paio di volte, comincerai a renderti conto di quanto siano facili. In secondo luogo, il livello di facilità quando si inizia spesso dipende dalla propria personalità. Solo perché qualcuno dice che i *Ganci di Memoria* sono una delle tecniche più facili non significa che lo sarà anche per te. Pertanto, non dovresti scoraggiarti se ritieni che sia più difficile di una delle tecniche più avanzate che troverai nei capitoli successivi.

La memorizzazione sarà il centro del capitolo 8. Oltre ad apprendere il *Principio SEE*, il motivo per cui è importante annotare le informazioni e il *Metodo dei Blocchi*, riceverai dei suggerimenti per aiutarti a memorizzare meglio le informazioni. Anche se non tutte le tecniche si concentrano sulla memorizzazione, la maggior parte di esse lo fa. Poiché alcune persone lottano con la memorizzazione, ho sentito il bisogno di includere alcuni modi per aiutarti a raggiungere il tuo miglior successo con questo processo. Alcuni metodi che discuteremo riguardano quanto spesso dovresti scrivere le informazioni o ascoltare delle registrazioni.

Il capitolo 9 si concentrerà su ciò che alcune persone chiamano le tecniche più avanzate per migliorare la memoria fotografica. In questo capitolo discuteremo il *Sistema Peg*, il *Metodo dell'Auto*, il *Metodo Militare*, nonché come memorizzare un mazzo di carte. Tutti noi abbiamo difficoltà a ricordare numeri e nomi di tanto in tanto.

Pertanto, il capitolo 10 si concentrerà su alcuni dei migliori metodi per aiutarci a farlo. Ad esempio, quando si tratta di nomi, si impara che una delle tecniche più popolari è chiamata la *Connessione del Luogo di Incontro*. Tuttavia, ci sono anche altre due connessioni, che sono le *Connessioni di Carattere e di Aspetto*. Quando leggi dei numeri, imparerai che puoi usare il *Metodo della Forma Numerica* e la *Tecnica del Viaggio*. Naturalmente terrai a mente anche quello che hai letto sul metodo dei blocchi nel capitolo precedente. Ci tengo a sottolineare che anche quest'ultimo funziona alla grande anche quando si tratta di memorizzare i numeri.

Il capitolo 11 non solo ti darà consigli per avere successo nel migliorare la tua memoria, ma ti aiuterà anche a imparare l'autodisciplina. Ci sono una serie di suggerimenti che puoi usare per incrementare la tua memoria, come rimanere concentrato e non procrastinare.

Infine il capitolo 12 è il tipo di sezione che può essere considerato un capitolo "bonus". Ti offrirà un paio di esercizi in modo che tu possa iniziare a esercitarti con un paio di tecniche, sempre se non lo farai prima di arrivare a questo capitolo. Tuttavia, una delle parti migliori di questo capitolo è l'aspetto di un metodo bonus, che è chiamato *Approccio Basato sulle Emozioni*. Mentre la maggior parte delle tecniche di memoria fotografica si concentra sulla memorizzazione, ce ne sono alcune che mirano all'emotività. È importante concentrarsi su questo aspetto perché l'emozione è uno dei modi migliori con cui le persone sono in grado di codificare, archiviare e richiamare le informazioni all'interno della propria banca dati della memoria. Questa tecnica bonus descriverà una storia di fantasia su una ragazza di nome Alessandra. Leggerai la storia e annoterai le emozioni che avrai, allo stesso tempo, dovrai essere in grado di prestare attenzione a cose come le espressioni facciali che intendete visualizzare in questa storia nella vostra mente, proprio come se stessi guardando un film.

Ma prima di tuffarci in ciò che devi sapere sulla tua memoria, è importante ricordare che dovrai avere pazienza quando affronteremo alcune tecniche. Non devi sentirti stressato mentre cerchi di imparare ogni tecnica che è nel libro mentre lo leggi. Non devi mai forzarti ad apprendere le tecniche per migliorare la tua memoria in quanto ciò ti darà una visione negativa sul lavoro che dovrai fare. In realtà, migliorare la tua memoria è uno delle mosse più vantaggiose che puoi fare quando si tratta della tua salute mentale. Non solo sarai in grado di ricordare le cose più facilmente, ma sarai anche in grado di ridurre le tue possibilità di contrarre malattie cognitive, come la demenza. Tieni presente di andare piano ma di essere costante mentre leggi questo libro. Non devi imparare le tecniche mentre le leggi. In verità, è meglio leggerle e comprenderle prima di decidere di imparare come eseguirle. Facendo questo, ti aiuterà a trovare i modi più pratici per iniziare a migliorare la tua memoria.

Infine, è importante sapere che il tuo apprendimento non si ferma qui. Puoi continuare a costruire la tua memoria attraverso i prossimi due libri di questa serie. Il secondo, *Allenamento della Memoria*, si concentra sull'allenamento del cervello e sui giochi di memoria. Il terzo, *Miglioramento della Memoria,* si concentra sulle sane abitudini per aumentare la potenza del proprio cervello, come alimentazione, stile di vita, abitudini lavorative ed altre tecniche che si possono implementare nella vita di tutti i giorni per migliorare le performance cerebrali.

1. Conoscere la tua Memoria

I ricordi sono uno dei nostri aspetti più importanti della vita. Ci aiutano a memorizzare le informazioni, a darci un senso di identità e funge come una biografia per le nostre vite. Tutto ciò che sappiamo rimane nella nostra memoria, che è dislocata nel nostro cervello. Ne abbiamo bisogno per svolgere compiti, nonché per ricordare eventi, luoghi, nomi e responsabilità lavorative. Se non fosse per la nostra memoria, non saremo in grado di comunicare, conoscere i nomi di animali, amici o famiglia e persino completare le attività quotidiane.

Sappiamo tutti qualcosa sulla memoria. Capiamo cosa fa e quanto sia importante. Sappiamo che si tratta di un sistema estremamente complesso, che gli scienziati hanno studiato per decenni. Il loro obiettivo finale è capire come e perché funziona nel modo in cui funziona.

Il processo di memoria

Il processo di memoria si compone di tre parti.

Codifica

La codifica è la prima fase in termini di elaborazione dei ricordi. A questo punto, l'informazione inizia a entrare nella nostra memoria, quindi potremo ricordarla in seguito. Se non è codificata, non ne avremo un ricordo.

Poiché l'informazione proviene dal nostro input sensoriale, si trasforma in una forma in cui la codifica può funzionare. Ad esempio, mentre vedremo una parola in un libro, la nostra memoria la codificherà attraverso il suono, la vista o il significato. Questi sono gli unici tre modi in cui avviene la codifica.

Quando codifichiamo nuove informazioni nella nostra memoria, la colleghiamo a qualcosa che già conosciamo. Diciamo, se hai bisogno di ricordare 3121, puoi cantare i numeri a te stesso a causa del modo in cui suonano insieme. Puoi anche trovare un significato all'interno della sequenza di numero o ricordarli in modo visivo. Non importa come pensi queste cifre, sarai in grado di collegare 3121 a qualcosa che già conosci.

Esistono altri modi in cui il nostro cervello codifica i dati. Il primo è attraverso l'elaborazione automatica. Ciò significa che non siamo nemmeno a conoscenza di ciò che stiamo facendo. Non ci vuole alcuno sforzo da parte nostra. Gli esempi di elaborazione automatica sono dettagli come gli orari e le date. Inoltre, c'è un'elaborazione laboriosa, che si verifica quando cerchiamo di ricordare eventi importanti, come lo studio per un esame.

Immagazzinamento

L'immagazzinamento è la seconda fase del processo di memoria, che parla di quanto a lungo teniamo le informazioni nel tempo. Ci sono diversi fattori che influenzeranno quanti giorni o anni un dettaglio può rimanere nel nostro cervello. Per primo, dipende in quale area della nostra memoria di archiviazione delle informazioni può essere trovato. Le uniche opzioni sono la memoria a breve termine, la memoria a lungo termine e la memoria sensoriale.

Quando l'informazione viene inserita nella nostra memoria a breve termine, proviene dalla memoria sensoriale. Questo tipo è limitato a un certo periodo di tempo. Di solito conserviamo solo le informazioni nella memoria a breve termine per circa un minuto. Si utilizza la memoria a breve termine quando si tenta di ricordare un messaggio in modo da poterlo scrivere rapidamente. C'è una quantità limitata di spazio nella nostra memoria a breve termine in quanto contiene in media solo circa sette informazioni.

Invece, non c'è alcun limite quando si parla di memoria a lungo termine. Possiamo tenere informazioni in quest'area per tutto il resto della nostra vita. Tuttavia, questo non significa che saremo in grado di recuperare i dati per tutto il tempo che vogliamo. Il modo in cui recuperi le informazioni dipende dal metodo che hai utilizzato durante l'elaborazione.

La memoria sensoriale contiene molte informazioni dettagliate ma solo per circa un secondo. I dati saranno quindi trasferiti alla memoria a breve termine o resteranno non elaborati. Gli altri fattori che influenzano il tempo includono la nostra età, eventuali problemi di memoria, il fascino dei dettagli, il modo in cui codifichiamo le informazioni e il livello di importanza dei dati.

Recupero

Il recupero è la terza fase dell'elaborazione della memoria e si verifica quando si estraggono le informazioni dal nostro archivio. Cercare di recuperare le idee ci permetterà di sapere se si trovano nella nostra memoria a breve o lungo termine. Se le informazioni sono nella prima, saremo in grado di recuperarle nello stesso modo in cui l'abbiamo memorizzate. Ad esempio, se provassimo a ricordare una lista di numeri in un certo ordine - per esempio, 21314151 - la ricorderemo esattamente così. Invece quando l'informazione viene recuperata dalla nostra memoria a lungo termine il recupero avviene attraverso l'associazione. Puoi pensare a qualcosa per via di una connessione con un'immagine o un'emozione.

Ci sono molti fattori che possono influenzare la fase di recupero, come ad esempio quali altre informazioni sono state memorizzate da allora e di come hai conservato quel ricordo. Se stai cercando di ricordare un evento di cinque anni fa, naturalmente, avrai più difficoltà a recuperare le informazioni rispetto a qualcosa che hai tenuto in mente cinque mesi fa. Sarai anche in grado di richiamare un evento più facilmente se utilizzi determinati segnali, come suoni o immagini.

Esistono tre tipi di recupero principali.

1. Richiamo libero

Questo avviene quando le persone possono ricordare le informazioni in qualsiasi ordine. Questo tipo ha due effetti, vale a dire l'*effetto recency* e l'*effetto primacy*. Il primo si verifica quando una persona pensa a qualcosa alla fine della lista più di quello che è all'inizio, quindi più recente. L'opposto di questo è l'effetto primacy in cui gli elementi di partenza sono più facili da ricordare rispetto a quelli in fondo alla lista.

2. Richiamo seriale

Anche gli effetti primacy e recency fanno parte delle serie di richiamo. Si verifica quando ricordi degli eventi nell'ordine in cui sono accaduti. Ad esempio, se stai andando a fare una passeggiata mattutina e vedi un uomo che cammina con il suo cane, un gruppo di bambini che corrono attraverso un irrigatore e una donna che trasporta generi alimentari in casa sua, avrai un ricordo di tali attività in questo ordine esatto.

Probabilmente richiamerai le informazioni attraverso una serie di immagini che hai codificato nella tua memoria.

3. Richiamo guidato

Il richiamo guidato avviene quando si elaborano le informazioni insieme ai segnali. Ci sono molte ricerche psicologiche che dimostrano che le persone che usano il richiamo guidato memorizzano meglio le informazioni se il legame tra l'informazione e il segnale è più forte. Lo utilizziamo spesso quando stiamo cercando informazioni che sono state perse nella nostra memoria.

Interferenze con il processo di memoria

Il processo di memoria non avviene in modo così fluido come ci piacerebbe. Difatti, ci sono varie quantità di interferenze che possono verificarsi quando cerchiamo di elaborare e recuperare le informazioni.

1. Interferenza retroattiva

L'interferenza retroattiva si verifica quando si impara qualcosa di nuovo subito dopo aver ottenuto in precedenza informazioni diverse. Lo sperimentiamo comunemente in classe mentre passiamo 50 minuti per imparare la lezione del giorno. Iniziamo sentendo che saremo in grado di ricordare tutto ciò che ci viene insegnato. Tuttavia, al termine della lezione, non conserviamo molto di ciò che abbiamo sentito all'inizio. Il motivo è che mentre continuiamo a imparare cose nuove, quelle più recenti possono interferire con le informazioni più vecchie, specialmente se ti arrivano ad intervalli ravvicinati.

2. Interferenza proattiva

L'interferenza proattiva si verifica quando si riscontrano problemi nell'acquisizione di nuove informazioni a causa delle cose già installate nella memoria a lungo termine. Spesso accade quando le informazioni che si tenta di memorizzare sono simili a quelle apprese in precedenza. Ad esempio, stai cercando di ricordare il tuo nuovo indirizzo, ma stai lottando perché il tuo cervello è più abituato a quello vecchio.

3. Errore di recupero

L'errore di recupero si verifica perché le informazioni hanno iniziato a decadere nella memoria. È simile a quando ti sforzi di ricordare come preparare una ricetta che non hai più preparato da anni o eseguire un problema algebrico.

È importante notare che alcuni studiosi credono che ci siano quattro fasi di elaborazione della memoria, non solo tre. Mentre la maggior parte concorda con la codifica, l'immagazzinamento e il recupero come fasi ufficiali, altri sostengono che il primo stadio sia l'attenzione ("Types of Memory", n.d.).

Per prima cosa, l'informazione che si sta per codificare ha presumibilmente bisogno di attirare l'attenzione. Se non ha attraversato questa fase, potremmo non essere in grado di ricordare un sacco di cose. Pensa all'ultima volta che hai ascoltato qualcosa di interessante invece di qualcosa di poco interessante. È più probabile che ti ricordi meglio la prima modalità poiché ha "catturato di più la tua attenzione" rispetto alla seconda.

Tipi di Memoria

Conosci già alcuni tipi di memoria, ad esempio, a breve termine, sensoriale e a lungo termine. Tuttavia, ci sono dei sottotipi che dovresti imparare.

Memoria Sensoriale

La memoria sensoriale è collegata ai cinque sensi: vista, udito, gusto, olfatto e tatto. Pertanto, i suoi sottotipi sono legati ad almeno uno dei tuoi sensi.

1. Memoria Iconica

La memoria iconica è una parte della tua visione. È collegata alla tua vista, per esempio come vedere colori vivaci con uno sfondo scuro. Attraverso questo sottotipo, i colori saranno codificati nella tua memoria. Pertanto, è possibile ricordare la forma e i colori di determinati oggetti, ma forse non lo sfondo. La memoria iconica ci permette di ricordare cose o immagini viste anche per pochi istanti.

2. Memoria Aptica

La memoria aptica di solito dura solo pochi secondi. È il

processo di riconoscimento degli oggetti attraverso il tatto. Risponde a ciò che sentiamo, come un pizzico, un abbraccio, eccetera. Quando sentiamo che qualcosa è freddo, per esempio, questa è la nostra memoria tattile che si sforza di infondere nel cervello che il ghiaccio è freddo.

3. Memoria Ecoica

Quando la nostra memoria sta cercando di trasferire ciò che abbiamo appena ascoltato nella nostra memoria a breve termine, utilizza la memoria ecoica. Quest'ultimo è al lavoro quando la tua mente ripete informazioni mentre cerchi di ricordare un messaggio che vuoi scrivere. Ci vogliono solo tre o quattro secondi prima che l'idea entri nella memoria a breve termine.

Molti studiosi ritengono che ci sono altri due sottotipi di memoria sensoriale che sono correlati al nostro senso dell'olfatto e del gusto. Il problema è che non sono stati ancora studiati. Inoltre, gli scienziati hanno iniziato solo di recente a studiare le memorie iconica, aptica ed ecoica. Anche se questo significa che non si sa molto dei sottotipi sopra menzionati, sappiamo che ciò che inizia con la nostra memoria sensoriale di solito si trasferisce nella nostra memoria a breve termine.

Memoria a Breve Termine

La memoria a breve termine include la memoria di lavoro. Mentre sono simili in quanto contengono informazioni per un breve periodo di tempo, ci sono anche differenze tra i due. La memoria a breve termine userà spesso tecniche - come il

Metodo dei Blocchi - che ti consentono di contenere più informazioni del solito. Per esempio, invece di ricordare sette nomi, sarai in grado di ricordarne 14 perché puoi raggrupparli insieme. La memoria di lavoro, nel frattempo, è la parte della memoria a breve termine che contiene informazioni attraverso un processo di loop uditivo o visivo. Ciò significa che le informazioni continueranno a essere riprodotte ripetutamente, quindi non te ne dimenticherai rapidamente. Le informazioni all'interno della memoria di lavoro sono spesso manipolate, il che rende più facile ricordarle per un po' di tempo.

Ci sono tre fasi nella memoria di lavoro. La prima è il *Loop Articolatorio* - chiamato anche ciclo fonologico - di cui abbiamo appena discusso. La seconda fase è il *Taccuino Visuo-Spaziale*, che di solito funziona con la prima fase. Ad esempio, se hai bisogno di ricordare un numero di telefono a sette cifre, lo ricorderai meglio se non solo lo ripeti - ciclo fonologico - ma anche se usi le immagini, che è il *Taccuino Visuo-Spaziale*. La terza è la *Fase Esecutiva Centrale*, che combina il loop articolatorio e il taccuino visuo-spaziale in uno. A questo punto, la memoria di lavoro è collegata alla memoria a lungo termine, considerando che l'esecutivo centrale trasferirà le informazioni a quest'ultima.

Memoria a Lungo Termine

Se vuoi ricordare cosa devi fare domani, devi conservare queste informazioni nella tua memoria a lungo termine oggi. Questo è l'unico tipo di memoria che mantiene ciò che hai imparato per sempre. Ora, la memoria a lungo termine ha due sottotipi principali.

1. Memoria Implicita

Le persone spesso si riferiscono alla memoria implicita come memoria inconscia. Questo tipo si riferisce all'attività che impariamo nel tempo. Ad esempio, quando stiamo cercando di costruire le nostre abilità, stiamo usando la nostra memoria implicita. Funziona anche quando iniziamo a fare qualcosa senza pensarci, come digitare una tastiera senza dover guardare i tasti, legare i lacci delle scarpe e lavare i piatti.

2. Memoria Esplicita

La memoria esplicita è comunemente nota come memoria cosciente. Questa è la forma di memoria che usiamo quando pensiamo alle nostre azioni. In sostanza, è l'opposto della memoria implicita. Questo sottotipo, tuttavia, è diviso in due parti.

La prima divisione è la *Memoria Episodica*, che si concentra sui momenti specifici che ricordi. Ad esempio, potresti ricordare di aver trascorso il quattro di luglio con i tuoi nonni quando eri più giovane. Potresti anche ricordare vividamente alcune parti dell'evento, come stare nel retro del pick-up rosso di tuo nonno a guardare i fuochi d'artificio, mangiare su un tavolo da picnic bianco e vedere la fattoria dei tuoi nonni. In generale, hai un ricordo di cosa, dove, quando e chi, che sono tutti legati a un'occasione particolare.

Un altro esempio di memorie esplicite o flash (come alcuni lo chiamano) consiste nel ricordare esattamente dove ti trovavi quando hai sentito che Martin Luther King Jr. era stato colpito da un colpo di pistola o quando sono avvenuti gli attacchi dell'11 settembre 2001.

La seconda divisione è la *Memoria Semantica*, che si riferisce al recupero di informazioni fattuali. Questi ultimi di solito provengono da libri di scuola, luoghi o concetti che hai sentito o visto prima. I fatti della vita che abbiamo imparato nel tempo sono codificati anche in questo tipo di memoria. Ad esempio puoi ricordare cosa fare una volta che vai al negozio di alimentari. Sai che dovresti prendere gli alimenti di cui hai bisogno, pagarli e lasciare il negozio.

Memoria Fotografica

Un tipo di memoria che le persone non discutono spesso è la memoria fotografica. Immagina di essere in grado di ricordare una persona, un luogo o un oggetto semplicemente perché ne hai un'immagine nella tua mente e la descrivi nei dettagli. Puoi ricordare la stampa sulla t-shirt Double Excess del tuo amico, le parole principali che si leggono su una pagina di un libro, o anche le canzoni di una playlist di un DJ nell'ordine in cui sono elencate.

La *Memoria Eidetica* è spesso un altro nome per la memoria fotografica. Tuttavia, c'è una distinzione tra le due. Si parla della prima quando ricordi una elemento visivo dopo esserti allontanato da esso. Probabilmente hai fissato un oggetto, ad esempio un vaso, per un paio di secondi e poi hai guardato dall'altra parte in un secondo momento. Se vedi ancora quel vaso nella tua mente e ne ricordi i colori e il design, questa è la tua memoria eidetica al lavoro.

La sua principale distinzione con la memoria fotografica, tuttavia, è che l'immagine rimane nella memoria solo per pochi secondi. Quando hai una memoria fotografica, puoi ricordare le cose per un lungo periodo di tempo poiché è immagazzinata nella tua memoria a lungo termine e non nella tua memoria sensoriale o a breve termine, che è dove si trova la memoria eidetica (Beasley, 2018). Distinguere le due è importante ed è da tenere a mente per tutto questo libro, così come se continuerai a fare ricerche sulla memoria fotografica. Diverse fonti utilizzeranno la memoria eidetica e fotografica in modo intercambiabile, il che può facilmente confondere le persone. Tuttavia, finché ricordi le loro differenze, sarai in grado di migliorare la tua memoria con facilità. Quando alcuni individui hanno ricordi fotografici più forti di altri, non è perché sono nati con un dono speciale. La ragione più realistica è che utilizzano diverse tecniche per rafforzare la loro capacità di ricordare le cose.

2. Benefici della Memoria Fotografica

Perché dovresti essere interessato a saperne di più sulla memoria fotografica? Dopotutto, non è esattamente quello che probabilmente pensi che sia e potresti pensare di avere già una buona memoria.

Un fattore da notare - oltre alla varietà di benefici di cui parleremo in questo capitolo - è che la memoria si deteriora. Più invecchiamo, più lotteremo per ricordare i nostri ricordi d'infanzia, cosa dobbiamo prendere al supermercato, perché siamo entrati in una certa stanza, eccetera. Tra i maggiori vantaggi di costruire la tua memoria fotografica è che imparerai decine di tecniche per coinvolgere la tua memoria. Questo renderà il tuo cervello più energico e capace di contenere più informazioni. Per non parlare del fatto che può rallentare il naturale processo di decadimento che potrebbe verificarsi nella nostra banca dati della memoria.

Prestazioni accademiche migliori

Uno degli ostacoli di provare a fare bene un esame universitario è che si ha tante informazioni da ricordare. Tuttavia, la verità è che spesso lottiamo con la memorizzazione perché siamo troppo concentrati sulle parole e definizioni. Quante volte hai usato dei bigliettini per cercare di ricordare il significato di una determinata parola?

Questa è solitamente una tecnica che le persone usano quando si tratta di memorizzare. Tuttavia, ci sono molte altre tecniche utilizzate per migliorare la tua memoria fotografica che renderà questo compito più facile per te.

Di fatto, la memoria fotografica ha aiutato tante persone a migliorare le loro prestazioni scolastiche; questo è il motivo per cui un altro nome è "memoria enciclopedica" ("The Good and Bad Things," n.d.). Il motivo è che gli individui che studiano utilizzando le strategie che possono migliorare la loro memoria fotografica sono in grado di ricordare i dettagli che gli altri studenti non riescono a ricordare.

Inoltre, la memoria fotografica ti aiuterà a imparare diverse tecniche per ricordare ciò che stai imparando e tenerlo nella tua memoria più a lungo che mai. Se sei o sei stato uno studente universitario, capisci quanto possono essere veloci le tue lezioni, specialmente d'estate. A volte, devi studiare un intero capitolo o due di un grosso libro di testo e hai poco tempo a disposizione. La memoria fotografica ti aiuterà ad apprendere di più in minor tempo. Quando rafforzi la tua memoria fotografica, però, non stai solo guardando le immagini ma ci si concentra anche su ciò che si sente. Questo tratto è particolarmente importante quando è necessario evidenziare, informazioni, scrivere o fare annotazioni.

Ricorderai più informazioni nei dettagli

Quando si tratta di memoria fotografica, non importa se si sta tentando di pensare a un'immagine o a una serie di numeri o parole. Ciò che importa qui sono le strategie che possono aiutarti a ricordarle.

Il fattore importante è assicurarsi di avere una forte memoria fotografica. Più forte è la tua memoria fotografica, più informazioni e immagini sarai in grado di memorizzare nella tua mente. Pensa a quante volte hai provato a ricordare dei dettagli che hai visto in una fotografia, ma poi pochi minuti dopo ti rendi conto di non ricordare più dove era posizionata la lampada, di che colore era la camicia di una persona, o dove si trovava la finestra. Con una memoria fotografica, però, sarai in grado di ricordare tutti questi dettagli facilmente per un periodo più lungo.

La Memoria Fotografica aumenta la tua fiducia

Come ti senti quando non ricordi le informazioni che conoscevi prima? Come ti senti quando dimentichi il nome di qualcuno o quali sono i suoi interessi? Ripensa al momento in cui hai studiato per un test, ma il giorno che dovevi superarlo non ricordavi molto di ciò che avevi imparato. Allo stesso modo, quando vai al supermercato senza la tua lista della spesa, potresti faticare a ricordare cosa devi comprare. Ci sono molte cose della vita che si tende a dimenticare, magari ti sei dimenticato di acquistare lo spuntino che i tuoi figli possono portare a scuola oppure non hai detto a tuo figlio che oggi farai tardi a lavoro e che tornerai a casa tardi.

Proprio come tutti gli altri, hai dimenticato qualcosa di importante nella tua vita, che ti ha fatto sentire triste, frustrato o addirittura arrabbiato. Mentre provi a chiederti che ti succede e cerchi di andare avanti, c'è sempre una parte di te che incolpa la tua natura smemorata quando ti ritrovi a dimenticare sempre più cose. A volte, potresti persino chiederti se c'è qualcosa di sbagliato in te.

Bene, ti dirò subito che non c'è niente di sbagliato in te. È comune non riuscire a richiamare alla mente vari dettagli della nostra vita durante la giornata, indipendentemente da quanto importanti possano essere. Può essere dovuto allo stress, alla mancanza di sonno, al fatto di avere troppo da ricordare, oltre a non avere un sistema organizzato per farlo. La ragione è che non hai una forte memoria fotografica.

Poiché è possibile ricordare aspetti vitali della propria vita solo con una memoria fotografica affidabile, questo contribuirà a migliorare la fiducia in te stesso. Comincerai a ricordare quello che hai bisogno di dire ai tuoi figli o cosa prendere in negozio. Potresti anche sentirti che puoi diventare organizzato in modo da poter pensare a tutto ciò che devi fare senza stressarti o lasciare che i troppi pensieri ti impediscano di dormire.

Diventerai più consapevole

Spesso veniamo coinvolti in un compito o iniziamo a pensarci incessantemente e non prestiamo attenzione a ciò che stiamo facendo. Questo si chiama *mindlessness* (assenza di mente) e può causare molti problemi nelle nostre vite. Un esempio comune di assenza di coscienza è quando si guida per andare al lavoro e non si ricorda di aver superato determinati punti di riferimento, ad esempio, un piccolo lago o una città.

D'altra parte, puoi affermare di essere consapevole quando mostri consapevolezza verso ciò che ti circonda. Dopo tutto, sai cosa stai facendo e ti ricordi delle tue azioni.

Quando si migliora la memoria, è necessario acquisire maggiore consapevolezza delle informazioni che si desidera conservare. Dovresti iniziare a prestare maggiore attenzione al tuo ambiente, così come a quello che stai leggendo, sentendo e ascoltando. Quando si mostra più consapevolezza, si diventa più consapevoli di tutto ciò che facciamo. Anche quando non hai bisogno di ricordare un fatto, saprai comunque cosa stai facendo e perché, ed è meglio di lavorare sulle cose senza motivo.

Diventare consapevoli può aiutarti a condurre una vita più sana. Diventerai più consapevole di cosa e quanto stai mangiando, così come quando ti senti pieno. Puoi anche essere più consapevole di quanto dormi e quali pensieri ti vengono in mente. In cambio, questo può aumentare ulteriormente la tua autostima e portarti a un maggiore successo perché sarai in grado di concentrarti maggiormente sulle idee positive.

Diventerai un oratore più irresistibile

Molti di noi hanno un lavoro che ci richiede di parlare davanti alle persone. Ad esempio, potresti dover presentare un nuovo prodotto o idea davanti ad una commissione, formare nuovi dipendenti o lavorare al servizio clienti e parlare sempre davanti a degli sconosciuti. Non importa quale sia il tuo settore di lavoro, comunicare davanti a decine di persone può essere difficile, specialmente quando si deve essere persuasivi e convincenti.

Se hai già parlato prima d'ora davanti a più persone all'interno di una stanza, sai che è necessario mantenere il contatto visivo il più possibile. Ciò significa che non puoi tenere un foglio pieno di appunti, guardarlo spesso e parlare con il tuo foglio in mano. Se hai difficoltà a parlare in pubblico o non riesci a ricordare il tuo discorso, avrai problemi con il contatto visivo.

Un vantaggio di migliorare la tua memoria è che sarai in grado di memorizzare meglio le tue note. Puoi studiare e capire il tuo discorso in modo da non dover passare molto tempo a guardare il tuo foglio per essere sicuro di dire tutto. Non devi preoccuparti di perderti nei tuoi appunti e inciampare sulle parole mentre stai cercando di trovare il tuo posto. Invece, puoi salire di fronte a un gruppo di persone e parlare con fiducia mentre ricordi i punti principali del tuo discorso. Questo ti permetterà anche di ricordare il resto, te lo garantisco.

Ora, il suggerimento che ti ho dato prima, non vuol dire che non puoi avere un foglio con i tuoi appunti davanti a te. Molti oratori, a dire il vero hanno in mano qualche tipo di nota nelle loro mani. Tuttavia, devi evitare di usarli troppo per essere in grado di mantenere il contatto visivo con il tuo pubblico ed essere più persuasivo.

Avrai relazioni più profonde

Alle persone piace stare in compagnia di altre persone che ricordano qualcosa di loro. Questo le fa sentire come se ti importasse di loro. Passa del tempo a cercare di richiamare il loro cibo o film preferito, quanti figli hanno, se hanno animali domestici, qual è la loro occupazione e molto altro ancora. Inoltre, ti sentirai più connesso a loro perché puoi ricordare certe informazioni che gli altri potrebbero non sapere su di loro. Questo può aiutare in qualsiasi relazione, sia che si tratti di un partner, di un amico, di un parente o di un collega.

Diventerai più produttivo

Quando inizi a migliorare la tua memoria, potresti sentirti più produttivo. Mentre parte di questo è dovuto al fatto che la tua sicurezza aumenta, l'altra ragione è che usi meno energia cercando di ricordare alcune informazioni. Quando scaviamo nel nostro database di memoria, usiamo parte della nostra energia quotidiana. Questo ci fa sentire stanchi, e diventiamo meno concentrati poiché stiamo perdendo anche il nostro interesse e la nostra produttività nel processo.

Pensa a come ti senti vicino alla fine della giornata lavorativa rispetto a quello che all'inizio del tuo turno. Quando vai al lavoro, ti senti più eccitato perché il tuo corpo e la tua mente si sentono ancora ben riposati. Ti senti come se fossi pronto per affrontare la giornata e svolgere tutti i tuoi compiti. Tuttavia, con il passare del tempo, inizi a rallentare e ti accorgi che stai diventando più stanco. Questo perché hai usato molta energia quotidiana per cercare di ricordare cosa devi fare, come farlo e come risolvere un problema.

Più si migliora la memoria fotografica, più facile può essere ricordare alcune informazioni per le proprie attività. Così, quando arriva la fine della giornata, ti sentirai ancora come se potessi affrontare il mondo.

Altri benefici

Ci sono dozzine di benefici quando si tratta di migliorare la memoria. Mentre non posso discuterli tutti in questo libro, ecco un elenco dei vantaggi che riceverai una volta potenziato la tua memoria fotografica.

- Puoi ricordare meglio le liste della spesa, il che ti farà dimenticare meno facilmente qualsiasi prodotto, oggetto o articolo.

- Ricorderai i nomi delle persone.

- Potrai ricordare un indirizzo più facilmente

- Puoi ricordare tutti i compiti che devi svolgere quel giorno.

- Sarai in grado di gestire i calcoli più facilmente.

- Puoi ricordare meglio i numeri di telefono, i tuoi account, PIN e altre sequenze di numeri.

- Sarai in grado di imparare una lingua straniera più facilmente, in quanto otterrai una migliore comprensione dei loro termini e pronunce.

- Ricorderai le indicazioni stradali più facilmente.

3. Miglioramenti dello Stile di Vita per la tua Memoria

Se sai di avere abitudini di vita che puoi migliorare, è più probabile che tu possa migliorare la tua memoria. Devi sapere che ci vuole molta energia perché il tuo corpo funzioni per tutto il giorno. Per questo motivo, è necessario assicurarsi di mangiare bene, dormire abbastanza e assumere altre abitudini salutari.

Questo capitolo non riguarda la garanzia di una vita migliore e più sana possibile. Riguarda il modo in cui il tuo benessere influisce sulla tua memoria. Questo significa che più ci si sente bene nel complesso, più la memoria migliorerà. Alcuni dei miglioramenti dello stile di vita discussi di seguito potrebbero già esserti familiari, il che è fantastico. Questi sono i passi comuni che le persone possono fare per aumentare la loro memoria.

Attività fisica

L'attività fisica non è sempre qualcosa che vogliamo fare, ma è necessario per la nostra salute generale. Mentre ci alleniamo, iniziamo a sentirci meglio mentalmente e fisicamente. Questo aiuta a migliorare la nostra memoria e diminuisce il rischio di demenza.

Diversi studi dimostrano l'importanza dell'esercizio fisico per la salute del cervello. Non solo i risultati hanno dimostrato che la secrezione di proteine neuroprotettive aumenta, ma migliora anche lo sviluppo dei neuroni. Inoltre, uno studio i cui partecipanti spaziavano dai 19 e i 93 anni, hanno migliorato le prestazioni della loro memoria trascorrendo 15-20 minuti su una bicicletta stazionaria (Kubala, 2018).

Dormire a sufficienza

Proprio come l'esercizio, il sonno è importante anche quando si tratta della nostra memoria. Come ho discusso brevemente prima, più ti senti vigile durante tutta la giornata, più hai energia da mettere nei tuoi ricordi.

Un bel sonno mantiene il tuo equilibrio psico-emotivo e naturalmente, con bassi livelli di ansia e stress sarai in grado di ricordare meglio. Dormire bene è importantissimo per il potenziamento delle funzioni cognitive, come apprendimento, attenzione e concentrazione. Il sonno è fondamentale per le prestazioni cognitive e gioca un ruolo fondamentale nel processo di memorizzazione. Mentre dormiamo vengono potenziate e riattivate le tracce mnestiche che vengono incorporate nella banca dati della memoria a lungo termine.

Uno dei motivi principali per cui i disturbi del sonno disturbano la funzione della memoria è perché intralcia il trasferimento dei ricordi dal database della memoria a breve termine a quello a lungo termine.

Quando si ottiene il sonno necessario, si innesca le parti del cervello che collegano il processo con le cellule cerebrali. Pertanto, maggiore è la quantità di sonno che ottieni, più facile diventerà il transfert ("Improve Your Memory With a Good Night's Sleep," n.d.). Il sonno REM è fondamentale per il consolidamento della memoria. È stato dimostrato che senza sonno REM la memoria non si consolida.

Inoltre, il nostro cervello è ancora attivo quando dormiamo. Mentre stiamo riposando, collega le informazioni che abbiamo imparato dai nostri ricordi precedenti o più vecchi. Spesso ci dà sogni o ragioni per avere lampi di genio il giorno seguente. Può permetterci di risolvere i problemi con cui abbiamo avuto difficoltà in precedenza.

Mangiare sano

Un modo per migliorare la funzione cerebrale è mangiare in modo sano o seguire una "dieta della memoria".

Una di queste diete può essere la Dieta Mediterranea, come è nota per aumentare la memoria e rallentare il declino cognitivo dovuto all'età. Si compone principalmente di frutta, verdure di stagione, cereali integrali, erbe aromatiche, frutta secca, legumi e olio extravergine di olive spremuto a freddo. Mangerete anche più pesce e frutti di mare rispetto alla carne rossa o magra. Tuttavia, si mangia più pollo o tacchino rispetto a manzo e altre carni rosse.

Se sei un anziano, è meglio guardare la dieta MIND, che sta per Mediterranean-DASH Intervention for Neurodegenerative Delay ed è simile alla dieta mediterranea. In verità, gli studi hanno dimostrato che questa dieta ha contribuito a ridurre i segni del morbo di Alzheimer del 53% (Alban, 2018). Tuttavia, è necessario ottenere almeno tre porzioni di cereali integrali al giorno e 28 grammi di frutta secca. Dovresti anche avere un'insalata e un altro piatto vegetariano ogni giorno, oltre a pollo e frutti di bosco due volte a settimana. I cibi che devi avere più di una volta alla settimana sono pesce e legumi.

Prendere integratori

Se sei come la maggior parte delle persone, probabilmente hai una vita frenetica. In effetti, potresti pensare che non hai il tempo di assicurarti di poter seguire una dieta specifica in questo momento. Se ti ci ritrovi in questo, molti esperti consigliano di provare a prendere integratori per la memoria, come olio di pesce, curcumina e multivitaminici.

È importante notare che le pillole non dovrebbero sostituire la quantità di sonno o esercizio di cui hai bisogno ogni giorno. Dovresti comunque mangiare cibi sani il più possibile.

Guarda la quantità di stress con cui hai a che fare

Avere a che fare con un po' di stress va bene per la tua memoria. In realtà, lo stress acuto può addirittura aumentarla. Tuttavia, avere una grande quantità di stress cronico causerà la perdita della memoria. Potresti averlo già notato con te stesso quando ti senti troppo stressato. Ti ritrovi a dimenticare di andare agli appuntamenti con i dottori dei tuoi figli, partecipare a riunioni di lavoro, restituire i libri della biblioteca in tempo, e fare altre commissioni che dovevi fare nell'arco della giornata.

La maggior parte delle persone inizierà a preoccuparsi della loro perdita di memoria e temono che sia un segno precoce dell'Alzheimer o di un'altra condizione patologica. Tuttavia, anche se è sempre una buona idea farsi controllare dal proprio medico di fiducia, è probabile che si sia semplicemente sopraffatti dallo stress cronico.

Ad esempio, Maria è una madre di 33 anni di tre bambini di età compresa tra 2 e 7. Lei e suo marito fanno due lavori ciascuno in modo da poter sostenere la loro famiglia, vivere comodamente, risparmiare per l'istruzione universitaria dei loro figli e prepararsi per la pensione. Maria è costantemente sottoposta a stress cronico tra le 60 e le 70 ore alla settimana, le pulizie di casa, la cura dei bambini, la cucina, il pagamento delle bollette e l'esecuzione di altre commissioni. Ultimamente, ha notato che si dimentica di pagare le bollette in tempo, portare i suoi figli ai loro appuntamenti, trasferire denaro nei conti giusti e acquistare generi di prima necessità al supermercato.

Poiché Maria ha paura di ciò che sta accadendo, fissa un appuntamento con il suo medico di base. Questo medico informa Maria che l'unico problema è che sta affrontando molte cose stressanti contemporaneamente. Per migliorare la sua memoria, uno dei primi passi che deve compiere è abbandonare qualche mansione. Dopo aver parlato con suo marito, decidono che Maria lascerà il suo lavoro part-time, che le darà dalle 20 alle 30 ore settimanali per prendersi cura della famiglia e della casa. Da allora, Maria ha notato che può ricordarsi di nuovo di eseguire tutte le sue commissioni, pagare le bollette in tempo e assicurarsi che i loro figli arrivino ai loro appuntamenti.

Altri modi per migliorare la tua memoria

- Limitare il consumo di alcol
- Smettere di fumare
- Meditare
- Mantenere la tua mente stimolata
- Prendere aria fresca
- Mantenere una mentalità positiva
- Uscire e godersi la vita

4. Il Palazzo della Memoria

Il palazzo della memoria è anche conosciuto come *Tecnica dei Loci* (plurale del termine latino locus, che significa "luogo"). Questo concetto è in circolazione dall'antica Roma ed è essenziale da capire quando si lavora per migliorare la memoria fotografica. Il palazzo della memoria è un luogo immaginario nella tua mente che hai basato su un luogo reale.

Ad esempio, sai com'è fatta la tua camera da letto senza dover essere lì. Puoi anche descrivere il tuo ufficio di lavoro anche se non ci sei dentro. Quindi, puoi usare le immagini mentali nel tuo cervello per collegarle a ciò che devi ricordare.

Come funziona il Palazzo della Memoria?

Quando pensi a un palazzo della memoria, dovresti pensare a una costruzione domestica per capire come funziona. Puoi costruire le stanze della tua casa una ad una quando è necessario ricordare altre attività, ad esempio comprare cose per riempirle e la creazione di altre aree che è necessario completare quella settimana. Con ogni lista di cose da ricordare, puoi costruire una nuova stanza nel tuo palazzo della memoria. Ogni volta che costruisci una stanza o aggiungi informazioni a una esistente, continui a rafforzare il tuo palazzo della memoria. Questi dettagli saranno memorizzati nel tuo palazzo e potrai richiamarli in qualsiasi momento.

Impostare il proprio Palazzo della Memoria

Per spiegare ulteriormente come impostare il tuo palazzo della memoria, esaminiamo insieme alcuni suggerimenti.

1. Scegli un posto familiare

Puoi scegliere qualsiasi posto, ma devi assicurarti di ricordare tutto su di esso. Ad esempio, se scegli il tuo soggiorno, dovresti essere in grado di ricordare la sua forma o dove hai posizionato diversi tipi di mobili. Se scegli il tuo ufficio, devi fare la stessa cosa. È sempre una buona cosa dare una attenta occhiata alla stanza che hai scelto prima di continuare, per fare in modo che non ti perderai tutto ciò che può essere essenziale per il tuo palazzo della memoria. Mentre conosciamo i luoghi che vediamo ogni giorno, possiamo dimenticare certi oggetti perché sono sempre lì. Semplicemente non ci pensiamo molto spesso, quindi potresti non ricordare la loro posizione quando stai cercando di creare il tuo palazzo mentale.

Una volta che è il momento di iniziare a richiamare la tua lista, devi immaginare di andare nel luogo scelto. Se scegli il tuo soggiorno, ad esempio, devi immaginarti di camminare fino a casa tua e poi entrare nel tuo soggiorno. Puoi anche immaginarti mentre cammini dalla tua camera da letto, nel tuo corridoio e poi nel soggiorno. Non importa creare una scena specifica in questo passaggio: basta visualizzarsi mentre si va nel luogo scelto.

2. Fai una lista di ciò che ricordi

Mentre stai camminando nel tuo salotto, devi ricordare tutti gli oggetti che vedi mentre lo fai. Ad esempio, se vieni dalla camera da letto e vai in salotto, immaginerai di uscire dalla tua camera e di passare il corridoio verso il tuo soggiorno. È inoltre possibile visualizzare la porta che conduce ad altre stanze, eventuali foto che possono essere appese alle pareti, così come i tavolini o i mobili che si trovano nel corridoio. Allo stesso modo, puoi immaginare parti del soggiorno che puoi vedere dal corridoio, come un plantacquario o un orologio sul muro.

3. Designare e associare

Questo un po' a volte diventa complicato per le persone, ma molti altri si divertono con questo. Quando hai bisogno di iniziare a designare e associare le cose, significa che devi scegliere gli oggetti che immagini intorno alla tua posizione e collegarli a ciò che è nella tua lista di cose da ricordare. Il punto è che devi creare un'immagine nella tua mente che andrai a ricordare. Devi farla risaltare e il modo migliore per farlo è trasformare il tuo oggetto di tutti i giorni, in un qualcosa di interessante e pazzo. Più folle è, meglio è!

Ad esempio, quando noti una porta nel tuo corridoio, potresti pensare che sia composta da Post-it gialli, proprio come quelli nella tua lista della spesa. Potresti immaginare il tavolino nel corridoio a forma di cavolfiore perché devi prendere il cavolfiore al negozio di alimentari. Puoi anche immaginare il pesce che nuota nel succo di mirtilli da un lato e il succo d'aloe vera nell'altro. Dovrai associare ciascun elemento della tua lista ad un oggetto che hai visto nel tuo luogo.

Un trucco particolare a cui molti non pensano subito è quello di fare una associazione in ordine cronologico delle cose di cui hanno bisogno di prendere. Ad esempio, se stai andando nel centro della tua città perché hai bisogno di articoli per la casa e generi alimentari, sceglierai il primo prima di quest'ultimo. Pertanto, devi assicurarti di immaginare tutti i tuoi articoli per la casa, preferibilmente nel modo in cui li prenderai dal negozio, all'inizio del tuo luogo prima di passare al negozio di alimentari.

Quando si tratta di richiamare la tua lista, ti sarà utile richiamare l'articolo nello stesso ordine in cui lo metterai nel carrello.

Dovresti sempre ricordare che la pratica rende perfetti. È sempre una buona idea, specialmente quando ti stai abituando al tuo palazzo della memoria, di scrivere la lista nello stesso ordine in cui prenderai gli oggetti nel negozio. Quindi, prendi la lista con te quando vai a fare acquisti. Tuttavia, non guardarlo a meno che non stai avendo problemi a ricordare alcune cose o perché vuoi ricontrollare per essere sicuro di aver preso tutto prima di andare alla cassa.

Puoi avere più di un Palazzo della Memoria

Molte persone si chiedono spesso se possono avere più di un palazzo della memoria. La verità è che si può. Quando stai iniziando a costruire il tuo palazzo mentale, però, è meglio attenersi a uno per un po' o almeno fino a quando non ti senti a tuo agio a fare trasferimenti da un palazzo di memoria all'altro.

Infatti, una volta che sei al 100% a tuo agio con il tuo primo palazzo della memoria, potresti pensare di crearne un secondo e poi un terzo, un quarto e così via. Non c'è limite quando si tratta di quanti palazzi della mente si possono creare purché si abbia familiarità con il numero e si può continuare a saltare da uno all'altro.

Come funziona il trasferimento da un palazzo della memoria ad un altro? Dipende fondamentalmente dalla tua lista. Ogni lista che stabilisci nel tuo palazzo della memoria rimarrà lì, specialmente se ti ricordi la lista di tanto in tanto. Detto questo, non puoi fare a meno di perdere di vista alcune liste. Ad esempio, potresti dimenticare le tue liste della spesa perché tendono a cambiare ogni settimana. Tuttavia, puoi sempre richiamare gli altri set che desideri conservare nella memoria, ad esempio i nomi di 45 fiori o i 45 presidenti degli Stati Uniti.

È importante notare che entrambe le liste menzionate sopra avranno il loro palazzo della memoria. Ad esempio, inizierai associando i 45 presidenti agli oggetti all'interno del tuo ufficio. Quindi, una volta completato e praticato, e non avrai problemi con questo palazzo della memoria, sarai in grado di passare alla lista successiva. Ogni fiore può anche essere associato a un presidente. Per esempio, George Washington puoi paragonarlo ad una rosa rossa, John Adams ti ricorda un girasole e Thomas Jefferson può diventare un lilla. Ma questa è un altra tecnica.

5. L'Occhio della Mente

Imparerai a conoscere meglio l'*Occhio della Mente* man mano che migliorerai la tua memoria fotografica. Questo perché l'occhio della mente è una parte della tua mente che ti permette di ricordare stanze, oggetti o qualsiasi altra cosa esattamente come sono.

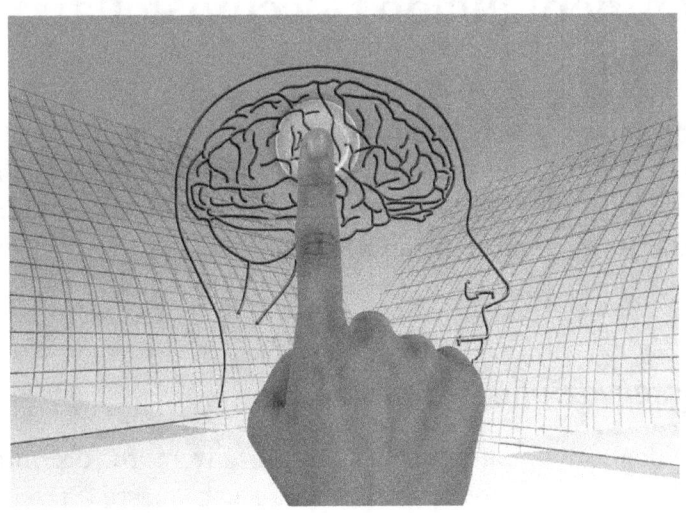

La sua definizione è quella di essere in grado di pensare a ciò che non è direttamente di fronte a noi (Friedersdorf, 2014). Tuttavia, l'occhio della mente può fare di più che permetterti di vedere ciò che sai anche quando non è lì. In realtà, è anche in grado di creare immagini speciali per te. Ad esempio, se qualcuno ti dice di immaginare un gatto viola con un cappello da strega nero che oscilla sulle linee elettriche, sarai in grado di immaginarlo perfettamente.

Uno dei migliori consigli quando si tratta di usare l'occhio della mente è quello di fare il possibile per limitare le distrazioni. Si tratta di costruire un'immagine attraverso i cinque sensi. Pertanto, quando sei distratto, non sarai in grado di prestare attenzione a ciò che senti, odori, ascolti, assapori o vedi. Questo può causare interruzioni con l'occhio della mente e rendere più difficile la creazione di immagini che si possono richiamare in seguito.

Mantieni lucido l'Occhio della Mente

Tutti lottano per tenere lontane le distrazioni di tanto in tanto. Pertanto, ci sono un sacco di tecniche che è possibile utilizzare al fine di mantenere lucido l'occhio della mente senza che esso venga disturbato.

L'osservazione è la chiave

Ad alcune persone viene naturale diventare dei bravi osservatori, altri invece durano fatica con questo. Se scopri che sei uno che dura fatica, sappi che devi sviluppare le tue abilità di osservazione in quanto sono importanti per sviluppare il tuo occhio della mente. Il modo migliore per farlo è cominciare ad osservare tutto quello che hai in casa e fuori. Puoi iniziare guardando attentamente un vaso collocato nel tuo salotto. Notare i colori e i disegni sul vaso. Non è necessario toccare o prendere in mano il vaso, ti basterà semplicemente stare di fronte al vaso e osservare tutto nei dettagli. Si può notare una crepatura in alto oppure una parte della vernice che sta iniziando a scheggiarsi.

Annota tutte queste informazioni e poi lascia la stanza. Quindi cercherai di ricordare il vaso il più possibile con la tua mente. Dopo averlo immaginato, dovresti tornare indietro e vedere quanto bene hai ricordato tutti i dettagli.

Puoi testare ulteriormente le tue capacità di osservazione lasciando la stanza e aspettando un paio di minuti prima di provare a immaginare il vaso. Puoi quindi disegnarlo o tornare nella stanza per vedere quanto sei arrivato vicino a ricordare ogni singolo dettaglio.

Annotati le informazioni

Quando inizi a osservare gli oggetti, la natura o le caratteristiche di una stanza, ti troverai distratto. Noterai la tua mente vagare verso qualcosa che non riesci a controllare. Quando ciò accade, una delle tecniche migliori è iniziare a scrivere ciò che stai osservando.

Ad esempio, sei seduto fuori sotto il tuo portico e stai cercando di guardare il grande albero nel cortile del tuo vicino. Tuttavia, ti sforzi di mantenere lo sguardo su di esso perché hai cominciato a dare un'occhiata alla loro casa e ti sei distratto dalle persone che camminano per strada, dai cani che abbaiano e dai bambini che giocano. Per evitare di dimenticare ciò che stai facendo, dovresti annotare tutto ciò che hai osservato sull'albero. Per i principianti, concentrati sul tronco dell'albero. Noterai come la corteccia prende forma sull'albero, come ne manchi un po' e poi cominci a vedere dove iniziano i rami. Devi descrivere i rami e le foglie sulla carta, terminando con il fatto che l'albero è più alto della casa.

Fermati a sentire il profumo delle rose

Abbiamo tutti sentito l'espressione che a volte abbiamo bisogno di "prendere il tempo di fermarsi e di sentire l'odore delle rose". Ciò significa che ti stai muovendo troppo velocemente nella vita e non ti stai godendo alcune delle sue migliori caratteristiche.

Forse non stai passando del tempo di qualità con la tua famiglia, non ti permetti di ammirare la bellezza della natura o non ti fermi a guardare ciò che ti circonda. In ogni caso, devi prendere il tempo di osservare ciò che è intorno a te, in modo causale, durante tutta la giornata per essere in grado di apprezzare ciò che hai. Molte persone impegnate che hanno difficoltà a gestire lo stress trovano questo uno dei modi migliori per riconoscere quanto siano benedetti. Quando iniziano a sentirsi sopraffatti, interromperanno il loro lavoro quando possibile e controlleranno il loro ambiente.

Noteranno la gente intorno a loro, quello che stanno facendo, e come suonano le loro voci. Vedranno gli insetti sui fiori o gli uccelli che volano nel cielo. Non è necessario osservare l'ambiente circostante per un lungo periodo di tempo; devi solo assicurarti di avere almeno qualche minuto per osservare dove sei e cosa sta succedendo intorno a te. Questo non solo migliorerà le tue capacità di osservazione, ma ti aiuterà anche a connetterti con il mondo.

Parte del miglioramento della tua memoria fotografica è imparare il più possibile in modo da poter associare determinati elementi alle cose che devi ricordare. Più conoscenze hai, e più sarà facile l'associazione per te.

6. Le Mappe Mentali

La scienza ha dimostrato più volte che il cervello contiene un potenziale enorme che aspetta solo di essere liberato. Uno dei modi per liberare questo potenziale è iniziare ad usare il metodo delle mappe mentali di Tony Buzan e Barry Buzan (2018).

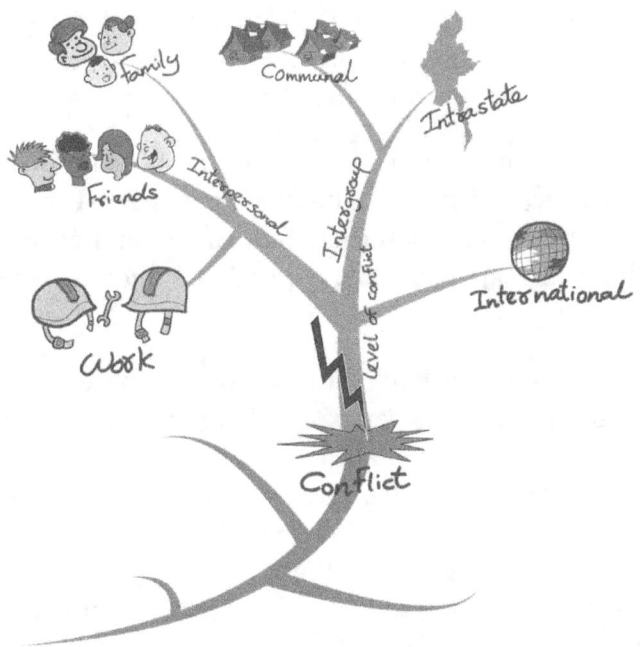

Questo potente strumento, oltre a sfruttare il tuo potenziale innato ti aiuta ad organizzare i tuoi pensieri, pensare meglio e sopratutto a ricordare quello che impari. Le mappe mentali utilizzano degli elementi fondamentali per il funzionamento complessivo del cervello, come: ritmo visivo, schematizzazioni, colori, immagini, immaginazione, dimensioni diverse, consapevolezza spaziale, Gestalt e tendenza a completare le associazioni.

Questo sistema ti permette di usare l'intera gamma delle tue capacità mentali. Ti aiuterà nella creatività, il problem solving, la pianificazione, la memoria, il pensiero e ad affrontare i cambiamenti.

Vorrei aprire una piccola parentesi sul grande Leonardo da Vinci, non solo perché è nato a pochi chilometri da casa mia, ma perché come altri grandi geni del passato, è riuscito ad attingere ad una gamma più ampia di capacità mentali rispetto ai loro simili. Infatti le grandi menti del passato hanno usato una porzione molto più ampia delle capacità mentali di cui ognuno di noi dispone.

Cosa è che rende speciale la mente di Leonardo? Il suo cervello invece di pensare in un modo più lineare come i suoi contemporanei, ha cominciato ad usare intuitivamente i principi delle mappe mentali, e quindi del *Radiant Thinking* (pensiero radiante).

Questa forma di pensiero, è il modo più semplice e naturale per usare il cervello perché di fatto, il nostro cervello contiene già mappe mentali. Il meccanismo di pensiero del cervello, è come un sofisticato marchingegno in grado di produrre associazioni ramificate, con linee di pensiero che si irradiano ad un numero infinito di informazioni e dati. Questa struttura riflette le reti neurali che rispecchiano l'architettura fisica del cervello.

Se analizziamo gli appunti di Leonardo possiamo notare parole, simboli, sequenze, liste, analisi, associazioni, ritmo visivo, Gestalt, dimensioni diverse, numeri e figure. Questo è un esempio di mente completa che si esprime in modo globale e che fa un intero uso delle sue attività corticali. Sarà difficile eguagliare il genio di Leonardo, ma sicuramente questo potente strumento ci aiuta a liberare il potenziale immenso che abbiamo nel nostro cervello. Prova, resterai soddisfatto delle tue prestazioni mentali.

Elementi essenziali delle Mappe Mentali

Perché le mappe mentali ci aiutano ad imparare e ricordare meglio rispetto agli appunti tradizionali? Innanzitutto gli appunti tradizionali sono monocolore e monotoni. Gli appunti di un solo colore sono difficili da ricordare, sono noiosi e quindi saranno dimenticati perché il cervello si annoia, si spegne e tende ad ignorarli. Sono predisposti per addormentare il cervello. È una metodologia che non sfrutta le capacità della nostra corteccia cerebrale e questo limita le capacità associate ai nostri emisferi destro e sinistro. Quindi queste capacità non possono interagire le une con le altre e ostacolano un circolo virtuoso di movimento e di crescita. Insomma, questa stesura lineare degli appunti incoraggia a rifiutare l'apprendimento e a dimenticare quello che abbiamo imparato. Impedisce al cervello di fare associazioni, limitando la tua creatività e la tua memoria. È un narcotico mentale che rallenta e inibisce i tuoi processi di pensiero.

Invece creare le mappe mentali ti permette di lavorare con le parole chiave che ti trasmettono subito idee e concetti importanti, andando ad oscurare una lunga serie di parole che hanno una minore importanza. Questo permette al tuo cervello di fare delle appropriate associazioni tra i concetti chiave.

Se vuoi prendere appunti in modo efficace, sono 3 le cose

fondamentali che devi ricordare: *Brevità, Efficienza* e *Coinvolgimento Attivo.*

Ecco perché il mind mapping è conosciuto come uno dei migliori metodi per codificare e recuperare informazioni dalla banca dati della tua memoria. Mentre ogni contenuto che crei attraverso le mappe mentali sarà diverso, tutte le menti sono organizzate in un modo specifico, il che le rende simili. Tutti usano l'immaginazione per ricordare facilmente le cose, così come i colori che fanno risaltare gli oggetti. Quando pensi a una mappa mentale, pensa a una normale mappa di una città o di un centro commerciale. C'è sempre un centro e poi tutto il resto si dirama da lì.

Quando si parla di mappe mentali, ci sono cinque aspetti che è necessario sapere.

1. Devi avere un centro. Questa sarà la tua materia principale o idea, ad esempio la Guerra Fredda.

2. Ogni tema che proviene dal tuo centro sarà composto da rami. Ad esempio, un ramo della Guerra Fredda si potrebbe riferire al motivo per cui è accaduto, un altro al Muro di Berlino, e un altro ancora potrebbe essere costituito dalle conseguenze.

3. Ogni ramo ha una parola chiave o un'immagine che è possibile associare alla propria memoria. Ad esempio, con il muro di Berlino, puoi immaginare un muro.

4. Puoi anche creare ramoscelli con temi meno importanti che escono dai tuoi rami principali. Questo è proprio come un ramo di un albero che ha ramoscelli più piccoli o rami collegati ad esso. Ovviamente ogni ramoscello deve essere pertinente al suo ramo.

5. Attraverso i rami si formerà una struttura nodale.

Crea la tua Mappa Mentale

Puoi usare qualsiasi tipo di idea o tema per creare la tua mappa mentale. Per prima cosa, devi iniziare dal centro, che è l'idea principale della tua mappa mentale. Puoi creare un'immagine come parte della tua idea o usare una parola chiave. Qualunque cosa tu faccia, devi renderla colorata, qualcosa che puoi facilmente ricordare. Pertanto, ti aiuterà a rendere la tua immagine un po' come un cartone animato, pazzo e vibrante.

Secondo, devi realizzare i temi del tuo ramo, in modo che derivano dall'immagine centrale. Per aiutare te stesso con questo processo, puoi fare brainstorming e scrivere i temi del ramo in anticipo. Puoi anche farlo con qualsiasi sottotema, che aggiungerai in seguito. Ad esempio, se il tuo tema centrale è il cibo, i tuoi rami possono essere composti da carne, pesce, verdura e cereali integrali. Riuscirai a ricordare meglio il tutto abbinando un'immagine per ogni ramo, e dare ad ogni ramo un colore diverso.

Terzo, dovresti aggiungere i sottoargomenti o i tuoi ramoscelli. Proprio come quello che hai con i rami, puoi renderli colorati e divertenti come vuoi.

È importante rendersi conto che una mappa non finisce mai veramente. Puoi creare tutti i sottotemi che desideri. Tutto quello che devi fare è mettere in relazione il tema del ramo con l'idea centrale. Probabilmente ti troverai ad aggiungere informazioni alla tua mappa mentale mentre continui a raccogliere maggiori dettagli sull'argomento.

Il tema delle mappe mentali meriterebbe un libro a parte, se vuoi imparare a padroneggiare questa potente tecnica, ti consiglio di studiare il libro *"Mappe Mentali"* di Tony e Barry Buzan.

7. La Famiglia della Mnemotecnica

Usi spesso le mnemoniche per ricordare determinate informazioni. Ad esempio, "Come Quando Fuori Piove" è una mnemonica per ricordare Cuori, Quadri, Fiori e Picche. Le scuole usano spesso frasi simili per insegnare ai bambini.

Le mnemoniche possono assumere varie forme, come testi di canzoni, filastrocche, espressioni, modelli, connessioni e acronimi.

Principi fondamentali delle mnemoniche

Prima di entrare nel dettaglio delle varie forme di mnemoniche, dobbiamo discutere tre punti fondamentali: *associazione, posizione* e *immaginazione*.

Associazione

L'associazione ha luogo quando colleghi ciò che vuoi ricordare a ciò che ricorderai. Ad esempio, quando pensi che Thomas Jefferson è stato il terzo presidente degli Stati Uniti e l'autore della Dichiarazione di Indipendenza, puoi immaginare la Dichiarazione di Indipendenza o il numero 3 a forma di Thomas Jefferson. È importante notare che quando si creano le proprie associazioni, è necessario raffigurarle da soli. Sarai in grado di ricordare meglio queste informazioni se le associ a qualcosa a cui hai pensato.

Ci sono molti modi per ricordare le cose per associazione. Oltre alle immagini e i numeri, puoi unire gli oggetti, metterli uno sopra l'altro o immaginare i due oggetti che ballano insieme o avvolti l'uno intorno all'altro.

Devi lasciare che la tua mente diventi il più creativa possibile. Ricorda, questo non è il tipo di informazioni che dovrai condividere con qualcun altro. Pertanto, non devi preoccuparti di ciò che gli altri penseranno delle tue associazioni. Ciò che conta è che tu sia in grado di recuperarle rapidamente dalla banca dati della tua memoria.

Posizione

Concentrarsi su una location, ti offre due cose: una modalità per separare una mnemonica dall'altra e fornire un contesto coerente in cui le informazioni possono essere collocate in modo da collegarle. In questo modo sarai in grado di separare una mnemonica impostata nel luogo X da un'altra simile situata nel luogo Y.

Ad esempio se imposti una mnemonica su Firenze e un'altra mnemonica simile su New York, riuscirai a separarle senza poterti confondere. Non avrai nessun conflitto con altre immagini e associazioni.

Immaginazione

Userai la tua immaginazione per creare i collegamenti tra ciò che devi ricordare e ciò con cui lo hai associato. Diciamo che, quando hai creato le immagini di una porta con Post-it gialli, hai usato la tua immaginazione. Così, puoi permettere alla tua immaginazione di essere creativa e un po' pazza quando cerchi di immaginare cose o parole chiave per scopi associativi.

Tipi di mnemoniche

Ode o rima

"Trenta giorni ha novembre con april, giugno e settembre, di ventotto ce n'è uno, tutti gli altri ne han trentuno..." - è una delle rime più conosciute fino ad oggi. Puoi creare infiniti tipi di mnemoniche che puoi usare per ricordare tutte le cose che vuoi. Un altro utilizzo di questa tecnica viene quando è necessario richiamare le regole della lingua italiana, ad esempio "Are, Ere, Ire, l'acca non voglion sentire."

Musica

Scrivere testi o creare una piccola canzone può essere utile se ti piace fare musica.

Prenditi un momento per pensare a quanto sia facile per te memorizzare le canzoni. Puoi persino suonarla o cantarla nella tua testa senza fare affidamento a lettori musicali.

Acronimi

Gli acronimi sono uno dei modi più popolari per creare mnemoniche. Per fare un acronimo, basta prendere la prima lettera di ogni parola o concetto e si crea un proverbio con esso. Ad esempio, "Keep Educating Yourself" può essere abbreviato con KEY, mentre TTYL è l'acronimo di "Talk To You Later". Probabilmente, stai usando gli acronimi quasi ogni giorno tramite applicazioni di messaggistica istantanea o messaggi di testo.

Grafici e piramidi

I modelli sono un altro tipo di mnemonica. Ad esempio, la piramide alimentare, insegna ai bambini e aiuta le persone a ricordare quali alimenti sono più importanti di altri.

Se dai un'occhiata a una piramide alimentare, vedrai che cereali integrali e verdura ne prendono la parte più grande e quindi sono situati nella parte inferiore, mentre i dolci - la categoria alimentare meno importante, che possiamo anche eliminare dalla piramide - sono in cima. Quando guardi ciascun gruppo, vedrai il loro livello di importanza in base a dove sono posizionati all'interno della piramide.

Le connessioni

Le connessioni sono un altro modo per aiutarci a ricordare le cose attraverso le mnemoniche. Ad esempio, potrebbe esserti stato insegnato il termine "lungo" quando stavi cercando la linea longitudinale sul globo, che è la linea più lunga che collega i poli nord e sud. La ragione per cui la gente ricorda la parola è perché le prime lettere suonano quasi uguale nella parola "longitudinale".

Parole ed espressioni

Molte persone scambiano parole ed espressioni per acronimi, ma sono diversi. Quando si sta creando un acronimo, in genere si crea una parola breve o un'abbreviazione. Tuttavia, quando usi una parola o un'espressione per aiutarti a ricordare le cose, stai usando questo tipo di mnemonico.

Per esempio quando andavo a lezione di chitarra non riuscivo a ricordare le note in inglese. Allora il mio maestro di chitarra mi disse che dovevo ricordare la frase "Every Good Boy Does Fine Always" che è la frase che utilizzano spesso gli insegnanti di musica per insegnare le note EGBDFA ai bambini. È più facile ricordare l'espressione, dopo tutto, di una serie di lettere.

L'ordine delle operazioni in matematica è un altro esempio comune di queste mnemoniche. Funziona così: Parentesi, Esponenti, Moltiplica, Dividi, Aggiungi e Sottrai. Prendendo la prima lettera da ciascuna di queste parole si crea PEMDAS. Il fatto è che il nome effettivo di ogni simbolo è quasi impossibile da ricordare facilmente. Pertanto, la mnemonica comunemente usata in lingua inglese è la frase "Please Excuse My Dear Aunt Sally".

Acrostici

Un acrostico è una forma poetica che può essere utilizzata come mnemonica per facilitare il recupero della memoria. Di fatto è una frase nella quale le lettere o le sillabe iniziali di ogni parola sono le iniziali dei concetti o delle parole da ricordare.

Quindi pensa ad una sequenza di lettere per aiutarti a ricordare una serie di fatti in un ordine particolare, proprio come quelli che abbiamo visto in precedenza: "Every Good Boy Does Fine Always" e "Please Excuse My Dear Aunt Sally".

8. Tecniche di Memoria di Base

Potresti avere difficoltà a ricordare nomi, numeri, volti o quali ingredienti hai bisogno di comprare al supermercato. Qualsiasi cosa sia, sembra che succeda spesso, e forse fatichi a ricordarli ogni volta. Questo può diventare frustrante per chiunque. Fortunatamente, insieme alle tecniche che abbiamo già discusso in precedenza, esistono strategie per migliorare la quotidianità che puoi utilizzare anche per migliorare la tua memoria.

Annotare le informazioni

Abbiamo già menzionato in un capitolo precedente che dovresti scrivere le informazioni quando stai provando a costruire le tue capacità di osservazione. Ma questo atto ti aiuterà anche a costruire la memoria in generale.

Al giorno d'oggi, è difficile non sedersi e digitare le informazioni da ricordare. È molto più rapido aprire un documento Libre Office, Microsoft Word o Documenti Google e iniziare a digitare le informazioni piuttosto che tenerle in mente. Questo ti induce erroneamente a sentire che, poiché hai pensato le informazioni e hai passato del tempo a scriverle, ricorderai tutto più facilmente.

La verità è che questo è utile solo se hai bisogno di scrivere qualcosa velocemente. Non migliora la tua memoria quanto potrebbe fare la scrittura a mano. La scrittura integra più sensi, il tatto, la vista, e coinvolge contemporaneamente la memoria a breve e a lungo termine. Stimola tutta la corteccia cerebrale e attiva le facoltà dell'attenzione e della concentrazione.

Il motivo principale per cui la scrittura funziona meglio è che stai attivando delle cellule cerebrali che altrimenti non useresti quando inizi a usare la mano. Questo insieme di cellule nervose, note come sistema di attivazione reticolare o RAS, indicano al cervello di concentrarsi maggiormente sui compiti che stai svolgendo.

Un altro motivo è che, quando scrivi, è più probabile che riformuli l'informazione con parole tue. Invece di digitare informazioni parola per parola, cosa che spesso fanno le persone, penserai a ciò che è stato detto e lo scriverai a modo tuo. Avrà lo stesso significato ma con parole diverse. Poiché spenderai energia pensando a questo, sarai più propenso a ricordare le informazioni.

Impara come se dovessi insegnare

In molti sostengono che il modo migliore per imparare qualcosa è studiare come se dovrai insegnare a qualcuno quello che stai studiando. Se stai cercando di imparare nomi o una serie di numeri e memorizzi le informazioni per un esame, più credi che lo insegnerai, più sarai coinvolto.

Un altro trucco è quello di imparare le informazioni come se avessi bisogno di insegnarle a un bambino. Questo ti aiuterà a mettere le informazioni in una forma semplice, che rende sempre più facile capire e ricordare qualsiasi idea o concetto. Come ha detto Einstein, se non lo sai spiegare in modo semplice, non l'hai capito abbastanza bene.

Organizza la tua mente

Sono in molti a pensare che una delle migliori tecniche da usare, specialmente per i principianti, sia organizzare la propria mente. Dopo aver organizzato i tuoi pensieri, dopo tutto, sarai in grado di ricordare meglio qualsiasi informazione. Ciò porta anche a un'importante scelta di stile di vita, considerando che potresti voler assicurarti che il tuo ambiente circostante sia pulito e organizzato. La ragione di ciò è che le persone spesso si sentono più rilassate in una stanza ordinata. Se puoi farlo a casa tua, puoi farlo anche nella tua mente.

Pensa un attimo a come ti senti quando la scrivania, il tavolo da lavoro o il piano della cucina sono sgombri e ordinati. Ci vuole molto più sforzo per concentrarsi su un compito quando c'è confusione ovunque. Ora, immagina quanto sarà più facile svolgere qualsiasi tipo di attività se la tua area di lavoro è pulita e ordinata. A questo punto, ti starai chiedendo come puoi lavorare per rendere la tua mente più organizzata. Dopotutto, non è esattamente come la tua scrivania da lavoro dove puoi prendere un oggetto e metterlo via. Mentre questo è principalmente vero, ci sono molti consigli e trucchi che puoi usare per organizzare la tua mente.

Utilizza una lista scritta

Ancora una volta, puoi usare una lista per aiutare la tua mente ad essere più organizzata. In verità, le persone si sentono naturalmente più a loro agio quando hanno una lista su cui contare. Per cominciare, permette loro di sapere esattamente cosa devono fare. Inoltre, se la tratti come una lista di controllo, sarai in grado di cancellare ciò che hai fatto.

Il punto di questo suggerimento è che devi conservare solo le informazioni che contano. così facendo, in un certo senso, scarti tutto ciò che non è più necessario tenere a mente. Questo è il motivo per cui è necessario utilizzare il metodo di lista scritta di tanto in tanto.

Sii coerente

È probabile che gli oggetti di casa abbiano un determinato posto. Ad esempio, la tua caffettiera si trova sul bancone della cucina, la scatola dei giocattoli di tuo figlio si trova nell'angolo della loro camera da letto e le tue posate in un cassetto in cucina. Questa è la stessa cosa che devi fare con la tua mente. Devi assicurarti che ogni cosa sia in ordine e abbia un certo posto nella tua testa.

Ad esempio, inserirai la lista dei 45 presidenti nel tuo palazzo mentale sotto forma di un soggiorno, mentre ad esempio l'elenco di tutto ciò che dovresti fare prima di trasferirti nella tua nuova casa va nel palazzo del tuo ufficio di lavoro. Finché avrai bisogno di queste liste, è li che le conserverai nella tua mente. Pertanto, quando si passerà da una lista all'altra per assicurarsi di essere ufficialmente pronti il giorno del trasloco, ti basterà immaginare il tuo ufficio di lavoro e prendere le informazioni da lì. Ogni cosa al suo posto.

Essere consapevoli dell'overdose da informazioni

Viviamo in un mondo in cui la tecnologia sembra essere sempre presente in ogni aspetto della nostra vita. Non importa se utilizziamo un computer portatile, un tablet o uno smartphone: le persone sono in grado di cercare ciò che vogliono ogni volta che vogliono attraverso la loro connessione Internet o il piano di dati mobile. Per questo motivo, le nostre menti possono sovraccaricarsi di informazioni. Questo non solo può farci sentire stanchi e stressati, ma può anche farci dimenticare le cose importanti che dobbiamo ricordare quando affrontiamo questo sovraccarico di informazioni.

Essere in questa situazione comporta che il tuo cervello si riempie di molte informazioni inutili. A parte questo, la tua mente comincerà ad assorbire tutto come una spugna. In un certo senso, ti sembreranno tutte informazione prive di significato per la tua banca dati perché non è più in grado di distinguere tra ciò che è importante ricordare e ciò che non lo è.

I Ganci di Memoria

Un altro metodo di base per aiutarti a migliorare la tua memoria fotografica è attraverso i *Ganci di Memoria*. Si tratta di una tecnica che è quasi esattamente come sembra: aggancerai qualcosa alla memoria, in modo da non poterla dimenticare facilmente. Questo segue anche il concetto che è più probabile che tu ricordi informazioni che ti "agganciano".

È solito usare ganci di memoria a livello emotivo. Quando le persone fanno questo, ancorano la loro memoria ad un'emozione. Questo metodo funziona perché i nostri sentimenti possono spesso servire da stimolo per certi ricordi. Ad esempio, se ti ricordi di essere stato investito sulla strada da un furgone quando eri più giovane, potresti essere cauto quando cammini in giro e noti un veicolo simile. Dopo tutto, la tua memoria innesca una risposta emotiva, che in questo caso è la paura.

Più forte è l'emozione che leghi alla tua memoria, più è probabile che ricorderai ciò che è accaduto. Se hai cenato con tuo fratello la scorsa settimana, per esempio, probabilmente ricorderesti di aver pranzato con lui e dove sei andato a mangiare, ma potresti non ricordare nulla di più al riguardo. Potresti aver dimenticato quello di cui hai parlato; se provi a ricordare, noterai che dovresti pensarci troppo intensamente per ricordare i dettagli e alla fine otterrai solo dei frammenti di informazioni.

Naturalmente, non è necessario passare attraverso un evento per utilizzare i ganci di memoria con l'emozione per ricordare qualcosa. Non importa che cosa ti viene in mente, considerando che può essere un nome, l'indirizzo della nuova casa o la definizione di una parola. Tutto quello che devi fare è associare un'emozione all'informazione e abbinarla ad una immagine che dovrebbe spiegare il sentimento associato. Ad esempio, se vuoi ricordare il tuo nuovo indirizzo di casa, puoi disegnare i numeri reali come punti esclamativi perché sei entusiasta per la tua nuova casa. Puoi anche rendere l'aspetto un po' più pazzo facendo saltare i numeri come se fossero eccitati per la tua nuova residenza.

Tre punti importanti

Per far funzionare bene i ganci di memoria, è necessario ricordare tre importanti informazioni.

1. Il gancio della memoria deve essere corto e scattante. È solitamente più difficile ricordare qualcosa che è un po' lungo e non interessante. Ricorda, devi agganciare le informazioni alla tua mente in modo che sappia tenerle nella tua memoria.

2. Il gancio di memoria dovrebbe essere facile da ricordare. Non ti aiuterà se cerchi di associare il gancio di memoria con un'emozione che spesso non provi o non si adatta bene alle informazioni. Ad esempio, se vuoi ricordare la data e l'ora del tuo intervento chirurgico, potresti non voler associare l'eccitazione all'evento. Tuttavia, questo dipende anche dal tipo di intervento chirurgico che si sta ricevendo.

3. Includi solo le informazioni effettivamente necessarie nel tuo gancio di memoria. Ad esempio, se stai cercando di ricordare il tuo nuovo indirizzo ma vivi ancora nella stessa città, non dovrai concentrarti sul ricordare la città. Invece, ricorda a te stesso solo il numero civico e il nome della via.

Suggerimenti per rendere interessanti i Ganci di Memoria

Il modo in cui renderai interessanti i ganci di memoria dipendono dalla tua personalità. Ecco alcuni suggerimenti per darti un'idea di come creare un gancio per la tua memoria.

1. Usa i giochi di parole per far sapere alle persone qual è la tua attività. Ad esempio, se sei un dentista puoi usare un motto che suona come "Sii onesto con i tuoi denti, prima che diventino disonesti con te."

2. L'uso dell'umorismo è un altro ottimo modo per creare un gancio interessante.

3. Crea una parodia per rendere il gancio interessante. Puoi produrne uno prendendo una canzone e cambiando alcuni delle sue frasi in modo che si leghino a ciò che vuoi ricordare.

4. Non aver paura di mescolare e abbinare o trovare il tuo modo di rendere il tuo gancio di memoria estremamente interessante per te.

Il Metodo dei Blocchi - Chunking

È possibile utilizzare il *Metodo dei Blocchi* (chiamato *Chunking*) per quasi tutte le lunghe liste di informazioni. Quando usi questa tecnica, in pratica unisci o metti insieme pezzi di informazioni. Ad esempio, se hai 10 numeri da ricordare, puoi accoppiarli in ordine, il che significa che devi solo pensare a cinque numeri, che è in linea a ciò che la tua memoria può contenere quando si tratta di queste informazioni. Ad esempio, se si dispone di un elenco composto da 8, 5, 3, 2, 1, 7, 6, 9, 4 e 7, è possibile accoppiare i numeri come 85, 32, 17, 69 e 47. Prendi un momento per guardare attentamente questo esempio e provare a memorizzare i numeri individuali e combinati separatamente. Scoprirai rapidamente che quando i numeri sono accoppiati, sono molto più facili da memorizzare rispetto alle singole cifre. Ciò significa anche che sono più facili da codificare e memorizzare nel cervello, almeno per un periodo di tempo.

La Tecnica del Collegamento - Linking Method

Quando devi ricordare un elenco di nomi, utilizzerai spesso la *Tecnica del Collegamento*, nota come *Linking Method*. Di solito si verifica quando è necessario collegare i dettagli adiacenti della lista. Potresti ricordare di aver fatto dei test quando frequentavi la scuola elementare dove erano presenti due colonne. La prima colonna conteneva un elenco di parole, mentre la seconda aveva le definizioni delle parole della prima colonna. Dovevi quindi collegare la parola giusta di una colonna alla sua definizione corrispondente nell'altra colonna con una linea. Questo metodo è simile a quello che devi fare quando usi la tecnica del collegamento.

Tre parti sono comprese nella tecnica del collegamento, che include *la creazione e il richiamo* di una lista e poi *la pratica* di come farlo ripetutamente. Anche quando ti senti a tuo agio con questo metodo, prova a prenderti del tempo per esercitarti a ricordare una delle tue liste almeno una volta alla settimana. Altrimenti, l'elenco e la tecnica del collegamento inizieranno a decadere e lasceranno la tua mente.

Il fatto è che quando si crea una qualsiasi lista, bisogna essere sicuri che ogni immagine o parola si colleghi a quella successiva. Ad esempio, se desideri scrivere la tua lista della spesa, inizia con l'immagine del prendere il carrello. Potresti quindi immaginare l'oggetto che poggia sul sedile del tuo carrello, come un ananas a forma di bambino, supponendo che questo sia il primo elemento della tua lista. Nel caso in cui il secondo oggetto sia un cesto di mele, puoi immaginare l'ananas con un cesto di mele in testa. Continuerai a collegare la tua lista in questo modo fino a quando non avrai raggiunto l'ultimo elemento. È importante ricordare tutto nello stesso ordine per evitare di dimenticare qualcosa.

Il trucco dopo è ricordare in modo automatico l'articolo successivo della lista dopo che si è raccolto il primo. Con questa metodologia, non durerai molta fatica a ricordare la lista intera.

È necessario prendere atto del fatto che, quando pratichi il metodo del collegamento, non è necessario che tu senta il bisogno di esercitarti costantemente nel ricordare la stessa lista. Quello che devi fare è creare una nuova lista utilizzando questa tecnica.

Ad esempio, se vai a fare la spesa una volta alla settimana, puoi trasformare questo esercizio di memoria in uno che è specifico per questa attività. Ciò garantisce che utilizzerai questa tecnica almeno una volta alla settimana. Tuttavia, puoi anche usarlo per tutta la settimana per altri elenchi.

Il Principio SEE

Il principio SEE è una tecnica di memoria che le persone usano spesso per costruire la memoria fotografica all'inizio.

SEE è un acronimo, che rappresenta i tre pezzi di questo principio: **S**ensi, **E**sagerazione e **E**ccitazione.

S è per Sensi

Questo principio afferma che più usi i tuoi sensi per codificare le informazioni, più sarai in grado di trasferire i dati dalla memoria a breve termine alla memoria a lungo termine.

E è per Esagerazione

Il secondo principio afferma che devi essere il più creativo, divertente e interessante possibile quando crei immagini, parole chiave, tabelle, grafici o qualsiasi cosa che usi per richiamare più rapidamente qualsiasi informazione. Pensa a questa scena: stai guidando lungo l'autostrada e noti una fila di camion dall'altra parte. Ti rendi conto che uno è tutto bianco, quello accanto è bianco con una linea viola, il terzo è rosa e il quarto tutto bianco. Ricorderai i veicoli di colore rosa e quello bianco con la riga viola di più rispetto a quelli bianchi perché sono visivamente più interessanti degli altri. Avresti ricordato ancora di più un veicolo con dei disegni strani, divertenti e inusuali.

E è per Eccitazione

L'ultima parte del principio SEE dice che devi assicurarti che le informazioni che stai cercando di ricordare, insieme al come vuoi farlo, siano eccitanti ed energizzanti. Ad esempio, preferiresti vedere una presentazione della vita di Prince o un film sulla sua vita? Molto probabilmente sceglieresti il film piuttosto che la presentazione perché i film apportano energia. C'è movimento in quest'ultimo, e puoi rimanere agganciato all'energia che vedi dare agli attori durante il film. I film si ricordano meglio perché c'è più coinvolgimento, più emozioni e sono più eccitanti rispetto ad altre immagini. Crea immagini eccitanti che difficilmente scorderai.

Suggerimenti per la memorizzazione

Tutti abbiamo cose che dobbiamo ricordare di tanto in tanto. Mentre alcune persone trovano facile la memorizzazione, la maggior parte tende a lottare con questo processo. Se ti senti troppo sfidato quando si tratta di memorizzare cose, ma pensi anche che non sia estremamente difficile, sappi che puoi usare altri suggerimenti extra. Ecco alcuni dei modi migliori per memorizzare le informazioni.

Preparati per il tuo tempo di studio

Tutti abbiamo diverse tecniche di studio. È importante che tu prenda il tempo per sapere di cosa hai bisogno fare per poter studiare meglio. Ciò ti consentirà di migliorare drasticamente le tue capacità di memorizzazione. Ad esempio, potresti scoprire che devi stare in silenzio per ricordare di più le tue lezioni. In questo caso, devi cercare un ambiente che non ti dia molte distrazioni. Oppure potresti capire che hai bisogno di avere della musica in sottofondo in quanto le melodie solitamente aiutano a concentrarsi meglio, quindi dovrai assicurarti di avere la migliore musica per aumentare le tue abilità di memorizzazione.

Alcuni credono che sia importante prepararsi attraverso una serie di passaggi. Ad esempio, potresti dover rilassare la mente da tutto ciò che hai imparato quel giorno. Pertanto, dovrai prenderti del tempo per guardare un bel film, prendere una tazza di tè, leggere o semplicemente rilassarti. Potresti persino scoprire di performare meglio dopo la meditazione. Se hai bisogno di giocare con i tuoi preparativi prima di iniziare a memorizzare, allora fallo e attieniti al tuo rituale. Tuttavia, c'è sempre tempo per cambiare alcuni passaggi mentre continui a conoscere meglio i tuoi preparativi.

Registrati e scrivi le informazioni

Poiché la scrittura delle informazioni è stata discussa altrove, non mi dilungherò su questo. Tuttavia, è importante includerlo anche in questa sezione. Se pensi che sia meglio registrare le lezioni dei tuoi professori, assicurati di farlo. Tuttavia, dovrai anche prenderti il tempo per ascoltare la registrazione e scrivere tutte le informazioni importanti per poter memorizzare ciò che devi sapere. Dopotutto, non solo le riascolti, ma attivi anche le tue cellule cerebrali mentre inizi a scrivere le informazioni.

Come abbiamo visto prima, le cellule cerebrali attive ti aiutano sempre a ricordare più informazioni. Ricorda di preferire le mappe mentali agli appunti tradizionali. Le mappe mentali sono lo strumento più potente che tu possa utilizzare.

Riscrivi di nuovo le informazioni

Le persone non si rendono conto di quanto sia importante scrivere le informazioni. Infatti, sono in molti che affermano che uno dei modi migliori per memorizzare veramente le informazioni è di scriverle quando le senti per la prima volta e poi riscriverle quando tenti di ricordarle. In altre parole, dovrai riscrivere le informazioni prendendole dalla tua memoria. Praticamente non devi né ascoltare la registrazione né guardare ciò che hai scritto in precedenza. Prendi invece un foglio di carta bianco e vai semplicemente a richiamare le informazioni dalla tua memoria. Allora, potrai confrontarlo con la tua scrittura originale.

Se ritieni di dover continuare a memorizzare le informazioni, sentiti libero di farlo. Invece, se ti sembra che tu stia andando bene con la sola memorizzazione, puoi fare un passo indietro per metterti alla prova un po' di più. Ad esempio, non è possibile toccare tali informazioni per un paio di giorni. Al termine di questi giorni, tuttavia, puoi provare a scrivere nuovamente le stesse informazioni pescandole dalla memoria e quindi confrontare i due scritti. Se noti che stai ancora andando forte, continua a metterti alla prova allungando l'intervallo di tempo. Se vedi che hai già iniziato a dimenticare le cose, allora dovresti aumentare il tempo che dedichi alla memorizzazione delle informazioni.

Insegna le informazioni a te stesso

Certo, puoi insegnare a qualcun altro cosa stai cercando di imparare, ma questo non è sempre possibile. In questo caso, è importante prendere l'abitudine di insegnare le informazioni a te stesso. Mentre lo fai, scoprirai di essere più coinvolto quando memorizzi i dettagli perché hai la mentalità necessaria per spiegarlo o insegnarlo. Ragion per cui devi assicurarti di aver compreso le informazioni prima ancora di provare questa tecnica.

Questo è noto perché ti rende più concentrato e ti dà qualcosa a cui guardare avanti, una sorta di obiettivo quando si tratta di dover memorizzare le informazioni. Se sei come la maggior parte del mondo, avrai bisogno di motivazione per continuare a memorizzare perché pochissime persone amano fare questa attività. Questo metodo, tuttavia, può motivarti a fare ciò che deve essere fatto.

Non smettere di ascoltare le registrazioni

L'ultimo consiglio è di non smettere di ascoltare ciò che hai registrato. Molte persone ritengono che una volta che hanno ascoltato una registrazione una volta e hanno scritto le informazioni importanti, possano già metterle da parte. Peggio ancora, possono decidere di cancellarle o registrarci una nuova lezione sopra. Entrambe le idee non sono consigliabili, considerando che prendersi del tempo per continuare ad ascoltare le lezioni ti aiuterà a migliorare la memorizzazione. Repetita iuvant. Le cose ripetute aiutano.

9. Tecniche Avanzate

Prima di iniziare a trattare le tecniche più avanzate per il miglioramento della memoria, potresti sentire che i metodi discussi qui o nel capitolo precedente sono o di base o troppo avanzati per te. È sempre più facile iniziare con alcuni dei metodi più semplici - quelli che ritieni più facili - e poi andare a salire. Questo è un qualcosa che nessuno può dirti direttamente perché dipende dalla tua personalità e da qual è il livello attuale della tua memoria.

Un altro fattore da tenere sempre presente è che ogni tecnica ti sembrerà difficile all'inizio. Tuttavia, una volta che riuscirai a provarla con successo un paio di volte, sarai presto in grado di abituarti e ti sembrerà facile.

Il Metodo dell'Auto

Il *Metodo dell'Auto* è simile all'utilizzo di una stanza della tua casa come per il palazzo della memoria. Uno dei maggiori motivi per cui è considerata una delle tecniche più avanzate è che alcune persone non conoscono le parti di un'auto. Inoltre, possono confondersi poiché non vedono la macchina allo stesso modo di una stanza della loro casa. Queste persone possono pensare che passare dal bagagliaio alla parte anteriore del veicolo sia un po' più confuso rispetto a passare tra le stanze di casa. Come affermato in precedenza, tuttavia, il livello di confusione dipende dalla tua personalità e dai tuoi interessi.

Allo stesso tempo, il metodo dell'auto è molto utile perché mentre sei in auto e devi ricordare una lista per il lavoro, puoi osservare direttamente l'auto senza limitarti alla sola visualizzazione nella mente. Simile all'utilizzo di una stanza della tua casa, vorrai assicurarti di conoscere bene la tua auto, così come tutto ciò che contiene, prima di iniziare a utilizzare questa tecnica. Ad esempio, è necessario acquisire familiarità con i vani portaoggetti perché questi sono spesso i luoghi che le persone utilizzano per questo metodo. Le auto, in particolare i modelli più recenti, possono avere una dozzina di unità per riporre oggetti. Non solo sono sul lato delle porte, tra i sedili e sul retro dei sedili, ma possono anche essere nascosti nel bagagliaio.

Naturalmente, se non si dispone di un'auto, è possibile utilizzare qualsiasi tipo di veicolo che si conosce bene, ad esempio un aereo, un autobus o un furgone.

Facciamo un esempio, hai una lista degli animali di una riserva naturale, che cura gli animali feriti e abbandonati prima di reinserirli nel loro habitat naturale. Puoi utilizzare queste informazioni per assicurarti che tu e la tua famiglia siate in grado di vederli tutti senza dover controllare la mappa in ogni momento. Inoltre, conoscere l'elenco a memoria ti consente di creare un gioco con i tuoi figli in cui chiedi loro di trovare o nominare gli animali quando sei lì. Quindi, puoi usare il metodo dell'auto per memorizzare i seguenti animali: pinguino, lama, tigre, orso, aquila, bufalo, lupo, anatra e lontra.

Sai che il pinguino è il primo animale che vedranno i tuoi figli. Pertanto, puoi immaginare il pinguino nella parte anteriore della tua auto, considerando che desideri ricordare questo elenco dalla parte anteriore a quella posteriore. Puoi immaginare un pinguino che scivola sul cofano della tua auto. Da lì, vuoi collegare questa immagine a un lama, che potrebbe guidare la macchina. Forse la tigre è seduta sul sedile del passeggero, mentre l'orso sta cercando di inserirsi nella tasca sul retro del sedile del conducente. Sentiti libero di continuare a utilizzare questo elenco con lo stesso metodo per memorizzare il resto degli animali della riserva nell'ordine in cui li vedrai.

Le Mollette Mnemoniche - Peg System

Le *Mollette Mnemoniche*, o *Peg System* è un'altra tecnica comune che molti la ritengono avanzata. Quando pensi alle mollette mnemoniche, potresti pensare alle mollette per il bucato. In verità, c'è una similitudine.

Questa tecnica utilizza immagini visive per fornire un "gancio" o una "molletta" a cui appendere i tuoi ricordi. Questo sistema funziona creando associazioni mentali tra due oggetti in un modo uno-a-uno che verranno successivamente applicate alle informazioni da ricordare.

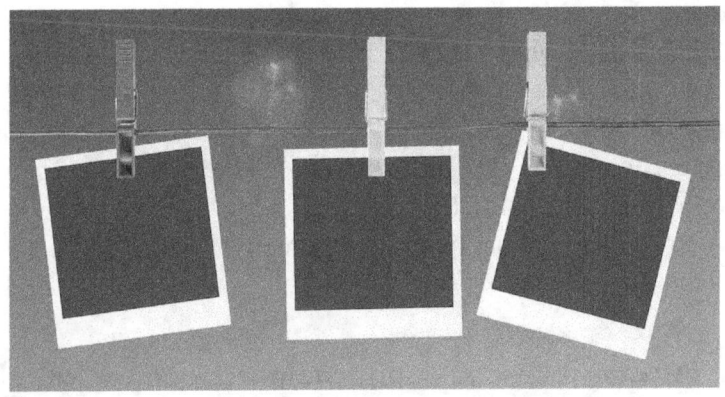

Questa tecnica funziona pre-memorizzando un elenco di parole che sono facili da associare ai numeri che rappresentano. In genere questo comporta il collegamento di sostantivi ai numeri ed è pratica comune scegliere un nome che fa rima con il numero a cui è associato. Una lamentela riguardante il peg system è che sembra essere applicabile solo in situazioni banali. Tuttavia, il peg system può essere utilizzato per ricordare liste della spesa, punti chiave nei discorsi e molte altre liste specifiche nelle proprie aree di interesse. Con questo metodo ricorderai facilmente la posizione numerica degli oggetti in un elenco in sequenza o fuori sequenza.

Perché usare il Peg System

Il peg system è noto per essere una delle tecniche avanzate per diversi motivi.

1. C'è molta flessibilità tra le liste

Quando sei in grado di creare flessibilità tra le liste, puoi ridurre il rischio di interferenze. Ad esempio, è possibile utilizzare liste ordinate o in ordine alfabetico da associare alle mollette mnemoniche. Naturalmente, molti suggeriscono che, quando inizi a utilizzare questa tecnica, dovresti scegliere una lista con cui ti senti più a tuo agio. Dopo aver utilizzato il peg system un po' di volte e aver capito come funziona, potrai scegliere diversi tipi.

2. Alcune persone non memorizzano bene gli elementi

Se scopri di stare lottando con la memorizzazione, potresti accorgerti che questo metodo potrebbe non essere estremamente utile per te. Il motivo è che è necessario mantenere un ordine, che la memorizzazione non sempre fornisce. A parte questo, ti permette di usare qualunque lista ti venga in mente.

3. Puoi richiamare direttamente l'articolo

Sebbene il *Metodo del Collegamento* sia ideale per ricordare gli elenchi in sequenza, non fornisce un modo semplice per richiamare, ad esempio, il settimo elemento della lista. Dovresti iniziare dall'inizio della lista e contare mentalmente in avanti attraverso le associazioni fino a raggiungere il settimo elemento.

Per esempio, puoi avere 20 animali in un ordine specificato che segue la mappa della riserva. Se desideri scegliere il settimo animale, dovrai scorrere l'intero elenco a partire dal primo fino a raggiungere l'animale numero 7. Invece, con il peg system, puoi ricordare direttamente l'articolo, ad esempio: Sette = Civette

Ci saranno diverse liste che memorizzerai abbastanza attraverso le immagini e non dovrai sempre mantenere un ordine. Ad esempio, se stai cercando di creare un elenco con i nomi degli animali della riserva, puoi eventualmente scegliere gli animali da soli senza dover passare attraverso l'intero elenco.

4. Puoi usare il Peg System per contenere più informazioni

Come accennato in precedenza, il peg system offre una gran flessibilità. In verità, puoi mescolarlo con altre tecniche che hai imparato. Per esempio, utilizzare il metodo di base preferito o un'altra tecnica avanzata, insieme al peg system. In questo modo, puoi aprire la porta alla possibilità di codificare, archiviare e recuperare più informazioni rispetto a ciò che potresti fare attraverso una sola lista alla volta.

Una delle liste comuni del peg system è il sistema alfabetico. Se lo usi e lo mescoli con la tecnica del collegamento, puoi ricordare oltre 200 voci in un unico elenco. Anche se al momento potrebbe non sembrarti possibile, tieni presente che non inserirai tutti gli elementi della tua lista contemporaneamente. Come molte cose della vita, è un qualcosa che puoi costruire nel tempo.

Peg System con la Rima

Se ti piace la rima, ti piacerà rimare il peg system. L'idea è che è necessario creare un elenco di parole e quindi trovare altre parole che sono in rima tra loro. Ad esempio, se hai i mirtilli nell'elenco, puoi rimarli con birilli. Rime di fenicotteri con datteri, rime di cane con banane, rime di cammello con cappello, eccetera.

Ma solitamente si crea una lista di numeri, e ci abbiniamo delle parole in rima, ad esempio:

0 = nero

1 = raduno

2 = bue

3 = scimpanzé

4 = pilastro

5 = lingue

6 = alisei

7 = civette

8 = biscotto

9 = bove

10 = ceci

La parte divertente del metodo del peg system in rima è che sarai in grado di migliorare la tua creatività con esso. Puoi dare una battuta alla rima e creare una canzone sciocca o creare una storia in cui inizi una frase con una parola specifica e poi la termini con una parola in rima. Più diventerai creativo e divertente con queste informazioni, più facile sarà per te ricordare le informazioni quando ne avrai bisogno.

Il Peg System Alfabetico

All'interno del peg system alfabetico ci sono due tipi di liste che è possibile creare: "suono alfabetico similare" e "alfabeto concreto". Certo, puoi essere creativo e stabilire il tuo mentre ti senti a tuo agio con il processo, ma adesso vediamo questi due tipi.

1. Suono alfabetico similare

L'elenco con il suono alfabetico similare non è diverso dal peg system in rima, ma dovrai trovare una lettera che suona come la parola. Ad esempio, B suona come un'ape. Pertanto, puoi immaginare un'ape che ha la forma della lettera b.

2. Alfabeto concreto

Quando crei un elenco in "alfabetico concreto", passerai attraverso l'alfabeto e troverai una parola che inizia con la lettera corrispondente. Non è necessario rendere le parole in rima; non devi preoccuparti del suono o dare alle parole forme o immagini sciocche. L'elenco creato sarà utile quando si tenta di memorizzare determinate informazioni. Ad esempio, è possibile mettere insieme un elenco alfabetico in cui A sta per Arance, B sta per Basso C sta per Corda, D sta per Diario e così via.

Il Peg System di Forma

Questo metodo è simile agli altri metodi, sebbene la sua principale distinzione sia l'uso delle forme. Fondamentalmente, trasformerai le informazioni che vuoi ricordare in una certa forma. La figura può corrispondere alla parola o può essere la prima forma che ti viene in mente quando ci pensi.

La Ripetizione Spaziata

Molte persone, specialmente i principianti, sentono il

bisogno di ripetere le informazioni per ricordarsele. Sfortunatamente, questo funzionerà solo per un breve periodo. È necessario tenere presente che, a meno che non si utilizzi un metodo, si è emotivamente collegati alle informazioni. È anche possibile che la tua mente creda che sia importante per te ricordare qualcosa che molto probabilmente dimenticherai entro un paio di mesi circa. Non significa che c'è qualcosa che non va nella tua memoria. È normale che le persone inizino a dimenticare le informazioni che non usano o ricordano nel tempo. Il motivo principale per cui questo accade è che il tuo cervello sta facendo spazio per dati più importanti che dovrai ricordare in futuro.

Pertanto, molti individui, in particolare quelli che spesso praticano tecniche per migliorare la memoria, affermano che spesso si concentrano sul richiamo delle informazioni che vogliono conservare almeno ogni due settimane. Questo è un ottimo metodo che molti concorrenti per i concorsi di memoria tendono ad usare. Dopo la competizione, non allenano il cervello per alcuni mesi. Quindi, un paio di mesi prima della gara, inizieranno di nuovo ad allenare il loro cervello. Una volta iniziato il processo, non solo useranno una varietà di tecniche - come il timing stesso - ma si eserciteranno anche con liste diverse settimanalmente, se non di più. Questo li aiuta in molti modi.

Per primo, consente ai giocatori di giochi di memoria di migliorare la propria velocità, il che è un grande fattore quando si tratta di concorsi. In secondo luogo, la pratica li aiuta a conservare vecchie informazioni e creare nuove informazioni nel loro database di memoria attraverso un metodo diverso. Ad esempio, possono richiamare un elenco della settimana prima e quindi concentrarsi sull'apprendimento di un nuovo elenco quella dopo.

Naturalmente, puoi provare la ripetizione spaziata per sei mesi e non toccare l'elenco fino a quando non è necessario. Il divario dipenderà principalmente dalla tua capacità di richiamare l'elenco; ecco perché la formazione potrebbe anche richiedere più tempo. Molte persone affermano che se si dispone di elenchi che si desidera ricordare per sempre, è necessario seguire il metodo della ripetizione spaziata con ciascuno di essi. Ciò garantisce che sarai in grado di mantenere ogni informazione fresca nella tua mente. Nel mio libro "*Apprendimento Accelerato*" ti svelo il mio personale sistema di studio che uso per memorizzare le informazioni per sempre grazie alla Ripetizione Spaziata.

Memorizzare un mazzo di carte

Un'altra grande tecnica che molti principianti usano per aumentare la memoria fotografica è quella di memorizzare un mazzo di carte. Se hai appena cominciato ad imparare come costruire la tua memoria, potresti pensare che questo sia un compito impossibile perché ci sono esattamente 52 carte all'interno di un mazzo. Tuttavia, quasi tutte le persone che sono entrate nell'addestramento avanzato della memoria fotografica hanno dovuto esercitarsi con un mazzo di carte. Dopo tutto, le carte sono facili da reperire. In effetti, potresti già avere un mazzo di carte in casa. A parte questo, sono già disegnate, hanno numeri e sono colorate; ecco perché possono rendere il processo di apprendimento un po' più semplice quando stai cercando di migliorare la memoria.

Ci sono alcune cose di base di cui hai bisogno per memorizzare un mazzo di carte, ovviamente, oltre ad assicurarti di avere un mazzo completo di carte. Devi anche avere un elenco di 52 celebrità - quelle che ti piacciono e alcune che non ti piacciono - e la conoscenza della creazione di un palazzo della memoria.

Innanzitutto, dovresti capire che, quando stai imparando un mazzo di carte, devi usare una tecnica simile a questa. Il motivo è che senza un metodo adeguato, ci vorrà almeno mezz'ora per ricordare metà del mazzo di carte. Inoltre, poiché non hai associato le carte a qualcosa che ti sembra interessante, le informazioni saranno probabilmente dimenticate nel tempo. In effetti, puoi dimenticare tutto ciò che hai memorizzato in un paio di settimane.

Crea il Palazzo della Memoria

La maggior parte delle persone penserà di dover memorizzare le carte in base ai numeri e ai disegni. Anche se è possibile farlo utilizzando un'altra tecnica di memoria, questo metodo specifico non si concentra su queste cose. Piuttosto, devi concentrarti sull'elenco di 52 celebrità che hai scritto.

Al fine di rendere la memorizzazione delle carte il più semplice possibile, puoi classificare il tuo elenco di celebrità con i simboli che sono già sulle carte. Ad esempio, i quadri o denari possono essere utilizzati per le celebrità più ricche che hai nella tua lista. I cuori possono eguagliare le celebrità che ami, i picche sono per quelle che non ti piacciono molto, e i fiori per le celebrità che sembrano fare sempre festa.

Quindi, vorrai accoppiare le tue celebrità con numeri pari o dispari. Dalla mia esperienza, è sempre facile associare che gli uomini sono i numeri dispari, mentre le donne sono i numeri pari, o viceversa.

È quindi possibile utilizzare i membri della famiglia reale per il re e la regina nel mazzo. Ad esempio, la regina Elisabetta sarà la regina e il principe Filippo sarà il re. Per il jolly, puoi usare Jack Nicholson o Heath Ledger, considerando entrambi i ruoli di Joker nei film di Batman. Da lì, puoi abbinare le celebrità con i numeri. Ad esempio, potresti pensare che i 10 dovrebbero essere le celebrità più potenti della tua lista. Per i 9, potresti decidere che dovrebbero essere le tue celebrità preferite, gli 8 potrebbero essere musicisti e i 7 potrebbero essere atleti. Tutto dipende da come hai elencato il loro nome.

Questo è il modo migliore per memorizzare il tuo mazzo di carte.

Memorizzazione e richiamo

Dopo aver organizzato l'elenco e averlo confrontato con le carte, inizierai a memorizzare le tue carte. In realtà, puoi usare un palazzo della memoria o persino una mappa mentale per farlo. È importante rendersi conto che non è necessario memorizzare tutte e 52 le carte contemporaneamente. In effetti, puoi creare un piano di memoria che si accumulerà per memorizzare tutte le carte.

Puoi iniziare con cinque carte ogni giorno e va bene. Tuttavia, puoi anche ricordare le carte che hai memorizzato in precedenza. Quindi, nel tuo primo giorno, ti concentrerai sulle prime cinque carte. Il secondo giorno, ricorderai le prime cinque carte e poi memorizzerai le successive cinque. Lo farai fino a raggiungere le ultime sette carte.

Il Metodo Militare

Mentre i passaggi associati a questo metodo sono semplici, i dibattiti sul funzionamento o meno della tecnica militare sono più popolari del metodo stesso. Chi non ha mai provato questa tecnica, però non dovrebbe parlare. Alcune unità militari stanno usando questa tecnica da quasi un secolo per sviluppare la loro memoria fotografica.

Devi iniziare trovandoti in una stanza buia con una lampada accanto a te. Devi anche avere un foglio di carta con un ritaglio abbastanza grande da contenere un paragrafo di testo. Quindi, prendi il foglio e ritagliane un foro rettangolare delle dimensioni di un normale paragrafo di un libro, e poi ponilo sopra una pagina di un libro.

Regola la distanza dal libro in modo che il tuo sguardo si concentri istantaneamente sulle parole quando apri gli occhi.

Rimani al buio per un po' per abituare gli occhi all'oscurità e poi accendi la luce per una frazione di secondo e spengila di nuovo. Avrai un'impronta visiva negli occhi del testo che si trovava di fronte a te.

Quando questa impronta svanisce, riaccendi la luce per una frazione di secondo e fissa nuovamente il testo. Quindi, in poche parole, starai seduto in una stanza buia, e accenderai e spengerai le luci per memorizzare e vedere nella mente le impronte del testo che stai leggendo.

Continua a farlo fino a quando non riuscirai a leggere il testo parola per parola. Quando vedrai l'impronta nell'oscurità, non stai vedendo il testo al buio, piuttosto il tuo cervello si ricorda di una impronta virtuale delle informazioni e questa è l'idea che sta alla base del ricordo del materiale.

Ti piacerebbe se riuscissi a sviluppare la capacità di guardare rapidamente un pezzo di testo e di essere in grado di vedere l'impronta nella tua mente? Il fatto è che dovrai farlo per almeno 15-20 minuti ogni giorno per 30 giorni. Questo aumenterà la tua capacità di guardare un'immagine o un passaggio di testo e memorizzarlo istantaneamente.

10. Come Ricordare...

Non importa chi sei: avrai sempre difficoltà a ricordare qualcosa, che si tratti del nome di una persona, di un luogo, di quali siano i pasti preferiti dei tuoi figli o di qualsiasi altra cosa. Ecco perché è importante rafforzare la tua memoria fotografica con l'uso delle tecniche di cui abbiamo discusso in precedenza. A questo punto, probabilmente ne hai già provate alcune di esse e potresti già avere un'idea con quali ti senti a tuo agio e quali invece hai bisogno di esercitarti un po' di più.

Se non hai ancora avuto il tempo di costruire il tuo primo palazzo della memoria, dovresti provare a farlo presto. Anche se non è essenziale per questo capitolo, prima inizi a costruire la tua memoria fotografica, più sarai in grado di ricordare le informazioni che discuteremo qui.

Ci sono due parti principali di questo capitolo. Il primo prevede l'apprendimento di come ricordare i nomi. È successo a tutti noi. Conosciamo uno dei membri della famiglia del nostro partner durante una riunione di famiglia. Quindi, qualche mese dopo, riconosci la persona al supermercato, ma non riesci a trovare il suo nome nella tua banca dati della memoria. Certo, questo è un po' imbarazzante per te perché lui ricorda esattamente il tuo nome. Quando ciò accade, spesso si balla intorno all'idea di come far loro sapere che non ti ricordi il loro nome. Ti comporti come se lo ricordassi, ma non pronunci mai il suo nome o chiedi a riguardo. Invece, vai a casa e chiedi al tuo partner come si chiama quella persona. Naturalmente, questo ci aiuta anche a ricordare un po' meglio il loro nome.

Non ti preoccupare, questa è una cosa umana. Mentre inizialmente potremmo dimenticare un nome, quando ci imbattiamo nella stessa persona e abbiamo bisogno di scambiare nuovamente convenevoli con loro, è più probabile che ricordiamo il loro nome perché sentiamo di aver fatto un errore e non vogliamo commetterlo di nuovo.

La seconda parte è come ricordare i numeri. Sembra che le persone siano state abituate a ricordare meglio i numeri prima dell'invenzione dei telefoni cellulari. Ora, tendiamo a lottare un po' di più con questa attività perché è molto più facile aggiungere le cifre nell'elenco dei contatti che memorizzarle. Tuttavia, cosa succederà quando lasci il telefono in macchina e non hai un foglio di carta e una penna per scrivere il numero di una persona che hai appena conosciuto in un negozio? Oppure, sei a fare la spesa e ti sei dimenticato quello che ti aveva chiesto di prendere il tuo partner e hai il cellulare in macchina. Certo, puoi tornare al parcheggio, ma cosa farai con il tuo carrello pieno di generi alimentari? Puoi dare a uno sconosciuto il suo numero in modo che possa chiamarlo per tuo conto, ma conosci anche il suo numero di cellulare? Se sei come molte altre persone là fuori che non sono sicure al 100% nemmeno di quale sia il loro numero di cellulare, è ovvio che sei praticamente spacciato.

Ricordare i nomi

Oh, le meraviglie dei cartellini con i nomi! Hai mai dovuto far parte di un grande gruppo di persone e hai scoperto che i cartellini portanome sono stati di grande aiuto quando si tratta di ricordare i nomi di ogni persona? Ti ricordi di aver iniziato il tuo primo giorno di scuola e non solo essere andato in giro per la stanza per presentarti, ma anche di aver avuto il tuo nome sulla scrivania e magari ricevere il cartellino con il nome da attaccare sul grembiule? Oppure è probabile che tu abbia imparato a conoscere i nuovi compagni di scuola di tuo figlio guardando i loro cartellini portanome. Tuttavia, ciò non significa che ricorderai i loro nomi quando li incontrerai di nuovo alla recita scolastica dei tuoi figli un paio di mesi dopo. Potresti essere in grado di ricordare dove li hai incontrati e dove ci hai parlato, magari ricordi che indossavano un abito blu con scarpe blu abbinate, ma il nome potrebbe esserti già sfuggito dalla memoria.

Potresti anche ricordare qualcosa sul carattere di una persona. Ad esempio, mentre erano seduti dall'altra parte della stanza, eri in grado di ascoltare quasi tutto ciò che dicevano a causa della loro voce forte.

Tutti questi esempi sono modi per collegare qualcuno al suo nome. Il primo è noto come *Connessione del Luogo di Incontro*, mentre il secondo e il terzo sono chiamati rispettivamente, *Connessioni di Aspetto* e *di Carattere*.

Connessione del Luogo di Incontro

Quando si tratta di incontrare persone in un luogo specifico, è possibile utilizzare questo luogo per aiutarti a ricordare i loro nomi. Questa è una tecnica che utilizzerai, a volte attraverso il tuo subconscio, per creare un'associazione automatica. Tuttavia, non vi è alcuna indicazione che il subconscio diventerà cosciente quando ne avrete bisogno. Tutto ciò avverrà automaticamente nella tua mente. Però, puoi anche associare un altro posto a determinate persone da solo.

Quando stai osservando una connessione del luogo di incontro attraverso la tua mente cosciente, stai cercando di trovare un modo per associare il nome e il volto della persona alla posizione in cui ti trovi. Ad esempio, sei al parco e tua figlia inizia a giocare con un'altra ragazza della sua età. Vai dalla madre dell'altra bambina e ti presenti. Scopri poi che il nome della madre è Clarissa mentre sua figlia è Alessandra. Mentre parli con la mamma, stai cercando di trovare un modo per ricordare i loro nomi, così come dove ti sei incontrato. Pensi a come il nome Clarissa sembra una bella parola e poi lo colleghi al parco perché credi che sia un posto bellissimo.

Un paio di mesi dopo, stai andando a fare una passeggiata con tua figlia che inizia a salutare un paio di persone che camminano verso di te. Riconosci i loro volti, ma non ricordi i nomi. Quindi inizi a pensare a dove le hai già viste, cominci a ricordare che le hai incontrate in quel bel parco. Questo accade quando ti viene in mente la parola "bello" e ricordi che il nome della madre è Clarissa. Da lì, puoi ricordare che il nome della figlia è Alessandra. Quando incontri le due sul marciapiede, ricordi già i loro nomi.

Questa situazione può anche accadere inconsciamente. Ad esempio, attraverso la tua mente inconscia, potresti essere semplicemente in grado di posizionare i volti all'interno del parco e quindi ricordare i nomi. Ciò significa che nessun pensiero da parte tua è andato nell'associare i nomi al parco; invece, è successo tutto nella tua mente mentre parlavi con la madre di Alessandra, Clarissa.

Connessione di Aspetto

Proprio come con la connessione del luogo di incontro, è possibile associare nomi e apparenze in modo inconscio o cosciente. Quando utilizzi la connessione di aspetto, collegherai una parte dell'aspetto fisico della persona che ritieni interessante al loro nome.

Quando le persone usano la connessione di aspetto, stanno attenti a osservare tutte le caratteristiche fisiche della persona. Anche se puoi usare qualcosa di simile a quello che indossa la persona, soprattutto se si distingue davvero, è più comune usare tratti fisici, come il colore dei capelli, gli occhi, il sorriso, eccetera.

Supponiamo che tu stia andando al museo della tua città perché devi parlare con uno dei dipendenti per la donazione di vecchi documenti che i tuoi bisnonni avevano. Quando entri nel museo, incontri una ragazza seduta al banco di accettazione. La prima cosa che noti di lei è che ha i capelli viola. Quando cominci a spiegarle il motivo della tua visita, scopri che si chiama Valentina e che è lei la persona a cui devi portare i documenti. Le dici che li porterai al museo tra qualche mese quando torni da un tuo viaggio. Lei ti dice che, quando li porti dentro, devi dire a chiunque sia seduto al banco d'ingresso che devi vederla e che non dovrai pagare la quota di ingresso se non vuoi visitare il luogo. Quindi la ringrazi e te ne vai.

Al ritorno al museo dopo alcuni mesi, ti rendi conto di non ricordare il nome dell'impiegata. Tuttavia, sai che qualcuno sarà in grado di dirti con chi parlare. Quando cammini nel museo e vedi un uomo seduto al banco di accettazione, quindi, ricordi che una donna con i capelli viola era solita sedersi lì e che il suo nome era Valentina.

La connessione aspetto può anche funzionare se incontri qualcuno in un posto diverso. Ad esempio, sei tornato dal tuo viaggio ma non sei ancora arrivato al museo storico. Tuttavia, mentre fai la spesa, noti qualcuno il cui volto sembra familiare. Ti sorride e poi noti i suoi capelli viola. Ti ricordi allora che si tratta di Valentina del museo.

Connessione di Carattere

La connessione di carattere funziona come la connessione di aspetto; tuttavia, invece di ricordare il nome di qualcuno a causa delle sue caratteristiche fisiche, puoi ricordare qualcosa di speciale sul suo carattere. Come con le altre forme di connessione, può accadere inconsciamente o consciamente.

Diciamo che incontri qualcuno di nome Roger Nelson mentre sei nel negozio di alimentari. Hai iniziato a parlargli mentre aspettavi in fila il cassiere, che stava cercando di riparare il registratore di cassa. Né tu né Roger andavate di fretta, e non vi dispiaceva affatto aspettare, quindi lasciate che le altre persone in fila con voi, proseguano verso gli altri registratori di cassa che erano aperti e funzionanti.

Quando hai iniziato a parlare con Roger, hai appreso che stava insegnando psicologia all'università locale. Hai anche scoperto che ha tre figli che frequentano la stessa scuola dei tuoi figli. In effetti, suo figlio è solo di un grado superiore a tua figlia. Mentre continui a parlare con lui, scopri che Roger sta per fare un viaggio in Spagna. Sei stato in Spagna, quindi inizi a dirgli quali posti dovrebbe vedere. Quando il registro riprende a funzionare e inizia a pagare, apprendi che si è appena trasferito da Londra, motivo per cui ha questo accento particolare.

Qualche mese dopo, sei alla recita scolastica di tua figlia quando vedi un uomo dal volto familiare. Lui sorride e inizia a parlarti. Così riconosci il suo accento particolare. Ti ricordi poi che dovrebbe andare in Spagna, il che ti fa capire che questo ragazzo si chiama Roger. Allora ti tornano in mente tutte le informazioni che hai imparato in precedenza su di lui, gli chiedi del suo viaggio, come si sta godendo la tua città e se gli manca Londra.

In questo esempio, vedrai che non devi semplicemente associare un nome a una caratteristica. La verità è che puoi farlo anche con parti di un'intera conversazione. Solo, il modo in cui associ il nome attraverso una connessione di carattere dipenderà da ciò che potresti trovare interessante o meno sulla persona.

Ricordare i numeri

Quando si tratta di numeri, la persona media può ricordare da cinque a nove numeri. Anche se la maggior parte delle persone non tende a concentrarsi sul miglioramento della memoria con i numeri, sappi che sono altrettanto importanti quanto i nomi. Questo perché le cifre sono ovunque nella nostra vita. Non ci sono solo numeri di telefono, ma anche numeri di casa, di conto e di fatture. Infatti, se vogliamo pagare qualcosa su internet, dovrai fornire i dati sulla tua carta di debito o di credito. Con quale frequenza ti è stato chiesto il numero della tua carta di credito ma non la scrivi immediatamente perché non ce l'hai con te? Invece, ti tocca andare in camera tua a prendere la carta dal tuo portafoglio.

Oppure sei al telefono con una operatrice per l'attivazione di un servizio e devi fornire dei dati personali, e anche in questo caso, non ricordandoli, devi andare a prenderli in camera tua. Se ti sei trovato nella stessa situazione, sai quanto sia fastidioso non solo per te ma anche per la persona all'altro capo della linea. Ognuno ha le proprie vite indaffarate, quindi più velocemente sarai in grado di fornire i tuoi dati personali, più velocemente potrai concentrarti su qualcos'altro.

Come affermato in precedenza, non devi concentrarti sulla ripetizione continua di numeri per un periodo di tempo affinché probabilmente finiranno nella tua memoria a breve termine. Mentre questo andrà bene se decidi di scrivere subito il numero, questo ti trae in inganno, perché spesso può farti sentire come se avessi ripetuto il numero così abbastanza da ricordarlo. Nonostante ciò, quando arriva il momento e devi recuperarlo, non riesci a ricordare parti o tutto il numero. Pertanto, devi provare altre tecniche che ti permetteranno di trasferire le cifre dalla tua memoria a breve termine alla tua memoria a lungo termine. È qualcosa che devi praticare spesso in modo che le informazioni nella tua mente non inizino a decadere entro pochi mesi.

Da subito, ti dirò che puoi usare il peg system in rima per ricordare i numeri. Poiché abbiamo già trattato questa tecnica, non la spiegherò di nuovo. Tuttavia, mi è sembrato importante menzionarla di nuovo qui perché le persone usano comunemente questo metodo quando vogliono ricordare le cifre.

Ecco alcune delle altre pratiche che potresti provare.

La Tecnica del Viaggio

Una delle tecniche per ricordare una lunga serie di numeri, come un numero di carta di credito o un numero di conto, è la *Tecnica del Viaggio*. Questo è simile alla creazione di un palazzo della memoria. Tuttavia, invece di utilizzare una stanza, si è più propensi a portarsi in viaggio. Ad esempio, se guidi mezz'ora per lavorare cinque giorni alla settimana, puoi dire che questo è il tuo viaggio. Inizierai osservando attentamente il percorso al mattino, quindi diventerai consapevole di tutti i punti di riferimento sulla tua strada. Da lì, sarai in grado di associare un numero a ciascun punto di riferimento. Questa tecnica combina il flusso narrativo del metodo del collegamento e la struttura e l'ordine del peg system in un unico sistema molto potente.

Questa tecnica è utile quando segui spesso il percorso perché puoi ricordare bene le associazioni. Inoltre, inizierai a diventare più consapevole di ciò che ti circonda mentre guidi per il lavoro.

Metodo della Forma Numerica

Esistono un paio di modi per utilizzare il *Metodo della Forma Numerica*. Mentre il fattore principale è che devi associare un numero a una lettera, puoi decidere quale forma assumeranno i numeri. Ad esempio, poiché il numero 5 sembra una S, molte persone tendono a collegare i due tra loro. Tuttavia, quando si tratta del numero 1, puoi scegliere tra la T e la D. Naturalmente, puoi anche decidere di associare anche la L al numero 1. Con così tante possibili corrispondenze, tuttavia, potresti voler scrivere una lista.

Poiché ci sono forme limitate, a molte persone piace associare i numeri alle forme delle lettere. Tuttavia, puoi anche scegliere di creare un elenco di forme e associarle ai numeri. Di solito devi abbinare i primi 9 numeri più lo 0 (zero) con le forme perché puoi semplicemente raddoppiare le forme se hai un doppio numero. Se 0 è un cerchio e 4 è una stella, ad esempio, per dire 40, puoi mettere insieme la stella e il cerchio.

Ad altre persone piace associare i numeri alle lettere perché ci sono 26 lettere e 9 numeri a una cifra. Ciò significa che è possibile collegare più di una lettera a un numero. Questo spesso aiuta le persone a ricordare parole chiave o frasi. Utilizzeranno anche questo sistema per ricordare parti di una storia che hanno ascoltato in passato. Ad esempio, puoi rendere la parola GOL dicendo 6 sembra una G, 0 sembra una O e 1 sembra una L.

11. Continua a Costruire la tua Memoria

La memoria fotografica non è un regalo con cui sei nato. Sei nato con la tua banca dati della memoria, ma è necessario utilizzare tecniche mnemoniche per migliorarla. Inoltre, la memoria fotografica è simile all'utilizzo di un muscolo. Se non continui a usarla, potrebbe diventare immobile prima o poi. Pertanto, è importante assicurarsi di continuare a costruire la memoria attraverso diversi metodi.

Questo è spesso il motivo per cui le persone iniziano con le strategie di base per poi passare a quelle più avanzate. Così facendo aumentano lentamente la loro memoria fotografica invece di costringerla a svanire il più rapidamente possibile.

Suggerimenti per aiutarti ad avere successo

Ci sono molti fattori che possono aiutarti a migliorare la tua memoria fotografica. Non solo devi utilizzare i metodi, ma devi anche conoscere alcune informazioni su come avere successo mentre li usi. Ecco a cosa servono questi suggerimenti. Sono qui a tuo vantaggio, così puoi raggiungere il tuo pieno potenziale migliorando la tua memoria fotografica.

Rimani concentrato

Una delle più grandi lotte per le persone che stanno lavorando per migliorare la propria memoria è che non riescono a rimanere concentrati. Possono lasciar vagare la mente mentre provano a lavorare su tecniche o a ricordare informazioni. Peggio ancora, possono iniziare ad annoiarsi con un certo metodo.

A volte, devi capire che se ti stai annoiando con la tecnica, non dovresti concentrarti su di essa. La tua concentrazione potrebbe essere in sofferenza perché non sei interessato a quella tecnica. Questa è la parte più bella di avere così tanti metodi a cui attingere, infatti, possiamo scegliere quelli più interessanti e scegliere quelli che funzionano per noi.

Un altro motivo per cui probabilmente stai lottando per rimanere concentrato è che hai lavorato o praticato la stessa tecnica per troppo tempo. Anche se è bene allenarsi, assicurati di non farlo troppo. In effetti, alcune persone suggeriscono che dovresti prenderti del tempo ogni giorno per concentrarti sul miglioramento della memoria, ma non devi esagerare. Se ti concentri troppo su un singolo metodo, inizierai a sentirti stanco e sopraffatto e a perdere interesse. Ciò può in seguito farti sentire come se non dovresti provare a migliorare la tua memoria. Per evitare questo problema, dovresti prendere tutto con calma e fare una pausa ogni volta che vuoi farla.

Il problema più grande che potresti avere con una pausa, tuttavia, in genere si presenta se sei nel mezzo della creazione di un palazzo della memoria. Molte persone ti diranno di non staccarti quando lo fai perché molto probabilmente dovrai ricominciare da capo. A seconda di quanto sia forte la tua memoria, potresti essere ancora in grado di fare una pausa nel mezzo e ricominciare una volta che hai più energia per finire il tuo palazzo della memoria. Tuttavia, se hai difficoltà a crearne uno dall'inizio, non hai altra scelta che completarlo senza una pausa.

In realtà, la decisione dipende da ciò che si vuole fare. Un fattore a cui pensare è se sarai in grado di ricordare la creazione del tuo palazzo mentale mentre stai lottando per rimanere concentrato. Se pensi che avrai difficoltà a tenerlo a mente quando torni a ricordare le informazioni, allora smetti di concentrarti su di esse e lascialo andare immediatamente. Nel caso in cui non desideri rinunciare, puoi sempre prenderti il tempo per scrivere le informazioni che hai elaborato. Può aiutarti a ricordare le cose quando torni a finire il tuo palazzo della memoria.

Ritagliati del tempo ogni giorno

L'unico modo per migliorare davvero la tua memoria fotografica è prendersi del tempo ogni giorno per lavorare sulla memoria. Ricorda, devi concentrarti sulla costruzione della tua memoria lentamente poiché questo ti permetterà di ricordare le informazioni che hai precedentemente memorizzato nella tua mente e ti aiuterà a sentirti più a tuo agio quando inizi il processo di costruzione della memoria.

Allo stesso tempo, più cerchi di forzarti ad apprendere ad un ritmo veloce, meno probabilità avrai di riuscire a ricordare qualcosa. Pensa a come hai studiato una volta gli esami a scuola. Se eri pieno di pressione, probabilmente non ricordavi bene le tue lezioni, anche se hai provato a memorizzarne alcune. La stessa cosa è vera quando si tenta di ingozzarsi di molte tecniche di memorizzazione in un breve lasso di tempo invece di impararle lentamente ma costantemente.

Non permettere a te stesso di procrastinare

Una delle chiavi più importanti per assicurarsi di poter migliorare la propria memoria fotografica attraverso queste tecniche è quella di impedire a te stesso di procrastinare. Devi essere efficiente, specialmente se ne stai usando alcune per memorizzare le informazioni che saranno richieste al tuo esame. Dopotutto, quando procrastini, ti ritroverai a dover imparare cose rapidamente e in breve tempo. Ti sentirai quindi come se stessi forzando te stesso a stipare tutto nel tuo cervello, che, come ho scritto prima, non è quello che dovresti fare. Inoltre, procrastinando, sentirai che tutto il tuo lavoro si sta accumulando tutto insieme. Mentre avevi abbastanza tempo per imparare tutto, a causa della procrastinazione, ora ti senti stressato. Come probabilmente ricorderai, lo stress influirà negativamente sulla tua memoria, soprattutto se è cronico. Ci sono alcune persone che possono funzionare bene durante gli esami quando hanno a che fare solo con lo stress acuto. Sfortunatamente, molte persone vivono vite così impegnate e hanno così tante cose da fare che sono naturalmente stressate. Pertanto, se aggiungeranno qualcos'altro al mix, diventeranno più stressate del solito.

Scopri le tecniche per concentrarti meglio

Mentre abbiamo già parlato della necessità di rimanere concentrati, è giunto il momento di parlare di cose che ti permetteranno di farlo accadere. Tuttavia, trovare delle tecniche per essere sicuri di essere in grado di concentrarsi, può accadere sia che tu abbia difficoltà a concentrarti o meno. Ad esempio, molte persone possono concentrarsi maggiormente se riescono ad avere suoni di sottofondo. In tal caso, desiderai riprodurre della musica mentre stai lavorando poiché ciò ti motiverà a portare a termine un'attività. Allo stesso tempo, altri sentono di non poterlo fare perché i suoni possono interferire con la loro capacità di ricordare le cose. Quindi, in questo caso, la musica potrebbe non essere il miglior strumento di concentrazione per te. È quindi possibile scoprire un'altra tecnica per mantenere la concentrazione, come camminare, annotare le informazioni, meditare o stare in un luogo da solo.

Rimani sempre in controllo

Ci sono momenti in cui abbiamo la sensazione di perdere il controllo. Quando questo accade, possiamo iniziare a sentire di avere il caos in testa. Ma questo non è un bene quando si cerca di imparare le tecniche per migliorare la memoria fotografica. Se la tua mente non è strutturata e organizzata, potresti non essere in grado di ricordare tutte le informazioni che vedi. Ti renderà più frustrato quando cercherai di memorizzare le cose usando tecniche diverse, che possono poi portare ad altri problemi. Pertanto, più ti senti di essere in controllo, più sarai in grado di avere successo nel ricordare le cose.

Sii autodisciplinato

Molte persone dimenticano la differenza tra disciplina e autodisciplina, che è spesso il motivo per cui non ricordano di diventare autodisciplinati quando si tratta del loro stile di vita. Tuttavia, questo è uno dei suggerimenti più importanti che troverai in questo capitolo.

Quando provi ad essere autodisciplinato, stai cercando di comportarti in un certo modo. Ad esempio, se vuoi prenderti del tempo per mettere in pratica le tue tecniche di memorizzazione fotografica ogni giorno, devi obbligarti a farlo. Anche se sei stanco o non sei interessato a praticare le tue capacità di ricordo per 5 o 10 minuti, lo farai comunque perché ti sei già abituato a farlo. Quando si tratta di autodisciplina, ci sono molti passaggi importanti che puoi seguire per dominarla. Per prima cosa, puoi guardare questa lista come una serie di passi che devi compiere o vederli come suggerimenti che possono guidarti verso il tuo obiettivo di diventare un individuo autodisciplinato. Qualunque cosa tu decida di fare, è importante che tu sappia che una volta che inizi a diventare autodisciplinato, noterai un cambiamento nel corso della giornata. Dopotutto, l'autodisciplina non si concentrerà solo sulle tue tecniche di memorizzazione, ma anche su altri fattori della tua vita, come l'esercizio fisico, il mangiare bene e l'alzarsi quando imposti la sveglia.

1. Assicurati di avere in mente un obbiettivo o una visione

Devi sapere esattamente a cosa stai lavorando, quindi devi assicurarti di essere consapevole delle tecniche di autodisciplina che possono aiutarti a far avanzare la tua memoria. Potresti farlo per il tuo uso quotidiano, per aiutarti a ridurre le possibilità di una malattia o perché vuoi partecipare a un concorso di memoria. Qualunque sia il tuo obiettivo, devi avere qualcosa su cui lavorare; in caso contrario, i tuoi sforzi potrebbero risultare vani.

2. Cerca di sviluppare l'autodisciplina con un amico o un familiare

È probabile che tu conosca un'altra persona che ha bisogno di migliorare la propria autodisciplina. È più probabile che tu continui a lavorare per qualcosa se hai qualcuno che sta facendo la stessa cosa accanto a te. Hai anche meno probabilità di annoiarti se riesci a trasformare questo in una sorta di competizione con una persona cara. Tuttavia, se non c'è nessuno con cui puoi farlo, puoi avere degli obiettivi quotidiani che devi raggiungere prima di passare a quello successivo.

3. Impegnati al 100% a sviluppare la tua autodisciplina

È tipico che qualcuno se ne esca fuori con un'idea, pensa che sia grandiosa, vuole realizzarla, ma poi realizza che questa idea non è davvero qualcosa a cui tiene veramente. In questo caso, potresti ritrovarti senza impegno per l'attività che hai avviato. A volte, potresti provare a continuare a lavorarci sopra, ma una volta che inizi a sentirti forzato, potresti capire che non vuoi lavorarci affatto. Altre volte, ti ritroverai a fare una pausa e poi a dimenticare ciò che hai già fatto, quindi devi ricominciare da capo. Tuttavia, poiché non sei veramente interessato, non sei sicuro di quello che vuoi fare.

Prima di iniziare a impegnarti per sviluppare la tua autodisciplina o migliorare la tua memoria fotografica, devi garantirti di essere completamente impegnato in questo compito. Ormai hai letto la maggior parte di questo libro e probabilmente hai già deciso dove si trova il tuo impegno, quindi atteniti ad esso.

4. Ricorda che più ti rendi responsabile del raggiungimento dei tuoi obiettivi, più vorrai lavorare per raggiungerli

Molte persone pensano di non essere responsabili delle proprie azioni. Al contrario, se tu ti rendi responsabile, specialmente quando ti concentri sullo sviluppo della tua autodisciplina, hai maggiori probabilità di portare a termine i compiti che ti sei prefissato. Adesso hai tutti gli strumenti necessari per diventare responsabile. Tutto quello che devi fare è usarli. Renderti responsabile delle tue azioni è un ottimo modo per dimostrarlo.

Puoi anche responsabilizzarti istituendo un sistema a premi. Ad esempio, se completi l'attività che ti sei prefissato quel giorno, puoi guardare un bel film. Nel caso in cui non riesci a raggiungere l'obiettivo, è necessario trattenersi dal vederlo ugualmente.

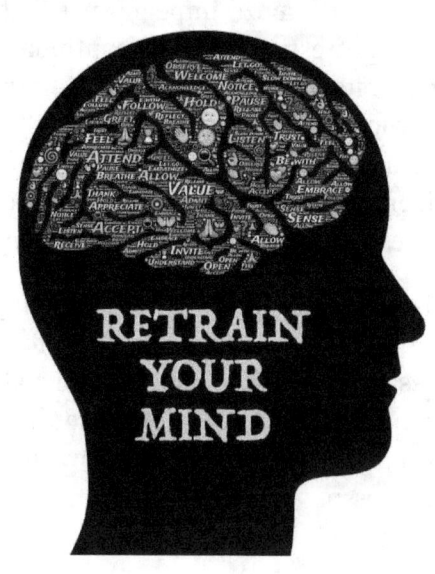

12. La Pratica Rende Perfetti

Puoi pensare a questo capitolo come a un bonus per aiutarti a iniziare un paio di tecniche. Ti guiderò attraverso un paio di tecniche che non abbiamo ancora discusso ufficialmente. La mia speranza è che, attraverso questo capitolo, sarai in grado di iniziare a migliorare la tua memoria fotografica al tuo ritmo.

Esercizio #1: Ricordare i nomi

Leggi la seguente storia e usa le tre tecniche di connessione - luogo di incontro, carattere e aspetto - per ricordare il nome del presentatore.

Donnie era in ritardo quando arrivò all'edificio per la presentazione. Era lì a nome del suo supervisore. Mentre Donnie non aveva mai incontrato il presentatore, il suo supervisore era un buon amico di lui. Poiché Donnie era in ritardo, non si era preoccupato di prendere il pacchetto informativo vicino alla porta, che avrebbe potuto mostrargli il nome del presentatore.

Entrò nella stanza e si sedette in silenzio mentre la presentazione stava già iniziando. Alla fine, Donnie fece il suo turno per incontrare il presentatore. La prima cosa che notò, tuttavia, fu che l'uomo era vestito con un abito marrone e calze blu. Donnie vide anche che il presentatore aveva un anello per le labbra e una grande fede nuziale al dito.

"Devi essere Donnie", ha detto il presentatore con un forte accento newyorkese. "Sono Fred Matthews. È un piacere conoscerti. "Donnie sorrise e parlò brevemente a Fred prima di andarsene e tornare al lavoro.

Esercizio #2: Il Palazzo della Memoria

Per questo esercizio, ti concentrerai sulla creazione di un palazzo della memoria. Naturalmente, se ne hai già creato uno e non ti senti a tuo agio con l'idea, non è necessario farlo subito. Tuttavia, dovresti comunque provare a fare questo esercizio se sei pronto a creare il tuo prossimo palazzo della memoria.

A questo punto, ti concentrerai su una stanza della tua casa. Farai anche un elenco delle tecniche che puoi utilizzare per migliorare la tua memoria fotografica. Sarai in grado di associare le parole chiave a un oggetto nel tuo palazzo della mente. Ad esempio, se vuoi diventare più paziente perché sai che avrai difficoltà con il processo lento e costante, la tua parola chiave può essere semplicemente "paziente". Se devi limitare lo stress, puoi usare "stress" come parola chiave.

Prima di iniziare, annota le tue informazioni. Questo ti aiuterà ad assicurarti di utilizzare un certo ordine, forse dal più al meno importante. Dovresti anche scrivere le parole chiave in modo da non dover pensare a tutto questo mentre arrivi all'elemento successivo nel tuo palazzo della memoria.

Tecnica Bonus: L'Approccio Basato sulle Emozioni

Ormai sai che le emozioni sono una parte importante della capacità di ricordare le informazioni. Dopotutto, è più probabile che il nostro cervello memorizzi i dati quando sono ancorati ai sentimenti. Ciò non significa, tuttavia, che devi allegare emozioni a tutte le informazioni che desideri conservare nella tua banca dati della memoria. C'è una tecnica che ti mostra quanto sono importanti le emozioni quando si tratta della tua memoria.

Per allegare un'emozione ad alcuni dettagli, devi davvero provarla. Quando stai pensando a una situazione, per esempio, dovresti sperimentarla. Allo stesso tempo, devi ricordare che il tuo cervello non è multitasking come la gente pensa che sia. È molto meglio per la tua memoria se ti concentri su una sola informazione alla volta. In questo modo, sarai in grado di migliorare la connessione rispetto a quando cerchi di sentire l'emozione.

Ora ti darò una storia piena di emozioni. Mentre la leggi,

voglio che ti sintonizzi con i tuoi sentimenti. Immagina come ti sentiresti se fossi la ragazza della storia. Dovresti anche immaginare come appare, quali sono le sue espressioni facciali e quali potrebbero essere i suoi manierismi. Pensalo come un film nella tua mente poiché questa idea ti aiuterà a entrare in contatto con le tue emozioni più facilmente.

Era passato più di un decennio da quando Alessandra varcò la soglia della fattoria del nonno. Lasciò che la sua mente tornasse al tempo in cui aveva 15 anni e metteva via il suo strumento musicale. Mentre Alessandra stava mettendo il suo clarinetto nello scaffale, sentì la segretaria della scuola dire al citofono: "Sig. Cardinale, potrebbe mandare Alessandra in ufficio, per favore?

Alessandra fece un cenno al suo insegnante mentre camminava verso l'ufficio. Per tutto il tempo, si chiese cosa avesse fatto. Alessandra era una brava ragazza e non si era quasi mai messa nei guai. Mentre si voltava verso l'angolo del corridoio, vide sua madre in piedi proprio fuori dall'ufficio del preside. Stava per chiedere cosa fosse successo quando sua madre le disse con le lacrime agli occhi: "Devi tornare a casa, tuo nonno ha avuto un infarto ed è in ospedale".

Alessandra rimase lì per alcuni secondi, cercando di trovare le parole. L'unica cosa che riuscì a pensare di dire fu "Nonno?"

Sua madre annuì mentre Alessandra continuava a ripetere quella parola nella sua testa. Ritorna lentamente al suo armadietto per afferrare lo zaino con la squadra e il compasso. Alessandra continuava a ripetersi che era stata sua nonna a soffrire per tutti questi anni. Come poteva suo nonno, che sembrava sano, avere un infarto? Inoltre, era ancora giovane. Aveva solo 68 anni. La settimana seguente, il nonno di Alessandra morì. Ora, 12 anni dopo, Alessandra è tornata a casa. Non c'era più stata da qualche mese dopo la morte del nonno e la sua famiglia venne a ritirare i mobili per un'asta. Fece scorrere le dita su una crepa di un vecchio mobile in legno. Quindi fece un altro paio di passi in casa. La prima cosa che riuscì a ricordare era il modo in cui suo nonno suonava la chitarra nella sua camera da letto al piano superiore, ma si sentiva per tutta la casa. Alessandra sorrise mentre ricordava di correre su nella sua camera da letto al piano superiore e sedersi accanto a lui sul letto mentre iniziava a cantarle una canzone divertente.

Alessandra poi guardò dove si trovava il tavolo da pranzo in cucina. Ricordava come la domenica c'era sempre un grande pranzo. Venivano tutti perché ci sarebbero stati bruschette, pasta, pollo, condimenti, patate arrosto, sedani e salsine piccanti. Respirò a fondo mentre riusciva quasi ad assaggiare il cibo.

Alessandra ha continuato a camminare per la casa. A volte, si fermava a pensare ad alcuni ricordi della sua infanzia. Altre volte, guardava quanto fosse cambiato il posto, specialmente tutte le bottiglie vuote di alcolici di quando la gente festeggiava lì. Ha iniziato a raccoglierle finché non ha notato la camera da letto nell'angolo. Da quando Alessandra era piccola, non le è mai piaciuto l'armadio di quella camera da letto. Mentre voleva entrare solo per un minuto, non voleva vedere quell'armadio. Alessandra non ha mai capito perché quell'armadio la faceva sentire a disagio. In ogni caso, voleva concentrarsi di più sul raccogliere tutte le bottiglie vuote perché non appartenevano alla casa del nonno.

Tuttavia, mentre prendeva una bottiglia, Alessandra si rese conto che in realtà non aveva più importanza. Mentre questo posto apparteneva ancora a sua madre, era anche una casa per le feste, che le piacesse o meno. Indipendentemente dal numero di bottiglie di birra che aveva raccolto, avrebbe continuato a trovarne di più al suo ritorno.

Mentre Alessandra tornava alla sua macchina, diede un'ultima occhiata alla casa e al cortile. Vide la vecchia altalena e sorrise. "Ho avuto un'infanzia meravigliosa", disse fra sé e sé prima di partire.

Conclusione

C'è un grande dibattito in campo psicologico sull'esistenza o meno della memoria fotografica. Alcune persone affermano che non è così perché manipoliamo la nostra mente nel ricordare certe cose con strategie diverse. Altri tendono a confondersi con la memoria eidetica, sebbene sia un problema più comune tra i bambini rispetto agli adulti (Foer, 2016). Tuttavia, sono in molti ad affermare che la memoria fotografica esiste e che semplicemente non è stata compresa correttamente. Dopotutto non funziona come osservare una fotografia. Invece, devi usare delle tecniche per ricordare tutto ciò che è già nella tua banca dati della memoria. Tuttavia, ora che hai imparato una varietà di strategie per aumentare la tua memoria fotografica, è tempo che tu decida da solo: la memoria fotografica esiste o no?

Attraverso le tecniche di base e avanzate che hai imparato in questo libro, dovresti essere in grado di migliorare la tua memoria. Potresti non scoprire che questo è vero immediatamente; può anche volerci un po' di tempo per comprendere appieno e utilizzare le idee in modo naturale. Nonostante ciò, attraverso la pazienza e la determinazione, sarai in grado di superare qualsiasi problema e di iniziare a portare la tua memoria al prossimo livello.

Non solo hai imparato cos'è la memoria, ma hai anche visto le tre fasi della memoria e come il processo di memoria potrebbe essere ostacolato. Allo stesso tempo, hai imparato a conoscere i diversi tipi di memoria, con particolare attenzione alla memoria fotografica. Sicuramente, sei stato in grado di farti un'idea sul tipo di benefici che ti darà la memoria fotografica perché, come molti sanno, devi sempre capire il perché dovresti fare qualcosa. Le ragioni descritte in questo libro, come la capacità di migliorare le prestazioni accademiche, aumentare la fiducia, diventare più consapevoli e ricordare meglio le informazioni specifiche sono alcune delle ragioni per cui dovresti costruire la tua memoria fotografica.

Anche i miglioramenti dello stile di vita sono un altro modo di lavorare per migliorare la tua memoria. Infatti, quando riesci a dormire a sufficienza e fai attività fisica, creare il tuo palazzo della memoria diventa più facile di quanto pensi. Oltre a questo, sai anche come creare le tue mappe mentali e capire come funziona la mnemotecnica. Questo è un ottimo inizio per assicurarti di realizzare sia le tecniche di base e avanzate discusse in questo libro, dal principio SEE fino al metodo basato sulle emozioni.

È importante che tu sappia che il tuo apprendimento non si ferma qui. Infatti, puoi continuare a costruire la tua memoria attraverso i prossimi due libri di questa serie. Il secondo libro intitolato *Allenamento per la Memoria* si concentra sull'allenamento cerebrale e sui giochi di memoria. Poi, puoi procedere con il terzo, che è *Miglioramento della Memoria*. Quest'ultimo si concentra sulle sane abitudini che puoi installare nella tua vita per costruire la tua memoria. Poiché questo è il primo libro della serie, tuttavia, ti consiglio di dedicare del tempo a comprendere almeno alcune delle tecniche menzionate nei capitoli precedenti.

Inoltre, è possibile che ci siano alcuni - come il metodo dell'auto o la tecnica del collegamento - che non ti piaceranno solo perché non si adattano alla tua personalità. Tuttavia, ricorda che non dovresti mai smettere di migliorare la tua memoria. Anche se ti ritrovi a partecipare a una competizione di memoria mondiale, devi continuare ad avere la migliore memoria possibile. Questo non solo ti aiuterà a ricordare una varietà di informazioni durante la tua vita, ma sarai anche in grado di ridurre le possibilità di sviluppare disturbi cognitivi, come la demenza e il morbo di Alzheimer.

Il tuo cervello è una delle parti più importanti del tuo corpo. Pertanto, devi fare tutto il possibile per mantenerlo attivo e sano. In questo modo, puoi realizzare più cose, sentirti più energico e migliorare il tuo benessere mentale e fisico. Per come la vedo io, non c'è nulla di negativo nel prendere almeno 15 minuti fuori dalla tua giornata per assicurarti di fare tutto per consentire al tuo cervello di continuare a dare il meglio di sé.

Avere una memoria fotografica sviluppata è un'abilità davvero unica che ti darà un vantaggio su tutte le persone intorno a te.

ALLENAMENTO PER LA MEMORIA

Giochi di Memoria e *Allenamento Cerebrale* per *Prevenire* la Perdita di Memoria
-
Allenamento Mentale per Migliorare la Memoria, la Concentrazione e le Funzioni Cognitive

"La memoria diminuisce, se non la tieni in esercizio."

MARCUS TULLIUS CICERO

Introduzione

Il nostro cervello è probabilmente l'organo più prezioso che abbiamo. Contiene tutto ciò a cui diamo più valore. Mantiene le informazioni che abbiamo memorizzato dei nostri amici più cari e i membri della nostra famiglia. Custodiamo i bellissimi ricordi dei momenti più belli della nostra vita e anche di quelli più bui. Conserviamo anche delle lezioni molto preziose che ci impediscono di ripetere gli stessi errori.

Che organo meraviglioso è il nostro cervello! Ma purtroppo ci sono alcune capacità mentali che cominciano già a diminuire dopo i 25 anni. Una di queste è proprio la memoria. Questo dato è allarmante considerando che la nostra aspettativa di vita è in continuo aumento.

Viviamo in un mondo che ci sta abituando a usare sempre meno il nostro cervello. I servizi automatizzati, le comodità moderne e le nuove tecnologie che svolgono il lavoro al posto nostro stanno rendendo il pensiero logico obsoleto. Le tecnologie possono anche migliorarti la vita, ma molte di loro stanno arrugginendo le tue capacità mentali. Se continuerai a trascurare la tua memoria e non farai niente per mantenere in esercizio le tue facoltà mentali, il tuo declino cognitivo arriverà presto. Non aspettare di invecchiare per prestare più attenzione alla tua salute mentale. Usa gli importanti strumenti che troverai in questo libro prima che sia troppo tardi.

Devi sapere che il cervello può essere allenato e ci sono delle abilità che possono migliorare perfino a 70 anni. Nelle prossime pagine troverai strumenti, attività, tecniche, giochi, esercizi e consigli che ti aiuteranno a migliorare sensibilmente le prestazioni del tuo cervello.

È importante cominciare ad intraprendere attività che ti stimolino intellettualmente se vorrai rimanere sveglio e attivo anche in età avanzata. Più stimoliamo il nostro cervello, più facile è per noi ricordare le cose. Quando ti eserciti, la struttura del tuo cervello cambia, la materia grigia cresce e la materia bianca migliora.

La prima esegue le attività di pensiero e di calcolo ed è un tessuto che include i corpi dei neuroni, i dendriti e le fibre nervose non mielinizzate. Ti fornirà una base migliore per i processi di apprendimento futuri poiché svolge la funzione di selezione e avviamento delle informazioni.

La seconda invece, composta da assoni rivestiti da mielina controlla i segnali condivisi fra i neuroni e ti aiuterà ad ottimizzare lo scambio delle informazioni delle aree del cervello. Le connessioni quindi funzioneranno meglio e saranno più veloci.

Non serve essere medici per capire che se comincerai ad allenare il tuo cervello, migliorerai anche in molti altri aspetti della tua vita.

Con grande stupore scoprirai che sarai anche più felice. La memoria influisce sulle nostre aspettative e i nostri atteggiamenti. Una buona memoria ti rende più felice e aumenta la sicurezza in te stesso. Studi hanno dimostrato che gli esercizi cerebrali hanno anche degli effetti molto positivi sulla depressione.

In poche parole, allenando la tua memoria, allenerai anche le tue funzioni cognitive e migliorerai il processo di decision making e di problem solving. Ma c'è di più! Aumenterai la velocità di elaborazione delle informazioni, imparerai anche a ridurre le distrazioni per rimanere concentrato sulle cose importanti e diventerai più consapevole di ciò che ti circonda in modo da poterlo ricordare meglio. Questo ti aiuterà anche a gestire e ridurre i tuoi livelli di stress.

Dopo il diploma della scuola superiore, diventiamo responsabili della nostra istruzione e crescita personale. La maggior parte delle persone dopo aver preso un diploma o una laurea smette di esplorare il mondo. Non fare come loro. Non aver paura di imparare qualcosa di nuovo! Smetti di evitare le sfide e torna ad avvicinarti alla vita con una curiosità infantile, imparerai molto di più di quanto tu possa immaginare. Sei pronto a cominciare? Abbiamo un solo cervello, ed è il momento di prendersene cura nel miglior modo possibile!

1. Tecniche e Miglioramento della Memoria

Ti sei mai trovato a chiedere agli altri di ricordarti di fare qualcosa? Forse conosci quella persona su cui puoi sempre contare perché sei sicuro che si ricorda sempre di ogni dettaglio. Alcune persone sembrano avere ricordi migliori di altri. Potrebbe sembrare che la memoria sia un qualcosa che otteniamo alla nascita e che non possiamo modificare. Tuttavia, questo non è affatto vero! Non esistono persone con poca memoria. Ci sono persone che sfruttano al meglio le proprie risorse interne e altre no.

I nostri ricordi hanno uno scopo biologico. Dobbiamo sapere come imparare dai nostri errori. Se non ti ricordassi che toccando una padella calda potresti bruciarti le dita, avresti dei dolori frequenti. Se non ti ricordassi come andare in bagno, il mondo sarebbe un posto molto più caotico. I ricordi ci aiutano a crescere e ad imparare. Ricordiamo spesso cose importanti, come guidare o cucinare, ma dimentichiamo alcune delle cose più significative, come le esperienze con la famiglia o il compleanno di un caro amico.

La memoria è presente anche negli animali. Il tuo gatto ricorda che, quando porti fuori la ciotola del cibo, significa che è ora di mangiare. Il tuo cane ricorda che se fa i suoi bisogni all'interno della casa, ti arrabbierai con lui.

Gli animali conservano ricordi che servono a scopi pratici. Lo stesso si può dire degli esseri umani, ma noi ricordiamo anche le cose per motivi sentimentali. Ricordiamo le cose divertenti, così come ciò che è importante per la nostra vita sociale, le piccole esperienze che aiutano a definire chi siamo e le persone che conosciamo. Sono anche i ricordi che conserviamo che ci differenziano dagli altri individui.

Avere una buona memoria ha uno scopo. Ti facilita il ripetere le cose che hai imparato. Puoi essere quella persona che conosce sempre il nome di tutti, ponendo piccole domande sulla loro vita personale, come ad esempio cosa sta facendo il loro bambino appena nato. Puoi ricordare dettagli importanti per dimostrare meglio il tuo punto di vista. Inoltre, avere un catalogo di bei ricordi può rendere i giorni duri un po' più facili da superare.

Alcune persone si vergognano di non ricordare bene le cose perché pensano di non essere intelligenti. Ma la memoria non è associata direttamente all'intelligenza. Avere una brutta memoria non significa mai che non sei intelligente Dobbiamo solo lavorare sul rafforzamento della memoria. Imparando le giuste tecniche migliorerai la tua memoria e apprenderai meglio. Serve pratica e allenamento costante se vuoi mantenere il tuo cervello giovane ed elastico. Aumenterai le tue performance nello studio e nel lavoro e riuscirai a memorizzarle in modo efficiente le informazioni che ti interessano.

Ci sono alcune cose che dovrai fare per avere una memoria efficiente. La prima cosa è riconoscere che non stai sfruttando al meglio tutto il tuo potenziale e che quindi puoi fare molto di più. La seconda è diventare consapevole della tua memoria, quali sono i tuoi punti di forza e di debolezza? Quali sono le cose che riesci a ricordare di più e quali sono quelle dove incontri più difficoltà?

Adesso concentrati sulle tue abitudini. Attualmente stai facendo cose che possono danneggiare la tua memoria? Ad esempio, mangiare nient'altro che cibo spazzatura, bere pesantemente e fumare sigarette? Sarebbe un male per il tuo benessere per diversi motivi.

Non dimenticarti che le tue abitudini influenzano la tua memoria e la capacità di comprendere e archiviare le informazioni. I cibi che mangiamo, lo stile di vita che viviamo e le decisioni che prendiamo hanno un effetto diretto sulla nostra memoria. Se presterai attenzione a questi aspetti, allora sarà più facile per te avere una maggiore salute mentale in generale.

Ma questi temi saranno affrontati nel terzo libro di questa serie: *Miglioramento della Memoria*. In questo libro ci concentreremo sull'allenamento della memoria che - tra i tanti benefici che otterrai - ti consentirà anche di avere una memoria efficiente.

Tuttavia, prima di cominciare gli allenamenti, discutiamo come sia una memoria efficiente. Qual è lo standard elevato di una buona memoria? Come si può ottenere in modo naturale?

L'efficienza della memoria

Prima di entrare nel divertimento e nei giochi, è bene iniziare con la comprensione di quale sia lo standard per la memoria. Una mente efficiente è in grado di elaborare correttamente le informazioni. Ci sono alcune categorie. C'è il genere di cose pratiche ad esempio, la tua strada per andare a lavoro, un appuntamento dal medico o gli ingredienti per una ricetta di famiglia.

Poi ci sono i ricordi delle esperienze di base, come i bei momenti in cui ridevi con gli amici, la famiglia, e i brutti momenti che ancora ti fanno male al cuore e ti rendono triste. Dopo tutto ciò, alcuni momenti tendono a emergere con maggiore facilità. Le lezioni che abbiamo imparato. L'odore dei capelli del tuo amante mentre si allontana da un bacio. Il semplice pomeriggio che hai trascorso da solo a letto mentre il sole splendeva attraverso la finestra. Una conversazione casuale che hai avuto con uno sconosciuto che ti ha fatto sorridere. Probabilmente non avrai problemi a ricordare tutti questi accaduti.

Sono gli appuntamenti del medico, l'elemento extra nella lista della spesa o il nome della moglie del tuo capo che, tuttavia, probabilmente hai problemi a ricordare. Forse perché hanno meno significato per te. Il gusto della torta di tua nonna, la prima volta che ti si è spezzato il cuore e il cane randagio che ti ha spaventato mentre camminavi da solo per strada, questi sono tutti ricordi emotivi. Sono collegati a qualcosa di diverso da un aspetto pratico della tua mente.

Sono le cose piccole e pratiche che possono essere così difficili da ricordare perché semplicemente non sono così importanti per noi come le altre. Il punto in cui hai lasciato le tue chiavi non occuperà spazio su altri ricordi che potresti essere interessato a conservare. Ma dal momento che ci sono tante cose pratiche e piccole che devi sapere e tenere a mente per vivere meglio, devi trovare un modo per aumentare la tua capacità di trattenere queste informazioni.

Da dove puoi cominciare per migliorare l'efficienza della tua memoria?

È importante che inizi a impegnarti a fare cose nuove. Tutto quello che hai fatto fino ad oggi ti ha portato nella situazione dove sei adesso, e non andrai oltre. Prova nuove attività. Questo è un processo. È proprio come allenare il tuo corpo. Non è una soluzione immediata. Non esiste una pillola che puoi prendere per ricordare meglio le cose.

Certo, ci sono alcuni integratori che possono aiutare, così come l'alimentazione, tuttavia, la chiave per ottenere il meglio dal tuo corpo è dentro di te. Il trucco per padroneggiare il tuo corpo è effettivamente usarlo e usare gli strumenti che esistono in te.

Assicurati di avere un'elevata chiarezza mentale. Ciò significa che è necessario eliminare stress e distrazioni. Pensa a quando ti procuri una ferita. La prima cosa da fare è pulirla. Non sto dicendo che la tua "cattiva" memoria sia una ferita; è solo un'analogia di facile comprensione. Se ti tagliassi con dei vetri rotti, vorresti assicurarti prima di rimuovere le schegge di vetro e metterci sopra un cerotto per guarire. Come una ferita, devi ripulire la mente, rimuovere le distrazioni (stress) e concentrarti sulla guarigione man mano che vai avanti.

Dormire bene è la base per una buona chiarezza mentale. Dormire è estremamente importante per avere un cervello sano. Il tuo sonno è come la ricarica della batteria del tuo cervello. È uno dei pochi organi a non avere mai una pausa. Il cervello non dorme nemmeno quando dormiamo. Anche nella fase R.E.M. gli impulsi elettrici del cervello sono molto intensi. Infatti anche quando dormi puoi svegliarti e allertarti se c'è una minaccia. Pensa a quando stai dormendo e all'improvviso una zanzara si posa sulla tua faccia. Senza pensarci, automaticamente fai un gesto per scacciarla.

Quindi il cervello è sempre attivo, sia nelle fasi di veglia che nella fase del sonno. Variano solamente gli impulsi elettrici e il modo in cui il nostro cervello stabilisce le connessioni tra i neuroni. In questo modo, permette ad alcune cellule e zone cerebrali di riposarsi. Per esempio quando dormiamo si attivano delle zone che facilitano l'integrazione delle informazioni, le stesse che danno forma alla nostra memoria a lungo termine. Ecco perché è così importante dormire bene per la nostra memoria. Se vuoi cominciare a rendere più efficiente la tua memoria e vuoi far funzionare meglio il tuo cervello, comincia a rispettare il tuo orologio biologico. Assicurati di dormire bene.

Per migliorare l'efficienza devi prestare attenzione anche all'alimentazione. Non puoi avere buone prestazioni intellettive e mentali mangiando male. Quindi il funzionamento della nostra memoria è correlato agli alimenti che mangiamo.

Il nostro cervello si nutre prevalentemente di glucosio, una molecola contenuta negli alimenti ma anche sintetizzata dal metabolismo di carboidrati, grassi e proteine (Venuti, Marianetti, Pinna, 2018). Quando mangi fonti malsane di questi macronutrienti, non nutri bene il cervello. Stai alla larga dai cibi raffinati e prediligi il cibo biologico e possibilmente a chilometri zero. Ma non scordarti che siamo fatti anche di acqua. Per garantirti un corretto funzionamento cerebrale e mantenere efficiente il cervello nel tempo, devi anche bere molto.

L'acqua rappresenta il costituente principale dell'organismo umano. Due terzi del nostro corpo sono formati da acqua e oltre l'80% del nostro cervello è composto di acqua. Ogni reazione chimica che ha luogo nel cervello ne ha bisogno, compresa la produzione di energia nel cervello. Non puoi avere energia senza acqua, è il tuo carburante primario. Può bastare una minima perdita di acqua, come una diminuzione del 3-4%, per causare sintomi neurologici come mente annebbiata, affaticamento, vertigini e confusione (Mosconi, 2018). Ecco perché abbiamo bisogno di bere molto per avere un cervello efficiente.

Anche le abitudini sono importanti. Per l'efficienza della memoria, non possiamo fare queste cose solo una volta per guarire dalla nebbia mentale. Metti in pratica invece le abitudini che discuterò nel corso del libro il più spesso possibile. Prendi i giochi che ti insegnerò e usali per rendere la tua vita più divertente e pratica in modo che possa aumentare la tua memoria.

Affinché il tuo cervello funzioni correttamente, deve trovarsi in un ambiente di chiarezza mentale. Rivaluta la tua situazione e determina se c'è qualcosa che ti dà stress cronico e ansia. Per esempio, hai il lavoro più stressante di sempre? Sei costantemente angosciato per la tua vita sociale? C'è qualcosa nella tua vita che ti divora ogni giorno? Affronta questi problemi in modo che il tuo cervello abbia la possibilità di diventare più chiaro.

Per la tua chiarezza mentale è importante anche l'esercizio fisico. Ti aiuterà a portare ossigeno al cervello. Ci sono molte ragioni per cui una routine di allenamento sana è importante, ma ricordiamoci anche che l'esercizio mantiene attivo il cervello. Quindi nelle tue giornate oltre ad inserire uno slot di tempo per il tuo allenamento mentale, ricordati di trovare del tempo per fare anche esercizio fisico.

Migliorando le tue capacità cognitive, migliorerai anche l'apprendimento e la comprensione delle informazioni. Di conseguenza, riuscirai a memorizzare meglio le nuove informazioni.

Per migliorare ulteriormente la tua efficienza controlla spesso la tua cognizione (cioè l'acquisizione di dati relativi a un determinato campo, conoscenza, consapevolezza). Come stai elaborando le informazioni? Una mentalità negativa – come quella che è pessimista e assume sempre il peggio - può essere il risultato di diversi disturbi cognitivi. Affronta questi problemi e scoprirai con stupore, che la tua memoria inizierà a migliorare.

Per concludere, sii sempre curioso. Guarda sempre cose nuove. Esplora il mondo. Assumi una prospettiva infantile quando ti avvicini a qualcosa che non capisci. Sii aperto a tutto ciò che questo mondo ha da offrire e assapora il momento. Carpe diem.

La causa del dimenticare

Molte persone hanno paura quando dimenticano qualcosa, ma è un processo naturale. Questo non è sempre un problema, a volte è un sintomo di flessibilità. Quando ti accusano di essere distratto perché ti dimentichi cose futili, ricorda a queste persone che memorizzare e apprendere sono due cose completamente differenti. Il nostro cervello elimina tutte le informazioni secondarie, per lasciare il posto a quelle nuove. Mentre la memoria a lungo termine è potenzialmente illimitata, la memoria a breve termine è una memoria temporanea che contiene le informazioni solo per un breve periodo di tempo. Le informazioni che non vengono elaborate nella memoria a breve termine, non vengono trasferite alla memoria a lungo termine e per questo vengono dimenticate.

Dimentichiamo le cose perché la nostra memoria a breve termine è limitata. Per fare spazio a nuove informazioni dobbiamo necessariamente cancellarne altre (Wimber, 2015). Dimenticare è infatti un processo naturale che fa in modo di aumentare e velocizzare la nostra capacità di apprendimento. Dimenticare quindi è un processo attivo, non avviene passivamente. Non a caso le persone più attive, quelle più impegnate che sono continuamente esposte a stimoli e nuove informazioni, sono quelle che più facilmente dimenticano le cose.

Quindi, ricorda che dimenticherai sempre alcune cose. Anche se lavori attivamente per migliorare la tua memoria, potrebbero esserci dei momenti in cui non riesci a trattenere le informazioni.

I nostri cervelli sono naturalmente programmati per memorizzare informazioni, il che significa che sono anche predisposti per dimenticare le cose. Se ci ricordassimo di tutto ciò che abbiamo visto, saremmo mentalmente esausti. Immagina di conoscere le parole di ogni canzone che hai ascoltato, anche se lo hai fatto una sola volta. Sapresti ogni singolo nome e cognome delle persone a cui sei stato presentato, così come quello che indossano. Ricorderesti i più piccoli dettagli dei film, così come i nomi dei personaggi. Saresti in grado di ricordare cose per strada, come una lettera nella cassetta della posta, un piccolo ramo che è caduto sulla strada e quella madre che stava spingendo un passeggino nero con i suoi tre figli.

Mentre sarebbe bello avere una memoria così efficiente, molte di queste informazioni sono inutili. Il tuo cervello sa come e se deve o meno memorizzare certe idee, così come se deve semplicemente eliminarle.

Abbiamo due diversi tipi di memoria: una che abbiamo intrinsecamente e un'altra che ci viene insegnata ad imparare e formare da soli. La memoria intrinseca si basa su chi sei e sulla tua personalità. L'ambiente in cui sei stato educato ti insegnerà quali sono le cose importanti e quali no. Una tale esperienza dirà quindi al tuo cervello cosa dovrebbe trattenere e cosa è bene respingere.

Ad esempio, diamo un'occhiata a due persone diverse. La prima, Maria, è stata cresciuta in una casa religiosa molto severa. Le è stato insegnato che le donne dovrebbero essere molto modeste e che essere troppo schietti potrebbe far fare brutta figura. Poi c'era Jessica. La sua casa non era rigida come quella di Maria, ma i suoi genitori davano molta importanza all'aspetto. Tutti in famiglia dovevano sempre avere capelli perfetti, trucco impeccabile e il vestito più elegante.

Jessica e Maria provengono dalla stessa città, ma le loro famiglie hanno davvero influenzato il modo in cui pensano e percepiscono il mondo. Poi, un giorno, incontrano una nuova ragazza di nome Ashley. Ashley indossa un abito attillato e mostra molta pelle con capelli in stile e trucco che sembra fatto da un professionista. Lei non ha timore di imprecare o dire quello che le passa per la testa. Maria finisce per ricordare Ashley come una persona che non è molto modesta e che ha difficoltà a controllare le cose che dice. Jessica, nel frattempo, pensa il contrario. La vede un'icona della moda, ammira il suo stile e la apprezza davvero. Ricorda Ashley come una persona che invidia e desidera emulare.

Queste ragazze non solo hanno modi diversi di percepire le nuove informazioni, ma hanno anche modi differenti di memorizzarle. Dopo tutto, ciò che hai passato nella tua vita ha plasmato il modo in cui accoglierai e conserverai le informazioni. Pensa anche a come conserviamo fisicamente le cose. Alcune persone acquisterebbero una costosa action figure ("modellino in azione") e la terrebbero nella scatola per tutta la vita. Invece, altri potrebbero prendere subito quel modellino e darlo ai loro bambini per giocare.

Ciò che facciamo nella nostra vita fisica influenza direttamente il modo in cui archiviamo e utilizziamo le informazioni. E viceversa. Sia a livello conscio che subconscio. Ecco perché tendiamo a dimenticare alcune cose e invece a ricordarne altre. Quello che succede quando siamo extra smemorati è che non stiamo facendo le giuste connessioni nel nostro cervello. La chiave per apprendere nuove informazioni è metterle in relazione con qualcosa che già conosci.

Strumenti per la memoria

I tuoi processi di pensiero e il modo in cui utilizzi il tuo cervello sono le cose più importanti per il tuo viaggio di miglioramento della memoria. Hai già gli strumenti necessari dentro di te per sbloccare il segreto per diventare qualcuno che ricorda tutte le cose importanti. E tra le tue mani hai un manuale che ti aiuterà a far fiorire la tua memoria come non mai.

Esistono anche alcuni strumenti che potrai utilizzare, inclusi degli oggetti che puoi tenere con te per assicurarti di ricordare più facilmente le informazioni nuove e importanti. Il primo è un diario. Non devi sederti e scrivere una voce "Caro diario" ogni giorno, ma prendere appunti sulla tua vita. Non tutti sono studiosi o qualcuno che sa scrivere eloquentemente qualunque pensiero o sentimento provi, e va bene così. Non devi scrivere la tua autobiografia. Basta investire in un taccuino tascabile e tenerlo con te ogni volta che è possibile. Scrivi promemoria, parole chiave e altre piccole cose che puoi guardare in seguito per attivare un ricordo.

Avere uno smartphone o un tablet è anche un bel vantaggio. Un dispositivo elettronico portatile sarà piuttosto utile per poterti divertire con giochi e applicazioni che renderanno più facile l'apprendimento. Per esempio puoi avere una sezione note sul telefono per annotare le cose anche quando non hai il tuo diario con te. Alcune applicazioni e siti verranno discussi più avanti in questo libro in modo che tu possa divertirti con giochi di memoria in qualsiasi momento. L'idea è di provare prima le applicazioni gratuite rispetto a quelle a pagamento. Anche se alcune possono promettere che possono aiutarti a potenziare il cervello, potrebbero non esserci studi legittimi a sostegno di tale affermazione. Il desiderio di una memoria migliore è certamente un desiderio comune tra le persone di tutto il mondo, e molte aziende lo capiscono. Ti prometteranno un cervello più forte con un abbonamento a pagamento alla loro applicazione, ma non dovresti sempre comprarle. Ci sono molte altre applicazioni gratuite che possono essere ancora utili. Non lasciare che qualcuno sfrutti il tuo desiderio di avere una memoria più forte in modo da dover pagare di più per giocare a qualche gioco di cui puoi trovare versioni gratuite altrove.

Non fermarti solo ai giochi virtuali. Esistono anche tantissimi giochi fisici. Prendine il più possibile, come il cubo di Rubik, la gabbia di Bruxelles e molti altri che potrai trovare sul sito **upgradeyourmemory.com**.

Investi anche in alcuni sudoku, cruciverba e libri di ricerca delle parole. Ne hanno molti in posti economici come stazioni di servizio o discount, puoi portarli sempre con te per sfruttare i tempi morti, come pause di lavoro, mentre sei a fare la fila, viaggi in treno o in aereo.

Sarà anche utile avere un bel posto tranquillo per meditare. Se non hai mai meditato prima, questo è il momento di iniziare. La meditazione ti permette di pulirti dai condizionamenti esterni, per vivere nel qui ed ora, per osservare meglio la realtà. Serve per staccare la spina, fermerai il continuo flusso di pensieri che hai nella tua mente per rilassarla, per metterti in contatto con la parte più profonda di te stesso, in uno stato di tranquillità. Acquisirai consapevolezza e allontanerai lo stress. Una veranda, una terrazza, un giardino tranquillo o anche solo il posticino sul pavimento alla fine del letto può essere un ottimo posto per iniziare a meditare.

Apprendere e memorizzare meglio

Capendo il tuo processo di apprendimento, sarà molto più facile per te memorizzare le cose. Quando apprendi qualcosa di nuovo, il tuo cervello prima raccoglie un input sensoriale. Come abbiamo visto nell'altro libro di questa serie, *Memoria Fotografica*, questo è il primo processo della memoria e si chiama codifica.

Quando leggi un libro per la prima volta, il tuo cervello inizia a estrarre le informazioni più rilevanti e inizia rapidamente a memorizzarle. Probabilmente si baserà solo su ciò che ti viene enfatizzato, ma potresti anche ritrovarti a cogliere le informazioni in base alla tua prospettiva individuale.

Quando inizi a registrare nuove informazioni, il tuo cervello inizierà a fare associazioni e connessioni con le cose che già conosce. Per questo di fronte al medesimo evento le persone reagiscono diversamente. Facciamo un esempio. Due persone vengono licenziate da una azienda. Queste due persone tornano nelle rispettive case e raccontano ai loro familiari che sono stati appena licenziati. Il primo potrebbe reagire irrazionalmente, piangendo e diventando molto ansioso per il suo futuro. L'altro potrebbe essere in grado di mantenere la calma, riflettere, dedicare del tempo a comprendere l'accaduto riunendo i familiari e discutendo quale dovrebbe essere la prossima azione.

Di fronte a nuove informazioni, queste persone sono arrivate a due diverse reazioni. Il primo ha basato la sua risposta su ciò che già sentiva: stress e ansia per la situazione finanziaria. Il secondo ha anche usato le proprie esperienze per sapere che, i momenti difficili possono essere superati e che c'è sempre una luce alla fine del tunnel. Capire questo processo di associazione dovrebbe esserti utile. È da qui che puoi iniziare per manipolare i ricordi a tuo favore.

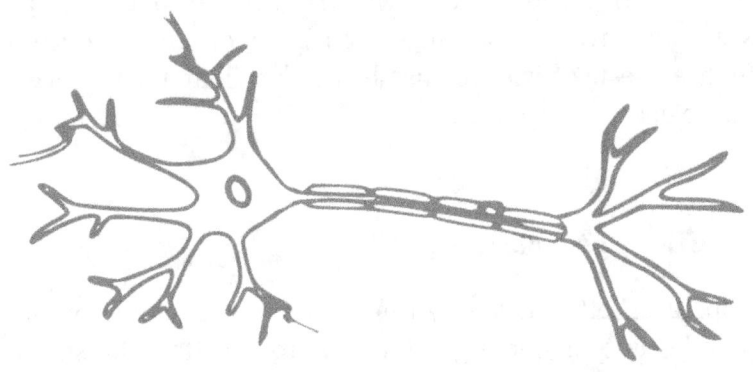

Non tutte le nuove informazioni finiranno nella tua memoria a lungo termine. Ricorda che archivierai le informazioni con maggiore facilità se avrà luogo un'associazione importante. La memoria può anche essere indebolita dalle connessioni che facciamo. Hai neuroni nel cervello che aiutano a integrare le nuove informazioni con le vecchie. Ma abbiamo una brutta memoria quando il nostro cervello non riesce a farlo. Il cervello è come qualsiasi altra parte del corpo che si vuole rafforzare. Si deve allenare.

Se stai vivendo uno stile di vita sano, con la giusta quantità di sonno ed esercizio fisico, allora ci sono ancora alcune cose che puoi fare ed è su questo che ci concentreremo per il resto del libro. Ecco alcune tecniche e metodi di apprendimento che puoi usare per conservare le informazioni più facilmente:

Muoviti quando impari qualcosa

Oltre ad essere un modo per studiare senza annoiarsi, è anche una attività che ti permette di assimilare meglio i concetti. Ad esempio dopo ogni 25 minuti di studio, fai 5 minuti di esercizio fisico. Potresti fare degli esercizi a corpo libero o di stretching. Oppure puoi leggere mentre cammini. Quando colleghi il mondo fisico alle informazioni mentali che stai ricevendo, l'idea rimarrà in giro più a lungo. Muoversi favorisce la memorizzazione di nuovi concetti. Inoltre questa attivazione fisiologica tiene lontana la noia e la sonnolenza.

Fare delle associazioni

Dopo aver letto qualcosa di interessante che vuoi ricordare, prenditi un secondo e guarda un altro oggetto nella stanza. Anche se è solo un cuscino, ad esempio, collega la visione ad esso e sarai in grado di ricordare più facilmente quelle informazioni in un secondo momento.

Fatti delle domande

Dopo aver imparato qualcosa, fatti delle domande. Questo faciliterà la comprensione profonda e l'integrazione delle conoscenze acquisite.

Fai pratica

Dopo che hai studiato un argomento, magari dopo aver visto un tutorial, metti subito in pratica le informazioni che hai appreso. Si impara e si memorizza soprattutto facendo.

Insegna ad altri

Man mano che apprendi nuove informazioni, insegnale anche ad altri. Quando puoi insegnare, puoi imparare meglio. È un modo per ripeterle.

Poche informazioni per volta

Non sovraccaricarti di nuove informazioni. Ne ricorderai poche. Non studiare in modo superficiale. Meglio studiare poche informazioni alla volta e andare più in profondità.

Tuffati sempre in profondità nel tuo cervello per vedere il vero significato ogni volta. Esploreremo ulteriormente questi argomenti, ma ricorda queste tecniche mentre leggerai i nuovi concetti di questo libro.

Strategie per migliorare la memoria

Focus

Una delle cose più efficaci in assoluto è il focus. Rimani focalizzato su una cosa alla volta. Non permettere al tuo cervello di pensare a più cose contemporaneamente. Succedono così tante cose in questo mondo che potresti sentire il bisogno di raccogliere più informazioni possibili. Ma più dati assorbi e più sarà difficile elaborare le informazioni. Devi tutelarti dal sovraccarico cognitivo. Più cose hai a cui dedicare attenzione e meno riesci a prestare attenzione. I risultati arrivano dove poni l'attenzione. Quindi concentrati su una cosa per volta.

"La ricchezza di informazioni genera una povertà d'attenzione"

Nobel Herbert Simon

Quando studi, ad esempio, non guardare la TV contemporaneamente. Se stai scrivendo, non ascoltare la musica con le parole. Offri al tuo cervello l'opportunità di avere tutta la piena attenzione di cui ha bisogno per ricordare le cose in modo efficiente. Organizza tutto ciò che stai cercando di apprendere. Metti l'accento sulle cose più importanti da imparare e concentrati prima su quelle.

Leggere ad alta voce

Anche leggere le parole ad alta voce può essere davvero utile. Sviluppa l'intelligenza verbale, migliora la comprensione, favorisce l'aumento delle competenze linguistiche e migliora le capacità mnemoniche perché sfrutta la nostra memoria uditiva.

Ecco alcuni altri modi per assicurarti di apprendere più facilmente e conservare le informazioni.

Fai dei cambiamenti

Il cambiamento può essere spaventoso per molte persone. Come animali, vogliamo quel riparo perché significa che ci verranno forniti cibo, alloggio e altre forme di sicurezza. Quando le cose cambiano, significa che i nostri cervelli hanno nuove informazioni da elaborare. Molti davanti ad un cambiamento, si sentono meno sicuri. Anche se il cambiamento può sembrarti spaventoso, cerca sempre nuovi modi per modificare la tua vita. Questo non significa portarla nella direzione completamente opposta. Ci sono piccole cose che puoi fare che ti aiuteranno davvero a mantenere attiva la tua mente.

Il cambiamento è utile perché impari ad elaborare nuove informazioni. Stai forzando il tuo cervello ad accettare alcune cose che potrebbe già conoscere, ma lo costringi ad elaborarle in un modo nuovo. Quando lo fai, stai allenando il tuo cervello. Ancora una volta, pensalo come quando vuoi perdere peso. Se vai a fare una passeggiata di 20 minuti ogni giorno, questo ti aiuterà sicuramente a perdere peso. Alla fine, tuttavia, il peso smetterà di scendere perché il tuo corpo si abitua a questo regime. Invece, dovresti trovare diversi metodi di esercizio per mantenere attivi i tuoi muscoli. Puoi fare esercizi di sollevamento pesi, rafforzamento delle gambe, yoga o persino Pilates.

Ricorda, puoi farlo anche con il tuo cervello! Cambia sempre le cose in modo da elaborare nuove informazioni.

Fai qualcosa di diverso ogni giorno. Prova sempre cose nuove. Quando andavamo a scuola, spesso facevamo qualcosa di nuovo. Ad esempio, abbiamo lavorato in progetti di gruppo relazionandosi con persone che non conoscevamo. Abbiamo provato nuovi giochi in palestra. Abbiamo avuto nuovi insegnanti con nuovi stili di insegnamento ogni anno. Queste esperienze hanno contribuito a mantenere il nostro cervello fresco e attivo. Una volta finita la scuola, può essere facile cadere nello schema di fare le stesse cose ogni giorno.

Per il cervello, questo comportamento non è virtuoso. La routine soffoca la creatività dell'intelletto e impigrisce la vitalità dell'individuo. Facendo sempre le stesse cose il cervello tende a "restringersi". Anche se questo è ciò che richiede il tuo lavoro, ci sono ancora molte cose che puoi fare, ogni giorno, in modo diverso, per mantenere la mente sveglia. Una mente brillante non è monotona. Il nostro cervello funziona bene se viene stimolato dalle novità. Si rinvigorisce usandolo, come avviene per un muscolo. Invece la ripetitività lo impigrisce, materialmente si restringe.

"Ogni abitudine è una cattiva abitudine"

François de La Rochefoucauld

Datti sempre dei nuovi obiettivi

L'ambizione svolge un ruolo importante nel rafforzare la voglia di cambiamento. Devi sempre avere degli obiettivi da raggiungere. Sfidati a creare nuovi orizzonti da raggiungere. Cambiare fa bene alla vita.

Impara sempre di più su te stesso

Non devi essere la stessa persona per sempre. Cerca sempre modi per espandere le tue visualizzazioni. Metti in discussione la tua moralità, virtù ed etica. Guarda in profondità dentro di te per trovare una maggiore verità e un significato più grande. Questo non necessariamente deve riguardare la religione, anche se dovrebbe essere un aspetto da esaminare. Nel complesso, dovresti basarti esclusivamente su di te e su chi sei in questo mondo.

Introduci piccoli cambiamenti nella tua vita

Il cambiamento inizia anche in piccoli modi. Basta cambiare la mano che normalmente usi per lavarti i denti, oppure cambiare il tragitto per andare a lavoro. Nelle prossime pagine troverai un'intera sezione dedicata a esercizi come questi.

Abbi il coraggio di cambiare. Ti scoprirai più forte.

Ripetizione

La ripetizione è l'opposto del cambiamento! Per certi versi, tuttavia, può essere davvero utile. Ripeti ogni giorno abitudini sane. Ripeti ciò che fai per migliorare la tua memoria. Questa non è una cosa da fare una volta e basta. Dovrai lavorare attivamente per aumentare la tua memoria ogni giorno.

La ripetizione sarà utile per apprendere nuove informazioni. Quando ti rendi conto di qualcosa di nuovo, scrivilo o dillo ad alta voce. Questa ripetizione contribuirà a mantenere più ordinata l'idea nel tuo cervello.

2. Attività per il Cervello per una Memoria Migliore

Oltre allo stile di vita a cui prendi parte, è anche essenziale provare delle attività di allenamento del cervello per aiutarti a ottenere una memoria ancora migliore. I giochi non sono solo per i bambini! Sono buone attività che ci aiutano nell'allenamento. Prima di approfondirli, tuttavia, discuteremo anche degli esercizi pratici che puoi iniziare a implementare nei processi di allenamento del cervello.

Un modo in cui devi iniziare ad allenare il tuo cervello è attraverso il processo di ascolto. Anche mentre stai leggendo questo testo, può essere difficile tenere il passo con quello che stiamo dicendo perché ci sono altre distrazioni di fondo. I rumori dei vicini, forse qualcuno che gironzola in cucina o un forte temporale potrebbero distrarti in questo momento. Per ascoltare davvero, è essenziale sbarazzarsi di tutte queste cose in modo da poter porre la nostra attenzione su tutto ciò di cui abbiamo più bisogno.

Quando ascolti, ripassa ciò che le altre persone ti stanno dicendo. Invece di cercare di trovare un significato più profondo o di trovare una risposta a ciò che stanno dicendo, ripassa le parole esatte che pronunciano mentre escono dalla loro bocca. Fallo perché ti aiuterà a diventare un ascoltatore migliore per le persone che hanno bisogno di un orecchio aperto.

Spesso passiamo il nostro tempo a preparare la risposta che avremo invece di stare seduti lì ad ascoltare ciò che qualcuno dice. Alcuni non hanno davvero bisogno di nulla da noi e dalla conversazione, vogliono semplicemente sentirsi ascoltati.

Un'altra grande attività di allenamento del cervello è quella di scegliere una cosa nuova che hai imparato quel giorno. Alcuni giorni saranno migliori di altri, ma ci sarà sempre una lezione che puoi trovare in ogni situazione. Questo ti fa scorrere analiticamente il tuo giorno. Anche se non sei uscito di casa, hai imparato qualcosa quel giorno. Forse è stato un articolo interessante che hai letto online o forse una lezione personale che hai imparato attraverso la scoperta di te stesso. Qualunque cosa sia, c'è sempre almeno una cosa della tua giornata che puoi tirar fuori come una lezione che hai imparato.

Anche questa è una buona cosa da fare al mattino. Scegli cinque cose per le quali sei grato. Prenditi un minuto per riflettere sulla tua vita. Goditi il tuo *smoothie potenzia cervello mattutino* mentre rifletti all'alba. Concediti un po' di tempo sotto la doccia mentre ti prepari per andare al lavoro per riflettere su dove stai andando. Essere in grado di iniziare la giornata in modo fresco ed energico, sia internamente che esternamente, contribuisce ad aumentare le capacità cognitive nel corso della giornata.

Tali attività non solo ti aiutano a essere più consapevole del momento presente, ma aumentano anche il tuo livello di positività verso una determinata situazione. Proprio come un allenatore può guidarti a fare diverse serie di flessioni al giorno, questo libro ti aiuterà a esercitare il cervello.

Esercizi di memoria di base

Il primo modo per aiutarti a ricordare qualcosa è attraverso la visualizzazione. Può essere piuttosto arduo ricordare nuove informazioni perché ci aggrappiamo solo alle parole che stiamo imparando. Qualunque informazione tu stia effettivamente imparando, tuttavia, visualizzala in modo concreto. Trova degli esempi per mettere in relazione le idee con ciò che stai scoprendo. Se incontri delle persone per la prima volta e hai difficoltà a ricordare i nomi, visualizzali dicendo i loro nomi dopo che si sono presentati.

Visualizza cosa potresti portare con te se dovessi partire per un viaggio improvvisato. Questa attività ti aiuterà a iniziare a sviluppare immagini cerebrali. Diciamo che qualcuno ti ha chiamato e ha detto che aveva un biglietto di andata e ritorno gratuito per il tuo luogo di vacanza preferito, ma dovresti essere pronto per partire entro 10 minuti se volessi fare il viaggio.

Cosa porteresti con te allora? Su quali cose ti concentreresti di più per preparare la tua valigia? Questi sono solo piccoli esempi di esercizi di visualizzazione.

Per rimanere concentrato su quello che devi fare, devi resistere alle distrazioni. Tieni con te gomme o mentine. Non solo mantengono fresco il respiro, ma ti mantengono concentrato. Quando stai studiando, avere delle gomma o delle mentine o qualche altra caramella (senza zucchero!) che puoi tenere in bocca per un periodo più lungo può mantenerti concentrato. Il tuo principale punto di attenzione sarà sul materiale che stai studiando. Dopodiché, il tuo cervello si concentrerà su ciò che stai mangiando, quindi piuttosto che allontanarti da qualche altra parte e perdere la concentrazione, rimarrà su quello che stai studiando. Alcuni studi hanno dimostrato che masticare una gomma è in grado di aumentare momentaneamente la concentrazione perché aumenta l'apporto di ossigeno al cervello.

Tocca il braccio quando impari qualcosa di nuovo. Prendi il dito e strofinalo delicatamente sul palmo. Tocca la fronte o piega i capelli dietro le orecchie. Qualunque esso sia questo tuo piccolo tocco, la connessione fisica con te stesso può aiutarti a ricordare più facilmente le informazioni. Quando impari qualcosa di nuovo, puoi dare al tuo braccio un rapido tocco in modo da poterlo ricordare in seguito. Quando hai difficoltà a ricordare le informazioni che hai tentato di memorizzare, puoi toccarti allo stesso modo per provare a ricordare qualcosa.

Forza le risate più spesso. Ridere fornisce energie positive al cervello, riduce gli ormoni dello stress e aumenta le endorfine. Anche la serotonina viene rilasciata. Inoltre quando ridi aumentano le frequenze gamma all'interno del tuo cervello, e questo ti porta ad aver un miglioramento della concentrazione e della memoria.

Siediti composto. La tua postura è importante per la tua salute, specialmente per il tuo stato mentale. Quando ti senti accovacciato, sforzati di sedere dritto. Questo ti manterrà vigile e ti riporterà nel momento. Va bene se la tua schiena non è completamente dritta per tutto il tempo. L'importante è che siamo consapevoli di come siamo seduti e di essere in grado di apportare delle correzioni rapidamente e facilmente quando è necessario.

Il gioco del disegnare mappe

Adesso ti parlerò di un gioco molto divertente e anche molto antico. Disegnare mappe. Fin dai tempi antichi la mappa è stato uno strumento essenziale di comunicazione. Da sempre l'uomo ha sentito l'esigenza di descrivere le caratteristiche di un luogo o mostrare come raggiungerlo. Pensa ai papiri egizi, le cartografie rinascimentali ma anche le incisioni preistoriche.

Disegnare mappe è un ottimo modo per aiutarci a ricordare i nostri ricordi. È un'attività divertente e stimolante che può intrattenerti quando sei annoiato, oltre a aiutarti a ricordare i dettagli più rilevanti. Non importa cosa usi per disegnare la tua mappa. Puoi iniziare con un grande pezzo di carta e disegnarlo a memoria usando delle matite colorate. Puoi studiare una mappa prima di disegnare e fare qualcosa di più elaborato. Puoi anche dipingere la mappa o persino creare una versione tridimensionale usando modelli di argilla e altre strutture divertenti. Qualunque mezzo tu scelga dipende interamente da te.

Disegna una mappa della tua casa. Questo è un buon punto di partenza. Senza cercare la planimetria, prenditi un momento per sederti e comincia a disegnare la tua casa. Assicurati solo di farlo da una prospettiva a volo d'uccello. Mantienila semplice e fai diversi tentativi per farla bene.

Crea anche una mappa della tua città natale. Anche se non ci vai da anni, sei in grado di abbozzare il layout di base della tua città? Dove sono le strade? Quali sono le cose nascoste su certe strade? Quali sono i punti di riferimento più importanti?

E per quanto riguarda la tua casa d'infanzia, riesci a richiamarla dalla memoria? Quali etichette puoi mettere in certe stanze? Invece di etichettare la cucina come tale, pensa ad un qualcosa che è successo con cui puoi etichettare la stanza.

Quando inizi a disegnare sempre di più a memoria, risveglierai i pensieri nascosti che hai avuto. È come aprire un libro. Soffi via la polvere e inizi a sfogliare le pagine, ricordando cose ovvie ma scoprendo anche che ricordi molto più di quanto pensi.

Conserva queste mappe in un diario in quanto possono aiutarti a memorizzare meglio le informazioni nella tua mente. Ti permetteranno di comprendere alcune cose della tua memoria che potrebbero averti confuso in precedenza. Elaborerai mentalmente idee e altri dettagli importanti mentre viaggi attraverso queste mappe.

È possibile guardare le mappe per richiamare diversi ricordi. Forse stai cercando di pensare a un momento di quando eri bambino e a quello che è successo allora. Il guardare la mappa può aiutarti ad essere visivamente lì. Man mano che disegni sempre più mappe, diventerà molto più facile sapere quali sono le cose importanti da riportare.

Vuoi provare anche a disegnare mappe di mondi fantastici o di città inventate? Stimolerà sicuramente la tua creatività!

L'esercizio delle foto spontanee

Tutti, specialmente nel mondo di oggi, sembrano essere ossessionati dal fare la foto perfetta. Ci sono alcune persone che pubblicano sui social network una sola foto, ma ne hanno 100 in più della stessa posizione, sfondo e illuminazione memorizzati sul proprio telefono. Tuttavia, le immagini sono fantastiche per i ricordi! Ti danno un ricordo fisico del luogo o della situazione in cui sei stato. Hai delle visioni reali associate alle cose che sono successe in passato. Anche se è possibile che stai già frequentemente scattando foto, se vuoi assicurarti di avere un ricordo efficiente, allora dovresti scattare le foto giuste al momento giusto.

Le foto sono spesso scattate con persone allineate con le braccia l'una intorno all'altra e sorridenti. Troveranno uno sfondo pittoresco e aspetteranno che tutti guardino la telecamera con gli occhi aperti e sorridenti. Queste immagini sono meravigliose! Tuttavia, molte persone dimenticano di scattare più immagini oltre a queste. Mentre è bello avere una foto di tutti insieme, è anche utile prendere veri ricordi di cose più piccole che stanno accadendo. Dobbiamo iniziare ad assicurarci che vengano scattate più foto spontanee. Dobbiamo fotografare i momenti e le persone intorno a noi e catturarli nella forma più vera che possiamo. Scatta foto spontanee senza preoccuparti dei tuoi difetti. Estrai la fotocamera e scatta una foto mentre i tuoi amici sono semplicemente seduti lì. Scatta foto sincere di persone che servono i loro piatti a una festa barbecue. Cattura immagini mentre tutti sono in pigiama e guardano un film. Scatta una foto al tuo amico mentre andate a fare una passeggiata nella natura. Non importa quale sia la situazione; basta scattare altre foto! Questi ricordi sono imbattibili, di sicuro. Per questo esercizio, inizia a scattare una foto spontanea ogni giorno. Naturalmente, sii rispettoso degli altri e non fare uno scatto in modo fastidioso quando non hai il permesso di farlo. Tuttavia, ogni giorno per una settimana, tira fuori il telefono e scatta una foto sincera. Non concentrarti sul renderla perfetta. Fai finta di avere una macchina fotografica usa e getta. Scatta una foto e basta! Dopo un mese, ti renderai conto di quanti bei ricordi hai creato. Potresti anche renderti conto di quanto sono state uniche e memorabili le tue esperienze.

Tendere la mano

Potresti dire: "Come stai?" Con l'obbligatorio, "Bene, come stai?" E poi terminarlo con "Bene". Ogni giorno. Questa è un'interazione comune tra lavoratori, colleghi, persone per strada e tutti quelli che si incontrano casualmente. Cambia tutto questo! Non devi dire la stessa cosa giorno dopo giorno! Non tutti vogliono discutere del proprio stile di vita, ma basta cambiare leggermente la formulazione o porre domande più specifiche. Apri la conversazione se vuoi! Ecco alcune cose che puoi dire invece di quanto menzionato sopra.

- Come ti senti oggi?
- Cosa c'è di nuovo in te?
- La giornata ti ha trattato bene finora?
- Cosa ti ha sorpreso oggi?
- In che modo oggi è diverso da ieri?
- Ti stai godendo questo bel tempo?
- Sei stanco come lo sono io oggi?
- Con chi hai trascorso più tempo oggi?
- Spero che la tua giornata sia stata interessante!

Questi sono solo degli esempi. Più socializzi, più ricordi le cose. Anche quando ci troviamo in una stanza affollata piena di amici o parenti, può essere davvero facile sentirsi soli. Quando non si creano legami significativi, puoi distrarti e allontanarti mentalmente dallo scenario. Tuttavia, socializzare e connettersi con le persone, anche in piccoli modi, può aiutarti a mantenere una maggiore consapevolezza di tutto. Questo può migliorare la tua memoria perché sarai in grado di associare informazioni a persone e occasioni specifiche.

Molte persone lottano con l'ansia, quindi non sono sempre

rose e fiori quando cercano di avvicinarsi agli altri. Se sei una persona che si sente male persino al pensiero di dover ordinare una pizza al telefono, non sei solo. Fai piccoli passi. Non forzarti in una situazione che ti mette a disagio. Inizia online e fatti strada fino a parlare con le persone in pubblico.

Socializzare può essere difficile, ma è essenziale per aumentare la potenza del tuo cervello.

Puzzle, cruciverba e sudoku

I rompicapo sono un ottimo modo per mantenere attivo il cervello. Ogni volta che dovrai capire come arrivare a una soluzione, sarai in grado di allenare il tuo cervello.

I rompicapo ti portano a guardare prima al problema che hai. Che cosa ha bisogno di una soluzione? Successivamente, devi elaborare una strategia per trovare gli elementi mancanti. Se non funziona, allora è il momento di trovare un piano di riserva per ottenere quello che vuoi.

Queste sono tutte abilità incredibilmente importanti che possono aiutarci ad abbracciare pienamente le nostre capacità cognitive e aumentare la nostra intelligenza.

Il cruciverba è un gioco a cui dovresti giocare. Stimola il cervello. La risoluzione comporta un ragionamento e uno sforzo di memoria. È sempre su giornali, riviste e altre forme di supporto cartaceo. A parte questo, puoi andare online e trovare molte parole crociate. Potrebbero essere necessarie conoscenze generali, ma a volte anche avere conoscenze generiche può essere utile.

Il sudoku è un altro grande gioco da provare. Implica una griglia 9 per 9 in cui devi riempire le caselle con un numero compreso tra uno e nove. Alcune persone lottano con questo gioco perché i numeri li spaventano. Pensano che se non sono bravi con la matematica di base, non saranno bravi con il sudoku. Non c'è matematica coinvolta nel gioco, perché non c'è aggiunta o sottrazione. È solo una casella rompicapo in cui devi fornire il simbolo giusto nel punto giusto. Inizia con dei semplici sudoku fino ad arrivare poi a quelli avanzati. In alternativa, prendere una griglia sudoku vuota e creare il tuo rompicapo può essere altrettanto difficile.

I giochi di ricerca delle parole possono mantenere viva la memoria. Queste cose richiedono poca conoscenza di base. È un modo per il tuo cervello di allenarsi a prendere informazioni importanti e non importanti e a distinguere rapidamente tra le due. Un cruciverba ti costringe a guardare le lettere e decidere quali sono utili e quali possono essere ignorate. Questo è un ottimo modo per mantenere straordinarie le tue capacità cognitive.

I puzzle sono anche utili per aiutarti a rimanere concentrato. Si trovano spesso nelle case di riposo per un motivo! Mantengono le nostre menti acute e focalizzate sulla logica. Devi guardare il quadro generale di un puzzle per capire dove devono andare i pezzi. Poi, dovresti controllare un pezzo e decidere se è nel posto giusto. Si inserisce in diverse parti del tuo cervello e ti fa pensare in modo logico. Questo è anche eccellente da fare negli ambienti di gruppo, in quanto a tutti piace essere in grado di mettere un pezzo!

Tetris è un gioco popolare che può mantenerti mentalmente stimolato. Si richiede di decidere dove cadrà il prossimo pezzo. Giochi come questo sul tuo computer, telefono, tablet o altro dispositivo ti permetteranno di rimanere sveglio. Non c'è da vergognarsi nel giocare ad un gioco divertente e colorato! Non significa che sei infantile; è solo che ti stai concentrando sull'aumento della forza del tuo cervello.

Rimanendo sempre in tema di giochi divertenti e colorati ti propongo i libri da colorare per adulti. Non pensare che questo sia solo passatempo riservato ai bambini. Ti inducono a pensare in modo creativo ma comunque entro alcune restrizioni in modo che la tua mente abbia qualcosa su cui concentrarsi.

L'Art Theraphy oltre ad essere un allenamento mentale, è anche un metodo creativo per combattere lo stress, favorisce la capacità di concentrazione e ti distrae dai pensieri negativi. Ormai è dimostrato che colorare figure e disegni ha effetti antistress. Questa attività inoltre ti aiuterà a concentrarti sul momento presente, sul "qui e ora". Quindi, torna a colorare!

Questi giochi cerebrali sono solo alcuni strumenti per aumentare il tuo potere mentale complessivo.

Yoga Mentale

Lo yoga mentale è una pratica per mantenere bassi i livelli di stress, il flusso di ossigeno e l'attenzione alta. Lo yoga tradizionale fa anche bene alla salute mentale, ma non tutti hanno la forza fisica per piegare i loro corpi in modi folli. Invece di cercare di mettere i piedi dietro la testa il primo giorno, dovresti iniziare con un po' di yoga mentale per dare chiarezza al tuo cervello.

A volte crediamo che dobbiamo sempre mantenere le nostre menti attive, pompando continuamente nuove informazioni. Invece, è molto importante dedicare del tempo per far riposare il nostro cervello. Dovresti semplicemente essere in grado di sederti in un punto e lasciare liberi i pensieri di entrare e uscire dalla tua testa. Sembra facile, ma serve un po' di controllo mentale. Devi chiudere gli occhi e andare alla ricerca dell'equilibrio fra corpo, mente, e spirito. Avere questi momenti in cui semplicemente non si pensa a niente, dà al tuo cervello la possibilità di ricaricarsi. Dedicarsi questi momenti di rigenerazione ti aiuterà a vivere meglio ed essere più felice. Avrai una maggiore consapevolezza, forza d'animo e benessere fisico ed emotivo.

Potremmo non pensare a come un qualcosa di piccolo accaduto al mattino possa davvero influenzare l'intera giornata. Invece le prime ore del mattino sono le più importanti. Consideriamo una volta in cui ti sei svegliato molto tardi per andare a lavoro. Potresti aver battuto il dito del piede sulla porta mentre stavi correndo, i tuoi capelli erano un disastro quindi ti sentivi in imbarazzo e hai dovuto saltare di nuovo la colazione. Sei riuscito a superare la giornata, ma quando torni a casa ti senti ancora scontroso e ansioso. Questo perché la tua mente non ha mai avuto un momento per purificarsi mentalmente dalle emozioni che hai provato durante il giorno. Tutto ciò che hai vissuto ha influenzato il tuo umore e le tue emozioni. Hai portato questi pensieri durante tutto il giorno e ciò potrebbe aver danneggiato la tua capacità di recuperare e archiviare nuove informazioni. Semplici esercizi di yoga del cervello, tuttavia, ti aiutano a purificarti dalle cose che dovresti dimenticare in modo da poterti concentrare sugli aspetti più importanti della tua vita.

Avere una mente senza stress non implica che tu abbia eliminato tutte le fonti di stress nella tua vita. Significa semplicemente che hai imparato a gestire questo stress. Prenderti un momento per rinfrescarti da ciò che hai vissuto, ti darà tutto il potere di tornare a ciò di cui ha bisogno della tua massima attenzione.

Quando ti prendi cura del tuo corpo e senti che la salute fiorisce dentro di te, sarai più concentrato sulle cose che contano di più. Quindi, trova un posto che ti permetta di praticare lo yoga mentale. Fuori in un tranquillo patio o in un giardino è un ottimo posto per cominciare.

Quando riesci ad entrare in contatto con la natura, puoi connetterti con il tuo corpo. Se non hai la natura vicino a casa tua, puoi cominciare a farlo all'interno della tua casa. La cosa più importante è che stai scegliendo un posto che puoi dedicare specificamente agli esercizi di yoga mentale. Se lo fai sul divano, nello stesso punto dove guardi la TV e ti abbuffi di dolci, è lì che andrà la tua mente. Scegli un luogo che ti dia completa chiarezza mentale in modo da non avere nulla a cui pensare oltre al relax. Questo ti aiuterà anche perché se stai vivendo giorni in cui non ti senti al meglio e hai bisogno di quel rapido momento di relax, puoi accedere a quel luogo e riuscirai velocemente a ritrovare il tuo stato di benessere. Diventerà il tuo spazio protetto.

In qualche modo i luoghi sono delle vere e proprie ancore che attivano determinati stati mentali ed emotivi. Io ad esempio ho un luogo per ogni tipo di mansione che svolgo.

Questo mi permette di essere molto più produttivo ed entrare subito nel flusso della produttività. Ovviamente oltre ad avere dei luoghi per ricaricarmi e rigenerarmi.

Per fare yoga mentale scegli il momento in cui ti senti più esausto mentalmente per dare al tuo cervello la possibilità di rinfrescarsi e ricaricarsi. Infine, prova a incorporare lo yoga mentale anche con altre forme di yoga fisico. Fare esercizio fisico fa bene. Questi due metodi ti aiuteranno a rimanere mentalmente libero.

Mignolo e pollice

Per questo esercizio, stai a sedere o stai in piedi dritto. Assicurati che la colonna vertebrale sia perfettamente perpendicolare al pavimento. Concentrati sul respiro. Senti che l'aria entra nel tuo corpo e lasciala lentamente. È sempre bene iniziare gli esercizi inspirando ed espirando con il naso.

Fai un pugno con entrambe le mani, ma non stringerle troppo forte. Tienile abbastanza larghe, con le dita semplicemente piegate. Porta i pugni sul petto e tienili lì. Anche in questo caso, niente dovrebbe essere troppo rigido. Non vuoi creare ancora più tensione nelle braccia che stai cercando di rilassare attraverso questi esercizi.

Con la mano destra, sporgere il pollice. Tutte le altre dita sono nascoste nella mano destra, ad eccezione del pollice. Con la tua sinistra, sporgi il tuo mignolo. Tutte le altre dita della mano sinistra sono nascoste. Mantieni questa posizione per un momento mentre continui a regolare il respiro. Conta fino a tre e cambia il modo in cui tieni la mano. Ciò significa che passerai dal mantenere la posizione che abbiamo appena menzionato per sporgere il pollice sulla mano sinistra e il mignolo sulla destra. Anche se sembra facile, in realtà può essere molto impegnativo. Per la prima volta, potresti scoprire che tutti i tuoi pollici e mignoli sporgono! Il punto è passare dal mignolo sinistro fuori, pollice destro fuori, al pollice sinistro fuori, mignolo destro fuori. Continua ad esercitarti fino a quando non riesci a fare il passaggio con un movimento rapido con entrambe le mani contemporaneamente. Migliorerai la coordinazione.

Afferra il lobo

Inizia inspirando profondamente attraverso il naso. Senti che l'aria entra davvero nel tuo corpo e riempie i polmoni. Lasciala uscire sempre attraverso al naso. Prendi il pollice destro e il dito indice e afferra l'orecchio sinistro. Quindi, prendi la mano sinistra e fai lo stesso con l'orecchio destro. Le tue braccia dovrebbero essere in una X sul petto. Lentamente, mentre inspiri ed espiri, lasciati cadere in una posizione accovacciata. Tienilo il più a lungo possibile. Ripetere questo processo secondo necessità. Non c'è trucco con questo come l'esercizio pollice-e-mignolo! È semplicemente un modo per tenerti concentrato sulla riduzione dello stress e sulla ricerca della chiarezza mentale.

Giochi di gruppo per il miglioramento della memorizzazione

Se vuoi anche far migliorare la memoria della tua famiglia o dei tuoi amici, sappi che fare dei giochi di gruppo è una ottima idea e ti aiuterà a ricordare di più.

Se sei un insegnante, un coordinatore di un gruppo o qualcuno che ama lavorare con gli altri, saprai già che è bello condurre attività stimolanti tra i gruppi. Questo ti aiuta anche a diventare un leader migliore poiché tutti saranno concentrati sullo stesso obiettivo.

Invece di creare competizione tra gli altri, può essere bello tenerli tutti insieme impegnati verso un obiettivo comune.

Fare giochi divertenti insieme per la consapevolezza

Come abbiamo accennato in precedenza, può essere divertente fare puzzle insieme. Tutti si divertiranno a trovare un pezzo del puzzle. Inoltre, pensa ad altri enigmi che puoi inventare. Per esempio, come puoi far cadere un uovo dalla cima delle scale senza che si rompa? Quali materiali puoi usare per realizzare una barca che ti aiuti a far galleggiare 10 centesimi? Come puoi inserire un uovo in una bottiglia? Piccole attività come queste sembrano così semplici e simili a quelle che potremmo fare alle elementari. Anche se può essere vero, sono anche modi semplici e praticamente gratuiti per sperimentare in gruppo e divertirsi a costruire le nostre capacità cognitive.

Mangiare insieme a cena

Questo è uno dei modi migliori per diventare più consapevoli. Mentre stai cenando, prenditi il tempo per condividere una nuova cosa che hai imparato quel giorno. Non aspettare il natale per condividere ciò di cui sei più grato, fallo il più spesso possibile.

Un'altra divertente attività di gruppo è creare un dibattito su una cosa buona o cattiva che è ti è accaduta il giorno stesso. Incontrarsi con amici e parlare di cose come queste, può rendere le tue cene molto più significative.

Leggere ad alta voce l'uno verso l'altro

Questo è un ottimo modo per lavorare sulle tue capacità di ascolto. Non avrai alcuna pressione per rispondere e puoi semplicemente concentrarti sulla comprensione delle parole che stanno lasciando la bocca della persona che hai davanti.

Andare a fare una passeggiata e far notare le cose l'uno all'altro

Ascolta ciò che gli altri vedono e parlate delle vostre diverse prospettive e di ciò che questo può significare.

Gioca a "Io Spio"

"Io Spio" è un gioco di indovinelli in cui un giocatore sceglie un oggetto in vista e annuncia agli altri giocatori che "Io spio con il mio piccolo occhio, qualcosa che inizia con...", nominando la prima lettera dell'oggetto. E gli altri giocatori cercano di indovinare questo oggetto.

Può anche aiutarti a saperne di più sulle prospettive di coloro che ti circondano. Quali cose considerano importanti? Quali sono le cose intorno a loro che spiccano di più rispetto a ciò che ti colpisce per te?

Discuti intellettualmente e dai loro la possibilità di parlare mentre ti eserciti ad ascoltare. Dopo il gioco continuate a parlare e a confrontarvi. Non limitarti a parlare di ciò che hai fatto quel giorno; parla anche dei tuoi pensieri. Quali strane idee ti sono venute in mente? Quali inusuali sogni ad occhi aperti hai immaginato? In quale dibattito intellettuale ti sei trovato a discutere con te stesso?

Ecco altre idee di giochi a cui puoi giocare per migliorare la tua memoria all'interno di un gruppo.

Il gioco di andare a fare un viaggio

Questo gioco inizierà con l'idea che tu e il tuo gruppo state facendo un viaggio. Ovunque sia il viaggio non importa molto. Puoi giocare ovunque, seduto, in piedi, a casa, o addirittura mentre siete davvero in viaggio. Tutto ciò di cui hai bisogno sei tu più due o più persone.

La prima persona nel gruppo dirà qualcosa che ha intenzione di portare con sé in viaggio. Ti consiglio di immaginare una valigia grande o forse il bagagliaio di qualcuno. Dovreste nominare oggetti che vorreste portare con voi in un viaggio.

La seconda persona aggiungerà un altro oggetto a quello appena detto. Quindi, il terzo individuo ne aggiungerà un altro ancora, e così via. Ogni volta che passa il turno, si dovrà recitare a memoria tutto ciò che è già stato detto.

L'obiettivo è naturalmente allenare la memoria, questo gioco serve per vedere come le persone ricorderanno le cose. La prima persona che sbaglia l'ordine perde. Una volta ho fatto questo esercizio su un bar sulla spiaggia. Il primo che ha perso ha dovuto pagare il caffè a tutti.

Ecco un esempio di come può andare questo gioco:

Persona 1: "Sto andando in viaggio e sto portando della biancheria intima".

Persona 2: "Sto andando in viaggio e sto portando della biancheria intima e uno spazzolino da denti".

Persona 3: "Sto andando in viaggio e sto portando della biancheria intima, uno spazzolino da denti e lo shampoo".

Persona 1: "Sto andando in viaggio e sto portando della biancheria intima, uno spazzolino da denti, lo shampoo e un libro".

Persona 2: "Sto andando in viaggio e sto portando della biancheria intima, uno spazzolino da denti, lo shampoo, un libro e un vestito."

Persona 3: "Sto andando in viaggio e sto portando della biancheria intima, lo shampoo, un libro e un vestito."

Come puoi vedere, l'ultima persona perderebbe perché si è dimenticata di dire "spazzolino da denti". L'ordine è importante, ma puoi decidere all'interno del gruppo che non ti interessa purché elenchino correttamente tutti gli articoli. Se siete in un bar a fare questo gioco per la vostra memoria, potreste decidere che chi perde offre il caffè a tutti.

Il gioco ABC

Questo è un gioco divertente da giocare quando si è in viaggio. A volte il tempo può passare così lentamente che è necessario essere impegnati in un'attività di gruppo per ingannare il tempo.

Inizia con "A" e pronuncia qualcosa di qualsiasi categoria desideri. Ad esempio animali, cibi, libri, musicisti, colori e così via. La prima persona dirà una parola che inizia con A, la seconda andrà con B e dovrà essere una parola della stessa categoria, la terza persona ne pronuncerà un'altra con la lettera C, la quarta persona menzionerà qualcosa che inizia con D e così via. Naturalmente non si deve ripetere ciò che hanno detto gli altri. Dovete semplicemente arrivare fino in fondo all'alfabeto.

Continuate così. La prima persona che non gli viene in mente nulla viene eliminata. Se nel gruppo, siete tutti d'accordo sul fatto che non esiste nulla per una determinata lettera, ad esempio "Libri che iniziano con X", è possibile andare avanti. Ci sono alcuni testi che iniziano con X, ma se tutti nel gruppo non ne siete consapevoli, allora si può passare oltre.

Questo gioco è davvero utile perché ti costringe a navigare in modo logico nella tua memoria. Non sei solo costretto a ricordare cose o elementi che hai visto e sentito parlare. Devi cercare dei nomi che iniziano specificamente con quella lettera, poi continuerai a scorrere nella mente quello che conosci, e dovrai sceglierne analiticamente uno che si adatta sia alla categoria e sia alla lettera. Richiamerai le informazioni da diverse parti del tuo cervello e le unirai contemporaneamente.

Il gioco delle tre lingue

Come sapete la mia lingua madre è l'italiano. Anni fa mi capitò di essere in spiaggia e inserirmi in un gruppo di ragazzi e ragazze multilingua. C'erano spagnoli e sud americani che parlavano solo in spagnolo, poi c'erano inglesi e tedeschi che parlavano in inglese ma non lo spagnolo. Quel giorno mi sono trovato in mezzo a fare da traduttore. Ascoltavo in Inglese, pensavo in italiano e parlavo in spagnolo. Ascoltavo in spagnolo, pensavo in italiano e parlavo in inglese. A volte mi è capitato di parlare in spagnolo quando dovevo parlare in inglese e viceversa.

Devo dire che è stato davvero un ottimo allenamento mentale. Fortunatamente mi è capitato altre volte a livello professionale di parlare inglese e spagnolo nella stessa conversazione. Prova anche tu a creare un gruppo di persone multilingua e parlare con loro. Oltre ad essere un ottimo allenamento, conoscere persone di altre nazioni apre la mente.

3. Esercizi per Potenziare il Cervello

Tutto quello che sei e che fai, coinvolge il tuo cervello. Dal pensiero, alle azioni, dalle emozioni al comunicare con gli altri. Risulta evidente quindi che se vuoi migliorare la tua vita, devi potenziare il tuo cervello.

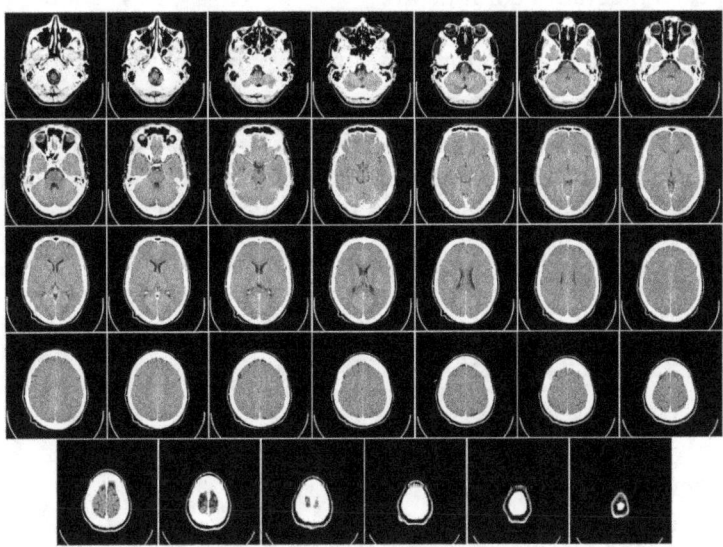

È comprensibile se non hai voglia di allenarti mentalmente. Abbiamo avuto tutti quei momenti in cui abbiamo tentato una mossa ninja per prendere il telecomando lontano, invece di alzarci e camminare per prenderlo. Non permettere più che questo accada! Non essere pigro! Il tuo cervello cercherà di dirti di prendere la via d'uscita più facile, perché siamo naturalmente programmati per conservare energia. Nell'epoca in cui dovevamo vivere della terra, era importante conservare anche la forza mentale nel caso in cui dovevamo combattere un nemico o se non riuscivamo a trovare cibo per giorni. Combatti questo bisogno di conservare troppo perché ai giorni nostri possiamo rifornirci facilmente di qualsiasi cosa.

Trova sempre il modo di sfidare il tuo cervello. Prendi ogni rompicapo come un'opportunità per imparare sempre di più. Quando qualcosa ti disorienta, fai del tuo meglio per scoprirne di più. Non voltarti dall'altra parte solo perché qualcosa ti sembra complicato.

Ricorda che la tua memoria è solo una parte del tuo cervello. Se volete avere davvero una memoria sana, allora anche il rafforzamento di tutte le altre parti ti sarà utile. Questi sono tutti esercizi che ti aiuteranno anche in modo pratico. Ricorda che queste sono attività per migliorare il tuo cervello e quindi la tua vita.

Ecco un po' di esercizi per i quali non avrai bisogno di un abbonamento in palestra!

Osservare le cose al contrario

Prova a fare questo esercizio. Prendi delle foto, dei quadri, dei disegni, dei poster e comincia ad osservarli al contrario. Mettili sotto sopra. Capovolgili. Mettili di lato. Osserva queste cose in nuove modalità. Questa tecnica ti permette di creare nuovi punti di vista e creare nuove percezioni, dovute dal fatto che saranno delle situazioni nuove ed inusuali per il tuo cervello. Creerai nuove connessioni e migliorerai l'integrazione tra i due emisferi cerebrali. Ma non fermarti a questo. Voglio spronarti a fare qualcosa ancora di più inusuale. Puoi prendere dei video che hai sul tuo computer e poi puoi riprodurli al contrario con dei software di video editing (ce ne sono molti anche gratuiti). Riproduci anche l'audio del video al contrario. Oppure ascolta la tua canzone preferita al contrario. Oppure ancora guarda un video con l'audio di un altro video. Queste nuove stimolazioni inusuali, attiveranno nuove aree del tuo cervello. Imparare a pensare fuori dagli schemi è una ottima cosa. Diventerai più creativo. Osa!

Fare calcoli a mente

Eseguire alcune operazioni mentali ti aiuterà ad aumentare il tuo potere di concentrazione e attenzione. Aumenta gradualmente il tempo che dedichi a questi esercizi. Il tuo cervello diventerà sempre più forte. Cominciamo.

Un esercizio di matematica divertente è prendere un numero - qualsiasi numero compreso tra uno e dieci - e moltiplicarlo per tre. Quindi, moltiplicalo di nuovo per tre. Dividi il prodotto a metà e scegli un numero per dividerlo per avvicinarti il più possibile al numero originale. Questo è solo un modo rapido per far pensare il tuo cervello. Quindi, ricorda che il tuo numero è X, e quello che vuoi capire è Y. Ecco l'equazione: $3(3X) \div 2$. Quindi, con quel risultato, vorrai determinare con cosa puoi dividerlo per tornare al numero originale.

Ecco un esempio di come andrebbe se il tuo numero fosse il 4.

$3 \times 4 = 12$

$12 \times 3 = 36$

36 ÷ 2 = 18

Ora con cosa puoi dividere 18 per tornare al numero originale di 4?

18 ÷ 4 = 4,5

18 ÷ 5 = 3,6

È più vicino 3,6 o 4,4 a 4? La differenza tra 4 e 3,6 è 0,4, mentre la sottrazione da 4,5 a 4 è 0,5. Quindi, dividere 18 per 5 è l'opzione migliore.

Non ha davvero molto senso questo. Come puoi vedere, tuttavia, ti guida attraverso più parti di un problema di matematica. Innanzitutto, devi inserire i numeri per poter trovare la tua soluzione. Ma poi, devi cercare anche altre soluzioni e quindi scegliere quale cifra funziona meglio. Non tutti pensano che la matematica sia divertente, ma è comunque un modo semplice per farti pensare e allenare il cervello.

È essenziale tenere il passo con le nostre abilità matematiche. Va oltre il significato di due più due. Siamo diventati un po' pigri con il modo in cui facciamo le operazioni. Perché preoccuparsi quando abbiamo una calcolatrice nei nostri telefoni o computer, giusto? Praticamente hai sempre a disposizione una calcolatrice a portata di mano, la società moderna ti sta facendo perdere le tue capacità di calcolo. Tuttavia, addizione, sottrazione, moltiplicazione, divisione sono ancora cose molto rilevanti per la nostra vita.

Nella vita di tutti i giorni, cerca di fare sempre prima i calcoli a mente. Dopo potrai controllare la tua risposta usando una calcolatrice. Questo è un piccolo semplice esercizio che ti aiuterà a mantenere il tuo cervello più energico. È come scegliere di fare le scale anziché le scale mobili. Alla fine arriverai sempre nello stesso posto, ma almeno ti sei allenato.

Per capire veramente la matematica, guarda ai numeri come un concetto piuttosto che una cifra o una parola numerica. Due non significa solo "2." Due significa avere il doppio di qualcosa. Pensa di dividere per quattro capendo quali sono le quattro parti. I numeri sono concettuali, non solo cifre stagnanti. Crea delle immagini mentali per migliorare la tua comprensione delle cose. Migliorerai la comprensione del mondo che ti circonda.

Quando lasci la mancia in un ristorante, ad esempio, dovresti davvero mostrare le tue abilità matematiche. In qualche parte del mondo, proprio adesso un bambino di dieci anni sta facendo dei calcoli a mente, quindi sicuramente anche tu puoi allenare il tuo cervello e capire come dare una mancia senza una calcolatrice.

Per determinare quanto dovresti dare di mancia, inizia spostando il punto decimale a sinistra di uno spazio. Quindi, se il conto è di 200,00€, sposta il decimale per ottenere 20,00€. Questo è il 10% del conto totale, che sarà sempre la regola. Quindi, moltiplicalo per ciò che vuoi dare di mancia. In molti paesi lo standard è dal 10% al 20% o 25% se sei molto generoso! Ad esempio, per una mancia del 15%, prendi metà del 10% e lo aggiungi al 10% per ottenere 30€. La metà di 20€ è 10€, che equivale al 5% dell'importo totale. 10% + 5% = 15%, quindi 20€ + 10€ = 30€, che equivale al 15% di 200,00€. Per il 20%, devi semplicemente raddoppiare il 10%.

Pensa a questo anche nella vendita al dettaglio. Un vestito è prezzato a 56€ e lo sconto è del 40%. Qual è il 10% del vestito? 5,60€. Vuoi sapere qual è il 40%, quindi prendi

5,60€ e moltiplicalo per 4. Questo all'inizio potrebbe sembrare difficile da fare a mente, quindi inizia moltiplicando 5€ per 4, che sarebbe 20€. Quindi, hai 0,60€ da moltiplicare per 4. Moltiplicare i decimali può essere spaventoso, ma fai finta che non ci sia un decimale lì. Avrai quindi 60 x 4 = 240. Ciò equivale a 240 centesimi, che è 2,40€. Aggiungi questo a 20€ per ottenere uno sconto totale di 22,40€. Sottrai il numero da 56€ e puoi avere l'abito per 33,60€.

Tutto questo sembra complicato, ma è un esempio di come sia possibile scomporre rapidamente le cose in parti più piccole per arrivare alla soluzione giusta che si sta cercando.

Cerca trucchi per ricordare anche le formule di moltiplicazione più impegnative. Ad esempio, se prendi il 6 e lo moltiplichi per qualsiasi numero pari, allora l'ultima cifra sarà la stessa del numero con cui lo hai moltiplicato. Guarda tu stesso:

6 x 2 = 12

6 x 4 = 24

6 x 6 = 36

6 x 8 = 48

6 x 10 = 60

6 x 12 = 72

6 x 14 = 84

6 x 16 = 96

Hai afferrato il concetto. Esistono altri trucchi come questo per aiutarti a ricordare le tabelline.

Puoi usare le tue mani per aiutarti nelle moltiplicazioni con il 9. Quello che vorrai fare è prendere le mani sinistra e destra e tenerle davanti a te, i palmi verso di te. Ora, dal pollice sinistro al mignolo destro, rappresentano i numeri da 1 a 10. Quindi, sulla mano sinistra, hai il pollice (1), l'indice (2), il medio (3), l'anulare (4) e mignolo (5). Quindi, con la mano destra, hai il mignolo (6), l'anulare (7), il medio (8), l'indice (9) e il pollice (10).

Quando vuoi moltiplicare per 9, guarda quale numero moltiplicherai. Questo numero rappresenta quale dito piegherai verso il basso. Quindi, il numero sul lato sinistro del dito piegato verso il basso è la prima cifra della soluzione, mentre il numero di dita sull'altro lato è il lato destro della cifra. Ad esempio, facciamo 9 x 3. Piegheresti il dito medio verso il basso della mano sinistra. Questo ti lascia con due dita sul lato destro (pollice sinistro / dito indice sinistro) e poi sette dita sull'altro lato (indice sinistro / mignolo sinistro / tutte e cinque le dita destre). Quindi, il primo numero sarebbe 2 e il secondo numero 7. Visualizzerai quindi 27.

Queste sono solo alcune delle attività matematiche che puoi fare quando ne hai la possibilità. Cerca sempre un modo per sfidare te stesso. Può essere più facile chiedere aiuto alla calcolatrice, ma fallo dopo aver fatto prima i calcoli a mente.

Esercizio di lettura rapida

Non voglio parlarti di tecniche di lettura veloce, bensì di un esercizio. Apri un libro a caso dalla tua libreria, aprilo nel mezzo e comincia a leggere molto velocemente una pagina. Leggi più veloce che puoi cercando di cogliere il senso del discorso. Prova a ricordare tutto quello che hai letto. Quante parti hai dimenticato? Perché hai ricordato quelle frasi e non altre? Esercitati. È una ottima stimolazione mentale.

Imparare a cucinare

Saper cucinare è un'abilità preziosa che tutti dovremmo sviluppare, ma non dovrebbe essere solo per il piacere del nostro stomaco. Gli alimenti che scegli di mangiare influiranno direttamente sul funzionamento del tuo cervello.

Semplicemente sei quello che mangi perché quello che mangi diventerà una parte di te!

Cucinare a casa è la cosa migliore per la tua salute, soprattutto perché saprai cosa c'è in ogni tuo piatto. Cibi veloci e pasti preconfezionati possono essere allettanti da prendere perché sono facili da consumare. Tuttavia, ricorda che devi comunque alimentarti con cibi potenzianti per il cervello!

In questo esercizio non dovrai concentrarti ad imparare delle ricette a memoria. Ma dovrai stimolare il tuo pensiero per capire come viene fatto qualcosa e perché funzionano determinati ingredienti. Questo ti permetterà di scoprire il tuo amore per la cucina.

Impara i diversi modi di cucinare il pollo. Puoi leggere una ricetta che richiede 2 cucchiai di olio d'oliva, 2 cucchiai di limone, 1 spicchio d'aglio, sale e pepe a piacere. Sai perché sono stati scelti questi ingredienti? Cosa puoi aggiungere per renderlo ancora migliore? Il rosmarino funzionerà qui? Che ne dici di aggiungere della salvia? Quando riesci a capire come funziona effettivamente qualcosa dal suo cuore, diventa più facile fare le cose.

Come viene preparato meglio il pesce? Sapevi che puoi cucinarlo in forno, sulla piastra o sulla griglia e persino in frigorifero tenendolo imbevuto con del succo di limone? Rifletti sulle ricette che leggi, cerca di capire i processi, pensa a cosa puoi cambiare e perché, pensa anche in base agli ingredienti che potresti già avere a disposizione. Inoltre, puoi omettere alcuni ingredienti in modo che il piatto possa soddisfare i tuoi gusti personali.

Se sei già qualcuno che sa come cucinare, sarà molto più facile. È una grande abilità da avere, dopo tutto. Perché non provi a insegnarla anche ad altri? Crea un libro di cucina con le tue migliori ricette che puoi far conoscere ai tuoi amici e familiari.

Inoltre, dovresti imparare come fare l'orto e conservare le verdure fresche se il tuo ambiente lo consente. L'orticoltura è un ottimo modo per attingere a tutti e cinque i sensi. A parte questo, è una fonte di soddisfazione che ti farà sentire bene con te stesso.

Il motivo per cui è benefico cucinare è che ci aiuta a utilizzare le funzioni esecutive all'interno del nostro cervello. Alcune cose ci aiutano a mantenere la nostra attenzione, a elaborare il nostro prossimo piano d'azione, ad attenerci agli obiettivi e usare i ricordi per applicare la logica (Cleveland Clinic, 2017).

Quando cucini un pasto, stai pianificando, preparando, organizzando, riflettendo e fai più cose in una, in poche parole, è una attività multitasking. Porti il tuo cervello attraverso molteplici strati di pensiero, aiutandolo ad allenarsi e facendo allo stesso tempo qualcosa di pratico e benefico per la tua vita.

Non molte attività possono fare tutto questo contemporaneamente. Cucinare richiede tutta la tua concentrazione mentre lavori con differenti parti del tuo cervello. La parte migliore di tutto è che alla fine ci sarà una grande ricompensa: il delizioso pasto che andrai a gustare!

Immagina gusti e colori ad occhi chiusi

La vista è il senso dominante e quello più importante, ma anche il gusto e l'olfatto sono molto potenti. Questi due sensi sono molto efficaci per stimolare la memoria. Quante volte ti è capitato di sentire un sapore o un profumo che non sentivi da tempo, e in quell'attimo la tua mente comincia a rivivere emozioni del passato. Questo perché gusti e odori sono capaci di attivare in noi una reazione emotiva istantanea. Questi due sensi hanno un collegamento speciale e diretto con l'ippocampo, che è la sede della memoria che permette di memorizzare informazioni ed emozioni.

Detto questo, in relazione all'esercizio precedente, puoi metterti seduto comodo sul divano o su una poltrona e immagina di preparare una ricetta. Cerca di immaginare tutti gli odori degli ingredienti freschi, poi della fase della preparazione e infine il profumo del piatto finito.

Non fermarti alle ricette, prova anche a ricordare i momenti più belli della tua vita. Rivivi quelle emozioni rievocando sapori e profumi dal grande archivio della tua memoria.

Ricordi del passato

Anche questo esercizio può essere collegato al precedente. Puoi rivivere dei ricordi del passato particolarmente emozionanti per te. Pensa a persone, eventi, accaduti che ti hanno veramente emozionato. Il primo amore, il primo bacio, una bella serata con gli amici, un successo lavorativo, la laurea, la nascita di un figlio, il matrimonio del tuo migliore amico o il primo giorno di scuola di tuo figlio.

Quello che ti sto per proporre è di andare nella soffitta della casa dei tuoi nonni e metterti a tirare fuori tutto quello che c'è negli scatoloni dei ricordi. Giochi, cartoline di auguri, foto in bianco e nero e a colori, regali ricevuti e oggetti della tua vecchia camera. Naturalmente non necessariamente devi avere una reale soffitta, ma spero di aver reso bene l'idea.

Ricorda queste tue esperienze passate. Rivivi quelle emozioni. Così facendo stimolerai la tua concentrazione, la creatività e molte altre aree della tua memoria, in poche parole, attiverai la mente in modo completo.

Seppur bello, ricordati di non rimanere ancorato nel passato. Il presente è l'unica cosa che abbiamo. Devi viverlo fino in fondo. Carpe diem.

Immagina una scena futura

Sempre sulla scia degli esercizi precedenti, comincia ad immaginare una scena della giornata di domani. Come ad esempio il tuo pranzo. Comincia a visualizzare i dettagli della tavola e delle sedie. Come è apparecchiata la tavola? Quanti oggetti ci sono? Pensa adesso al cibo. Comincia ad immedesimarti fino a sentire davvero il gusto e il profumo del tuo pranzo. Stimola le tue percezioni sensoriali, cerca di sfruttare tutti e cinque i sensi. Concentrati adesso sull'udito. Cosa senti? Ascolta i rumori delle tue posate e dei piatti. Quali altri suoni riesci a sentire?

L'insolito oggetto

Con questo esercizio voglio ancora farti usare la tua immaginazione e stimolare il tuo pensiero creativo. Pensa a degli oggetti comuni. Immagina di prenderli e di utilizzarli per qualcosa. Come ad esempio un martello, una pala o un mestolo di legno.

Però non immaginarti mentre li utilizzi in maniera tradizionale. Prova ad immaginare un uso creativo completamente diverso dal solito. Come ad esempio mescolare un risotto con il martello. Dai libero sfogo alla tua fantasia.

Adesso voglio proporti un'altra variante di questo esercizio. Individua un oggetto e pensa a quale altro uso potresti farci. Ad esempio, immagina un pallone, oppure prendine in mano uno. Guardalo attentamente. Quale altro uso puoi farci? Non hai mai pensato che potresti dividerlo in due? Potresti prendere una metà e fare 4 buchi equidistanti sul bordo. Poi far passare una corda nei buchi e appenderlo sotto un portico per farci un vaso di piante sospeso in aria.

Oppure pensa ai tuoi materiali di scarto. Come ad esempio una lattina o una bottiglia di vetro. In quale contesto diverso potresti riutilizzare questi oggetti?

Suonare uno strumento

Molte persone possono suonare uno strumento senza pensarci, ma altri non capiscono affatto la musica. Che tu sia un bambino prodigio della musica o che tu non abbia mai strimpellato una chitarra, è comunque importante includere il suonare uno strumento nella tua vita per rafforzare la tua memoria e le altre funzioni cognitive. Se conosci già uno strumento, allora è molto meglio. Puoi scegliere di esercitarti ulteriormente o prenderne un altro. Se hai altri amici musicisti, considera di fare uno scambio di strumenti per un mese, darvi una lezione a vicenda o fare qualcos'altro per condividere questa esperienza.

Scegli uno strumento musicale che vuoi davvero imparare a suonare.

Se il denaro è un problema, puoi anche prendere in considerazione di suonare un sintetizzatore virtuale sul tuo tablet. Gioca con le applicazioni musicali gratuite. Non è sempre un requisito saper leggere la musica. Puoi semplicemente iniziare a suonare pizzicando alcune stringhe e premendo alcuni pulsanti. Lasciati trasportare, non pensare a niente e dai libero sfogo alla tua fantasia.

Ci sono molte ragioni per cui suonare uno strumento può essere benefico per la tua salute mentale. Ce ne sono davvero tante. Avrai dei benefici psicologici, cognitivi e sociali.

Innanzitutto ti insegna la responsabilità. Ti dà una preziosa abilità e ti aiuta a saperne di più su te stesso. È uno strumento di comunicazione che ti aiuta a esprimerti attraverso la musica.

Suonare migliora le tue capacità cognitive, rende più reattivo il cervello agli stimoli sensoriali e previene l'invecchiamento cerebrale. Ti aiuta a rimanere vigile, attivo e lucido. Ma migliorerai anche le tue capacità organizzative perché suonare uno strumento significa anche imparare a gestire il proprio tempo. Anche le tue abilità matematiche e le tue capacità di calcolo miglioreranno. Perché suonare stimola anche le tue capacità di ragionamento logico matematico. Chi sa leggere uno spartito inoltre ha maggiori abilità nella lettura veloce e nella comprensione dei testi. E non ci crederai ma è ormai dimostrato che suonare uno strumento ci rende più intelligenti perché suonare aumenta il proprio quoziente intellettivo.

Ma adesso parliamo degli aspetti sociali. La musica favorisce la socializzazione. Ti permette di socializzare perché conoscerai altre persone con la tua stessa passione. Vogliamo parlare dei vantaggi di avere una band? Io ne ho avute molte in passato. In qualche modo ti obbliga ad esibirti in pubblico ed è un ottimo modo per battere la timidezza. Esibizione dopo esibizione diventerai più sicuro di te. Per non parlare del fatto che suonare insieme ad una band, ti insegna a lavorare insieme per raggiungere un obiettivo comune. La musica promuove la socializzazione e l'armonia con gli altri.

Naturalmente, suonare uno strumento musicale è un ottimo modo per usare la tua memoria. Userai la tua memoria e le tue capacità di ragionamento allo stesso tempo. Dovrai estrarre informazioni da ciò che già sai e pensare cosa puoi fare per migliorare le tue abilità o come dovresti adattarti in modo da poter produrre il miglior suono possibile.

Quindi comincia a suonare uno strumento, ti aiuterà anche a ridurre lo stress. Potrai dedicare ogni giorno un po' di tempo al lavoro sul tuo strumento, assicurandoti di essere concentrato sul miglioramento di te stesso e sul relax. È un modo per sentirsi come se si fosse realizzato qualcosa e poi sentirsi meglio con se stessi. Proprio come con la cucina, stai anche sviluppando la tua pazienza. Accetti di non diventare Mozart da un giorno all'altro. Richiederà una certa pazienza e riflessione per diventare il miglior musicista possibile in quel momento.

Suonare qualsiasi strumento farà funzionare anche entrambi i lati del cervello. Prende le parti creative, analitiche, logiche e di ragionamento e poi le combina tutte insieme.

Caro lettore, adesso mi devi perdonare se non terminerò questo paragrafo senza prima essermi fatto un po' di pubblicità. La musica è sempre stata una mia grande passione e scrivo melodie e canzoni dal 1997. Alcune nascono dalla mia chitarra, altre dal piano, altre ancora al computer grazie agli strumenti virtuali. Il mio nome d'arte è sempre stato Eddie Lover. Se ti va visita il mio sito (eddielover.com) e iscriviti ai miei canali social, soprattutto su Youtube. Mi farebbe piacere condividere con te le mie creazioni passate, presenti e future.

Disegnare dalla memoria

Per questo esercizio della memoria, dovrai scegliere dei mezzi con cui lavorare. Che si tratti di una tela da dipingere con pennelli, colori a olio, acquarelli, carboncini da disegno o delle matite e un quaderno di schizzi, scegli qualcosa in cui ti senti più a tuo agio nell'utilizzo.

Poi, scegli un luogo che cercherai di ricreare. Questo può essere un angolo della tua casa o una bellissima collina in Toscana. Qualunque cosa tu scelga, lavora con quello che vedi. Il passo successivo è ricrearlo dalla tua memoria. Prenditi il tuo tempo per studiare l'area senza fare uno schizzo. Chiudi gli occhi, imprimi l'immagine nella tua mente e inizia a pensare a come riuscirai a disegnarla. Immagina i processi, apri gli occhi e comincia a disegnare.

Se vuoi davvero sfidare te stesso, scegli un posto che non vedi da un po' di tempo. Forse sei andato a New York City da bambino e i grattacieli ti hanno ispirato. Riesci a disegnarli rievocandoli dalla tua memoria?

Cerca di ricreare nella tua mente l'immagine esatta con ogni dettaglio al suo posto. Anche se è sbagliato, scopri come puoi riempire lo spazio che non ricordi con qualcos'altro. Non devi nemmeno disegnarlo allo stesso modo: rimani fedele a quello che ricordi! Puoi disegnarlo in stile cartone animato o magari colorarlo con solo tre diverse tonalità a tua scelta.

Se lo desideri, scegli anche scene e immagini online. Guarda l'immagine per un po' di tempo come faresti con una scena normale e poi non guardarla più. Il punto è insegnare a se stessi a notare ciò che si può ricordare di più. Per te è più facile ricordare il grande dettaglio? Oppure presti maggiore attenzione ai dettagli più piccoli?

Ripeti questa attività regolarmente. È simile al disegno di una mappa; tuttavia, invece del quadro generale, ci si concentra sui piccoli dettagli. Per riempire gli spazi e ricreare effettivamente le immagini che hai visto, dovresti confrontarle con gli originali e riflettere su ciò che hai fatto correttamente e in modo errato. Questa attività ti insegnerà molto sulla tua mente. Potresti scoprire che hai completamente dimenticato qualcosa o che potresti avere una memoria fotografica migliore di quella che pensi di avere.

In ogni modo, per migliorare la tua memoria fotografica, ricordati che ti sarà di aiuto il primo libro di questa serie: "*Memoria Fotografica*".

Immagina di trovarti in un determinato posto, come lo disegnerai? Su quali punti ti concentreresti di più? Questa è un'attività che stimola il cervello, oltre a migliorare la tua memoria, migliorerà anche le tue capacità creative. E cosa non da meno, grazie a questa tecnica, sarai in grado di cogliere di più i piccoli dettagli che ti circondano e diventerai un ottimo osservatore.

Che cos'è?

Questo è un semplice esercizio e anche divertente che puoi fare con i tuoi amici. Selezionate un paio di oggetti a testa senza farli vedere agli altri e poi a turno, bendati, dovreste riconoscere gli oggetti, unicamente affidandovi al vostro tatto. Quindi toccandolo con mano.

Comincerai a scavare nella tua memoria le tue precedenti esperienze, creando confronti ed analogie. Sarai in grado di riconoscere gli oggetti ad occhi chiusi? Le risate in compagnia sono garantite! Tornate a giocare con i vostri amici, fa bene alla vita!

Giocare ai giochi per il cervello

Non so se sei una persona a cui piace fare giochi al computer o sullo smartphone. Personalmente, non amo molto lo smartphone. Il mio telefono principale è un comunissimo cellulare senza touchscreen. Ma se sei uno che lo usa molto, allora perché non unisci l'utile al dilettevole e fai dei mini-giochi che sono divertenti e allo stesso tempo migliorano le tue abilità mentali?

In ogni modo ti consiglio di utilizzare il computer per fare questi allenamenti mentali. Ti darò una ampia scelta con tipologie diverse, così sono sicuro che troverai qualcosa di tuo gradimento. Ricordati che potrai trovare altri giochi su **upgradeyourmemory.com**.

Quando scegli un gioco da giocare, devi sceglierne uno che sia più comodo per il tuo cervello. Cosa ti piace fare di più? Ti piacciono i giochi di parole? È con i rompicapo che ti senti più a tuo agio? Ti piacciono di più i calcoli mentali?

Naturalmente, questo è solo un libro e non un'applicazione interattiva, quindi ti suggerirò alcuni fantastici software e siti web che espanderanno la tua mente. Esplora tutte le opzioni e cerca sempre modi per provare giochi nuovi e divertenti.

Mindgames

Mindgames.com è un buon portale pieno di giochi. Ne hanno così tanti, che non ti stancherai mai di giocare alla stessa cosa due volte. Forse sei uno che ogni giorno spende ore per stare sui social media, negozi online e altre cose sul tuo computer. Aggiungi questo sito tra i preferiti del tuo browser e gioca solo per 10 minuti al giorno.

Lumosity

Lumosity è un programma online, supportato da alcuni esperti e può aiutarti a concentrarti sul miglioramento di parti specifiche del tuo cervello. Puoi usare l'applicazione e disporre di giochi specifici per le parti del tuo cervello che è necessario allenare di più. Il programma promette di aiutarti a migliorare la memoria, l'attenzione, la flessibilità, la velocità di elaborazione e la risoluzione dei problemi.

Braingle

Braingle.com è una fonte divertente di rompicapi. Questo è un esempio di gioco mentale del loro sito: *"Prendi le parole date e spostando una singola lettera da una parola all'altra, fai una coppia di sinonimi o quasi sinonimi. Ad esempio, con i termini Boast - Hip, sposta la 's' da 'Boast' a 'Hip' per creare due sinonimi, Boat – Ship."*

Rode - Can

Font - Farce

Tory - Stale

Dire - Cash

Self – Shill"

Le risposte?

"1. Rod - Cane

2. Front - Face

3. Story - Tale

4. Die - Crash

5. Shelf – Sill"

Questi sono esercizi in lingua inglese, così puoi ottimizzare il tuo tempo, migliori il tuo inglese mentre alleni il tuo cervello. Niente male! L'allenamento mentale dovrebbe diventare una parte regolare della tua vita. Allenati il più possibile.

Brain Challenge 2.0

Questo è un gioco molto popolare prodotto da Gameloft ed è disponibile su consolle, computer e mobile. Ci sono 20 esercizi suddivisi in 5 categorie: Memoria, Logica, Matematica, Vista e Focus. Potrai metterti alla prova impostando diversi livelli di difficoltà.

Troverai esercizi per la stimolazione delle capacità mnemoniche, per migliorare la riflessione e la deduzione, per la tua capacità di calcolo aritmetico, per la capacità di intuizione rapida davanti a delle immagini e per le tue capacità di attenzione e concentrazione.

Memocamp

Memocamp.com può essere considerato come una vera e propria palestra per la tua mente. È un portale che mette a disposizione diversi metodi con i quali puoi testare la tua memoria, allenarla e anche monitorare i tuoi progressi. Ti farà piacere sapere che la maggior parte delle persone che partecipano alle competizioni mondiali di memoria si allenano su questo portale. Potrai allenarti gratuitamente con i primi livelli, dopodiché avrai bisogno della versione a pagamento.

Memoriad

Memoriad è una grande competizione di sport mentali che si tiene ogni 4 anni, dal 2008, in una città internazionale diversa. Può essere definita come L'Olimpiade dei Giochi della Mente. Su memoriad.com potrai scaricare dei software gratuiti dove potrai allenare la tua mente attraverso vari esercizi. Le categorie principali sono: Memoria, Calcolo Mentale e Lettura Fotografica.

Speed Memory

Speed Memory - creato dal pluricampione del mondo di memoria rapida Ramón Campayo - è sia un sistema di allenamento e sia una competizione. Questo software ti aiuta a sviluppare forza e velocità mentale ed è il programma ufficiale delle competizioni Speed Memory. La spettacolare velocità con cui vengono effettuate le prove riduce al minimo la differenza tra i partecipanti e riempie la competizione di emozioni. Puoi scaricare il software gratuitamente su speedmemory.com, ti aiuterà a migliorare la tua concentrazione e attenzione, imparerai a memorizzare le cose in pochissimo tempo e svilupperai la tua memoria fotografica. Puoi allenarti anche pochi minuti al giorno, ma i risultati sono garantiti.

Ricordati che sul sito **upgradeyourmemory.com** oltre a trovare altri giochi virtuali troverai anche dei giochi fisici per allenare la tua mente.

Salvalo tra i tuoi preferiti perché il sito verrà continuamente aggiornato con le migliori novità.

Neurobica ed esercizi neurobici

Neurobica è la fusione delle parole "neuroni" e "aerobica", un termine coniato da Lawrence C. Katz e Manning Rubin. La Neurobica è una disciplina che ti aiuta tenere in forma il cervello. Ti aiuta a creare nuovi collegamenti tra i neuroni e questo è importante per migliorare le funzioni del proprio cervello.

Per mantenere giovane il tuo cervello oltre a mantenere attive le sinapsi che hai, che è una giunzione tra due neuroni, devi crearne altre. Quindi devi creare nuove connessioni neurali, devi formare nuovi collegamenti tra i neuroni. Anche se non sempre è importante il numero, ma l'efficienza. Il declino cognitivo avviene per via della riduzione della complessità, del numero e dell'efficienza dei dendriti. I dendriti sono le fibre minori che si ramificano a partire dal neurone. Il fare sempre le stesse cose per anni e anni, atrofizza i dendriti.

I collegamenti tra i dendriti vengono chiamati sinapsi. Se non ci sono abbastanza collegamenti oppure questi collegamenti non avvengono in maniera regolare i dendriti possono atrofizzarsi. La mancanza di novità, indebolisce il cervello. Spenge la tua creatività, e la tua capacità di adattamento. E il cervello si atrofizza.

Purtroppo le finte comodità della società moderna ti aiutano ad usare sempre meno il tuo cervello. Le comodità impigriscono la tua mente. E non devi cadere nelle solite abitudini, sebbene ci sono delle buoni abitudini che devi mantenere, ce ne sono molte altre che spengono lentamente il tuo cervello.

Quindi, cosa fare per rivitalizzare la tua mente e non cadere nelle solite abitudini? Devi usare i tuoi sensi in modo nuovo. Devi essere più curioso, imparare nuove cose, essere aperto ai cambiamenti e avere una vita sociale attiva. In poche parole, più emozioni e situazioni stimolanti. Devi stimolare il cervello attraverso nuove esperienze che coinvolgono i tuoi sensi e le emozioni.

Tutto questo ti aiuterà a potenziare le sinapsi tra i neuroni, a far ricrescere i dendriti e a stimolare la produzione di neurotrofine, una famiglia di proteine che determinano la sopravvivenza, lo sviluppo e la funzione dei neuroni.

Devi sapere che i neuroni non si sviluppano solo nel cervello dei bambini, ma anche nel cervello degli adulti. Anche i neuroni più vecchi possono svilupparsi. Quindi ecco che ci viene in aiuto la neurobica, che ci aiuta a rendere più forti e resistenti all'invecchiamento le cellule neurali. Gli esercizi neurobici ti stimoleranno ad affrontare delle nuove esperienze, miglioreranno la perdita di memoria e impediranno al tuo cervello di deteriorarsi ancora di più.

Questi esercizi si basano sul fatto di rompere la routine, cambiare gli schemi che si sono fissati nella tua mente, allenando il cervello a confrontarsi con nuove situazioni e quindi renderlo più elastico nell'adattarsi ai cambiamenti. Adesso sei pronto a migliorare la tua elasticità mentale?

Esegui esercizi neurobici tutte le volte che puoi. Cambiali spesso e apporta sempre nuove varianti, perché il fare le stesse cose ogni giorno alla fine li renderà inefficaci. Quindi, a volte potrai tornare anche nel modo in cui facevi le cose prima.

Vestirsi al buio

Questa attività può aiutarti a usare il cervello per capire come indossare i vestiti senza usare gli occhi. Naturalmente, assicurati di non farti del male mentre lo fai.

Fai la doccia con gli occhi chiusi

Lava il corpo con gli occhi chiusi e senti le parti del corpo che hanno bisogno di essere lavate piuttosto che guardarle. Come accennato in precedenza, prova a farlo senza farti del male.

Questi due esercizi ti permettono di cercare una strategia alternativa per l'ottenimento del risultato senza usare il senso della vista. Questo ti aiuterà a stimolare il tatto, che tra i 5 sensi, è quello spesso più addormentato.

Scambia ciò che fai al mattino con la sera

Forse ti svegli ogni giorno alle 7 del mattino per allenarti e poi leggere per un'ora prima del lavoro. Poi, di notte, forse fai una passeggiata e il bucato prima di andare a letto. Bene, per cambiare, prova a scambiare tali attività! Fai il contrario e modifica la tua routine anche se il cambiamento è minimo.

Cambiare la mano che si usa per un giorno intero

Se sei destrorso, cambia la mano con cui ti lavi i denti. Metti l'orologio sul polso opposto a quello solito. Cambia la mano che usi per versare l'acqua nel bicchiere. Alterna la mano che tiene i piatti e la spugna. Prova anche a scrivere con l'altra mano se puoi! Naturalmente, non farlo in un ambiente professionale, ma questo è davvero un ottimo esercizio che ti aiuta ad allenare il cervello.

Cambia il tuo modo di mangiare

Se consumi sempre il tuo pasto al bancone della cucina, consumalo invece sul tavolo da pranzo. Quando mangiate in famiglia, cambiate l'ordine dei posti a tavola.

Prova anche diversi ristoranti. Non andare sempre nello stesso posto e non ordinare sempre le stesse cose dal menù.

Prendi qualcosa di strano e prova cibi che altrimenti non avresti mai consumato. Questa idea può rendere alcune persone nervose. Hanno paura di prendere qualcosa che non gli piace per poi lasciarlo tutto nel piatto. La prossima volta che esci a mangiare con altri amici, prendete dei piatti da condividere. In questo modo, avrete tutti cose che potete provare, ma non correrete il rischio di non mangiare niente.

Perché non inviti a pranzo una persona che non conosci? Si impara sempre qualcosa di nuovo.

Metti alla prova la tua memoria, ricrea il pranzo di quando andavi a mangiare a casa dei nonni oppure le ricette del pranzo del tuo matrimonio. Sarà divertente ed emozionante.

Apporta dei cambiamenti nel tuo ufficio

Ogni tanto, apporta delle modifiche nel tuo ambiente di lavoro. Potresti cambiare la posizione dei soprammobili, spostare il tuo computer e il tuo portapenne. Apporta sempre dei cambiamenti.

Guarda una cosa che non ti piace in TV

Io non guardo quasi mai la TV. Ma solitamente guardiamo solo cose che vogliamo vedere. Tanto per cambiare, sintonizzati su un programma televisivo che non vorresti mai guardare o scegli un film che stai evitando da un po' di tempo. Anche se potresti non divertirti a guardarlo, puoi imparare qualcosa di nuovo e stimolare nuovi punti di vista.

Ascolta una canzone che non ti piace

Scegli un genere di musica che non ti piace, e poi ascolta una canzone. Potrebbe essere una fonte di crescita. Può farti conoscere qualcosa che ignoravi, puoi conoscere delle realtà a te sconosciute. Pensa ad una canzone popolare di una nazione diversa che può trasmettere cultura e tradizioni. O ad esempio un brano trap che potrebbe darci qualche spunto di riflessione per capire meglio le realtà dei giovani che seguono quello stile di musica.

La musica è da sempre un importante strumento di cultura e informazione. Poche persone prestano attenzione ai messaggi celati che si nascondono nelle canzoni. Troverai molte informazioni importanti in canzoni che non ti piacciono.

Siediti all'estremità opposta del tuo divano

Abbiamo tutti il nostro posto preferito in casa. Però oggi, invece di andare dritto nello stesso posto, scegli qualcosa di diverso.

Cambia il profumo della tua casa

Lavanda e vaniglia possono essere i tuoi profumi preferiti, ma non esitare a provare una nuova fragranza. Potrai sempre tornare a quelli che ti piacciono, ma è ottimo per il tuo cervello sentire profumi diversi.

Cambia il tuo tragitto per andare a lavoro la mattina

Non importa se vai a lavoro in macchina, a piedi o con i mezzi pubblici. Domani, per una volta, fai quella strada più lunga e anche più panoramica per andare a lavoro.

Cambia il negozio di alimentari dove vai sempre

Conosci talmente bene il tuo negozio di alimentari che fai la spesa in modo automatico senza attivare più di tanto il cervello. Domani vai a fare la spesa in un posto dove non sei mai stato.

Ascolta le versioni karaoke delle canzoni quando hai intenzione di cantare

Che tu sia sotto la doccia o in macchina, scegli la versione senza parole in modo da poter capire come tenere il passo e dire meglio le parole giuste.

Prova nuovi sport

Provare nuovi sport fa molto bene, allenerai e stimolerai in modo differente le tue capacità motorie e di coordinazione. Diventerai più forte anche nel tuo sport principale.

Prova nuovi hobbies

Prova nuovi hobbies per stimolare la tua creatività. Iscriviti a qualche breve corso di disegno, pittura, ceramica, scultura o fotografia. Ti sentirai una persona molto più completa.

Comunica di più con gli altri

Anche se il silenzio e i momenti di solitudine fanno bene, inventati delle occasioni per scambiare due chiacchere con nuove persone. Entra in un piccolo negozio locale e scambia due parole con il negoziante. Magari mentre sei in aereo o in treno scambia qualche opinione con il tuo vicino di posto.

Cambia l'esperienza delle tue vacanze

Cambia sempre le destinazioni delle tue vacanze. Prova nuove esperienze. Visita nuove città e nazioni. Dedicati ad attività mai provate in precedenza. Alterna vacanze in hotel, in casa o in campeggio. E ovunque tu vada, presta attenzione alla diversità dei colori, suoni e profumi dei vari luoghi.

Altri cambiamenti

Alterna gli sfondi del tuo telefono. Riorganizza i tuoi mobili. Se porti sempre l'orologio, esci senza. Se non lo porti, indossalo per un giorno. Cerca sempre nuovi modi per fare le cose in modo diverso da quello che fai abitualmente. Vuoi ottenere il massimo? Vai a vivere in affitto e ogni anno cambia casa. Sarà una tempesta di nuovi stimoli ed emozioni, in tutti i sensi. (Ovviamente metti a rendita le case di tua proprietà, ma non parlerò di business qui come faccio con *Zeloni Corporation* → <u>zeloni.eu</u>).

4. Tecniche di Memorizzazione

Tutti abbiamo cose che hanno bisogno di essere ricordate. Se da un lato è importante per la qualità della vita conservare i bei ricordi e imparare dai cattivi, dall'altro dobbiamo anche imparare nuove informazioni e memorizzarle.

Quando eravamo bambini e andavamo a scuola, abbiamo imparato molte cose a memoria, ma lo abbiamo fatto solo per ottenere buoni voti. Questo però non è più ciò che devi fare. Devi memorizzare le informazioni in modo da poter capire meglio le cose che ti circondano.

Esistono modi per migliorare le tue abilità di memorizzazione. Sono trucchi pratici, come con i giochi di carte, nonché tecniche comuni che ti aiuteranno a migliorare il modo in cui memorizzi le nuove informazioni.

Assicurati di essere in un luogo sicuro per lo studio

Le biblioteche e le caffetterie letterarie possono funzionare alla grande perché anche gli altri intorno a te studieranno. Ci sarà un'atmosfera generale focalizzata che può funzionare meglio per te rispetto alle stanze della tua casa in cui i tuoi parenti potrebbero disturbarti. A meno che tu non abbia un luogo ad hoc che favorisce lo studio e l'apprendimento.

Rimuovi tutte le distrazioni

In questo modo, devi solo concentrarti sulle informazioni più importanti. Dimentica di guardare la TV allo stesso tempo, lascia il telefono in un'altra stanza. Concentrati solo sullo studio.

Prendere appunti

Anche se stai guardando un video didattico, scrivere le cose è importante. Da un lato, fornisce un riferimento a cui è possibile tornare in un secondo momento. Dall'altro, ti aiuta a ricordare quali informazioni stai imparando.

Se hai già letto il primo libro di questa serie *"Memoria Fotografica"* ti invito a rileggere il capitolo 6 sulle Mappe Mentali. Non limitarti a prendere dei noiosi appunti monocolore. Impara a sfruttare il potere delle mappe mentali.

Ripetere le parole ad alta voce

Quando puoi ripetere a voce le cose, ti si imprimono più facilmente nel cervello rispetto a quando le ascolti e basta.

Prova anche ad immaginare un aula piena di persone alle quali devi raccontare quello che hai studiato. Parla a loro.

Ripeti attivamente a te stesso

Imparare qualcosa una volta non significa che sai già tutto. Torna sui concetti più volte e metti alla prova ciò che sai.

La "Lettura Riflessiva"

Io spesso utilizzo il mio metodo di "Lettura Riflessiva". Prendo alcune frasi di un libro che esprimono un concetto, e vado a passeggiare un paio di ore e rifletto sempre su quelle stesse parole.

Cosa voleva dirci davvero l'autore? Qual è il vero significato di quelle frasi? Credetemi, la maggior parte delle persone non comprende veramente il significato di molte frasi.

Ci sono dei libri che li rileggo e li rileggo continuamente e più li rileggo e più capisco il vero messaggio che voleva tramandare l'autore.

Se studierai con questo mio metodo, comprenderai veramente i veri significati delle frasi e tatuerai indelebilmente nella tua mente i concetti che fanno veramente la differenza nella vita di una persona.

Mettiti alla prova il più spesso possibile

Pensare di sapere non significa sempre che tu sappia davvero qualcosa. Ha sempre avuto ragione Socrate. Il vero sapiente è colui che sa di non sapere.

Anche se hai già fatto un corso avanzato su quell'argomento, non smettere mai di studiarlo. Ci saranno altri video e risorse che possono ancora aiutarti ad imparare ancora di più su quella particolare materia. Studiare da più fonti ti permette di avere una visione più completa delle cose. Certo, devi essere però bravo a selezionare le fonti giuste. Può sembrare facile, ma non lo è.

Giochi di carte

Le carte possono permetterti di implementare nuove tecniche di apprendimento nella tua vita. Abbiamo tutti un mazzo di carte in giro. Perché non usarlo per allenare il tuo cervello? Ci sono molti mazzi divertenti oltre alle carte standard a quattro semi e quattro colori.

Ad esempio le flash card sono un ottimo modo per memorizzare le cose. Sono molto utilizzate per lo studio e la memorizzazione e puoi anche fartele da solo con un semplice cartoncino Bristol.

Esistono vari modi in cui puoi utilizzare le flash card. Potresti ad esempio scrivere delle domande in un lato e le risposte dall'altro. Oppure disegnare delle immagini sul fronte e delle parole sul retro. Prova anche a scrivere una parola chiave sul lato 1 e una ampia descrizione di quello che devi ricordare sul lato 2.

Adesso torniamo al nostro mazzo di carte. Prima di insegnarti come memorizzare un mazzo di carte, ci sono alcuni altri brevi giochi a cui puoi giocare. Il primo è identificare il colore, il numero e il seme di un mazzo di carte. Prendi il mazzo e gira le carte una per una. Per ogni carta che tiri fuori, dovresti dire ad alta voce il colore, il numero e il seme. Quindi, se è un cinque di cuori, devi dire "Rosso, cinque, cuori". Devi dirlo il più veloce possibile per migliorare il tuo tempo di reazione. Fai questo per ogni carta fino a che non arrivi alla fine. Questo è tutto! Questo è il gioco! Sebbene non sia così avvincente come gli altri, ti aiuta comunque ad aggiungere segnali verbali a oggetti fisici e immagini letterali. Ti aiuterà a migliorare i tuoi riflessi.

Il prossimo esercizio cambierà un pochino le cose.

- Inizia nello stesso modo con un mazzo completo di carte.
- Pronuncia solo il numero per la prima carta
- Pronuncia solo il colore per la seconda carta
- Pronuncia solo il seme per le terza carta
- Fino alla fine del mazzo alterna numero, colore e seme.

Questo è semplice come il primo; solo, ti fa pensare un po' di più. Ricorda sempre di essere il più veloce possibile.

Puoi tenere sempre con te il mazzo di carte ed estrarle ogni volta che devi esercitare un po' il cervello.

Come memorizzare un mazzo di carte

Potresti chiederti, perché dovrei voler memorizzare un mazzo di carte? Una volta che si impara a memorizzare le informazioni in quella forma, diventerà più facile memorizzare parti più grandi di informazioni. Non è il mazzo di carte che ti deve preoccupare, ma è come ti alleni a memorizzare gli altri dettagli importanti.

Memorizzare le informazioni in un certo ordine è importante perché può aiutarti a ricordare praticamente qualsiasi cosa una volta che hai imparato questa abilità.

La prima cosa che dovrai fare è dividere le carte in gruppi più piccoli. Ci sono 52 carte in un mazzo. Inizia con un quarto di quello, il che significa 13 carte. Inizia con uno ancora più piccolo se vuoi con gruppi di cinque e poi un gruppo finale di sole due carte. Decidi tu come ti torna meglio e dividile in questi mazzettini.

Dopodiché, è tempo di sfogliare un mazzo alla volta. Fai mente locale. Quali carte ci sono all'interno di ogni mucchietto? Non preoccuparti di memorizzarli in questo momento; concentrati solo su quali carte ci sono e in quale mazzetto. Ora, bisogna trovare un'associazione per ogni carta. Cosa significa per te il numero 2? Che dire di un cuore rosso? Quando puoi collegare questi semi e questi numeri ad un'immagine fisica, allora sarai in grado di ricordare meglio le carte.

Quindi, inizia a memorizzare un mazzetto alla volta. Richiamali singolarmente e poi aggiungili tutti insieme. Potresti scoprire che puoi anche memorizzare subito tutto l'intero mazzo. I nostri cervelli sono tutti diversi, ma questo metodo di raggruppamento è generalmente il migliore per i principianti.

Da lì, rendi i tuoi mazzetti sempre più grandi. Suddividili in due mazzi diversi e memorizza nuovamente le carte. Alla fine, sarai in grado di fare l'intero mazzo con facilità.

La chiave qui è di raggruppare le carte in pezzi più piccoli e poi trovare il modo di associarle alle cose che già conosci. Ad esempio, il tuo mazzo ha:

- Cinque di cuori
- Re di fiori
- Cinque di denari
- Regina di cuori
- Jack di picche

Cinque cuori sono uguali alla **famiglia** perché hai cinque membri della famiglia che hanno tutti un cuore. Il re di fiori equivale a un **giardiniere,** perché un re che è un maestro di fiori, è come un giardiniere. La carta cinque di denari può significare **essere ricchi** perché avere cinque denari significa che probabilmente hai molti soldi. La regina di cuori può essere **Alice** a causa del personaggio di Alice nel paese delle meraviglie. Il jack di picche può quindi essere **un tutto fare** perché ricorda "Jack of all trades" (è una figura retorica usata in riferimento a una persona che ha sviluppato molte abilità). Ogni carta ora ha un'associazione completamente unica a causa di ciò che ricordi di più. L'ordine diventa quindi:

- Famiglia
- Giardiniere
- Essere ricchi
- Alice
- Tutto fare

Puoi usare queste parole anche per creare una storia veloce. Forse è qualcosa del tipo: "Il mio giardiniere di famiglia è ricco perché sua figlia, Alice lavora molto". Non ha alcun senso, ma non è sempre necessario! Diventa semplicemente più facile ricordare questi piccoli codici associati alle parole. Pertanto, hai maggiori possibilità di richiamare gli ordini delle carte in seguito. Alla fine, questa abilità ti aiuterà a memorizzare numeri, nomi di gruppi di persone e altre informazioni che potrebbero giungerti in grande quantità e in poco tempo.

Il gioco delle corrispondenze

Un gioco di carte semplice che può permetterti di migliorare la tua memoria è il gioco delle corrispondenze. Puoi farlo con un mazzo di carte, così come altre carte che si trovano in coppia.

Per ogni mazzo di carte, collega gli elementi in base al numero e al colore. Ci sono quattro re in un mazzo ma solo due re rossi. Disponi le carte in griglia. Avrai quindi delle file orizzontali e delle file verticali. Naturalmente dovrebbe essere una griglia organizzata basata sul numero di carte che hai nell'intero mazzo. Se sei da solo, prendine due contemporaneamente. Se stai giocando con altri, a turno prendine due per volta. Lo scopo del gioco e prendere due carte uguali (ad esempio i due re rossi).

Se trovi la corrispondenza, togli le carte dalla griglia. Alla fine vincerà la persona con il maggior numero di corrispondenze. È un gioco davvero semplice che porta in primo piano le tue capacità di memorizzazione. Ti dà l'opportunità di tenere a mente ciò che hai appena visto. Il gioco delle corrispondenze è facile da giocare anche con i bambini.

Visualizzazione, associazioni e tecnica dei loci

La visualizzazione è molto efficace per ricordare meglio. Questo perché la maggior parte della nostra corteccia celebrale è dedicata ai processi delle informazioni visive. Pensare per immagini renderà più comprensibili ed efficaci i tuoi ricordi.

Supponiamo che tu stia studiando per un test. Puoi guardare la stanza di fronte a te e associare una parola a un oggetto. Ogni volta che devi imparare qualcosa di nuovo, pensalo accanto a un oggetto fisico che vedi. Quando arriva il momento di fare il test, puoi immaginare di tornare indietro nella stanza in cui stavi studiando e raccogliere ogni oggetto, ricordando le informazioni che hai associato ad esso lungo il percorso.

Questa tecnica è importante perché il nostro cervello umano non ricorderà sempre i fatti e le cose così facilmente. Siamo più propensi a immaginare un'intera situazione quando cerchiamo di ricordare qualcosa. È più facile raccontare una storia che hai vissuto piuttosto che un qualcosa che hai solo letto. Dopotutto, riceviamo ed elaboriamo molte informazioni contemporaneamente.

Raccontati una storia con gli elementi che stai cercando di memorizzare. Sarà molto più facile ricordarla. Nelle tue storie ci deve essere azione e dei contenuti emotivi, questo ti permetterà di creare qualcosa di rilevante per il tuo cervello e quindi facile da ricordare. Alcune delle cose che immagini potrebbero essere pazze. Forse pensi a te e alla tua famiglia che corrono giù da una montagna con la neve ovunque, un ippopotamo in smoking, un elefante in costume da bagno e cinque gatti che ballano il tip-tap. Qualunque cosa tu stia visualizzando, fatti trasportare! Abbandona la logica in quel momento. Tutto ciò che conta è che stai associando delle informazioni reali a un'immagine che ti aiuta a mantenerle memorizzate nel tuo cervello.

Un modo comune per collegare le informazioni è il metodo dei loci, utilizzato anche dagli antichi Romani. Questo è quando sei in grado di associare un luogo familiare a delle informazioni che stai cercando di ricordare. Puoi utilizzare l'idea di un percorso in che attraversa questo luogo per ricordare in ordine le cose. Ad esempio, immagina di camminare attraverso la tua casa. Il tostapane sulla destra ti ricorda il primo passo del processo di fotosintesi. Quindi, c'è il microonde sulla sinistra a cui hai associato il secondo. C'è anche la stufa, il frigorifero e la porta che conduce al corridoio. Ogni cosa che sporge nella tua mente ti ricorderà uno dei passaggi importanti che stai cercando di ricordare.

Il punto principale è che devi connettere qualcosa di nuovo con quello che già conosci.

Avere un amuleto della memoria

Tieni una moneta o una piccola pietra in tasca. Quando devi ricordare qualcosa, tocca l'amuleto. Poi, quando hai bisogno in un secondo momento di richiamare tali informazioni, ritoccalo di nuovo. Alla fine della giornata, quando stilerai il programma del giorno dopo, puoi toccare la pietra e pensare tra te e te: "Quando è che l'avevo toccato oggi? Cosa avevo bisogno di ricordare? "

Associa nuove informazioni a tutti e cinque i sensi il più rapidamente possibile

Uno dei modi migliori per migliorare la tua memoria o ricordare un contesto in generale è stimolare tutti e cinque i sensi. Cioè la vista, l'udito, il tatto, l'olfatto e il gusto. Diciamo che incontri qualcuno, magari una nuova ragazza di nome Tamara. Quando dice "Ciao, sono Tamara", associala ai tuoi cinque sensi. Pensa a qualcosa del tipo: "Tamara profuma di rosa. Sembra la mia vicina di casa. Le sue mani sono calde e asciutte. Ha una voce molto dolce. La mia bocca aveva il sapore del caffè quando ci siamo incontrati. "Questo ti aiuterà a ricordarla meglio, così come il momento del tuo incontro.

Crea una canzone

Quello che puoi anche fare è creare una canzone. Alcune persone ricordano le cose più facilmente quando possono trasformarle in una canzone divertente. Il trucco è usare una canzone che già conosci. Sostituisci i testi originali con le parole che stai cercando di ricordare.

Testare la propria memoria

Dovremmo tutti fare del nostro meglio per controllare lo stato della nostra memoria. Potresti fare molti esercizi per alcune settimane e poi interrompere perché noti un miglioramento. Alla fine, se smetti di allenare il tuo cervello, perderai i benefici. Devi esercitarlo costantemente se vuoi dei risultati a lungo termine. Ne va della tua qualità della vita. Ogni tanto, fai qualche test per monitorarti.

Fare dei quiz è un ottimo metodo per testare la tua memoria. Anche se non disponi delle conoscenze specialistiche, come le informazioni delle categorie scientifiche o cinematografiche, puoi comunque usare i quiz come un modo per testare la propria capacità di utilizzare gli indizi di contesto.

Racconta anche storie ricche di dettagli. Scrivi i tuoi libri sulle tue esperienze! Quando sei in grado di creare immagini dettagliate accompagnate da quelle che sono le tue esperienze, diventa molto più semplice richiamare le informazioni importanti. Oltre a fare queste cose, c'è un semplice test di memoria che puoi includere nella tua vita.

Facciamolo adesso, è molto rapido. Guarda la tabella qui sotto e ricorda quante più parole puoi. Concediti 30 secondi e poi distogli lo sguardo. Inizia quando sei pronto.

Fienile	Squadra	Compasso	Stetoscopio
Radio	Matita	Dottore	Elicottero
Serpente	Candela	Pennello	Bagno

Ora, elenca il maggior numero possibile di queste dodici parole. Quante risposte corrette hai ottenuto?

- Ottenere 10 o 12 dimostra che hai una discreta memoria a breve termine.
- Tra 6 e 9 significa che stai andando bene.
- Ottenere meno di 6 indica che è necessario un serio allenamento della memoria.

Questo è un test molto semplice. Sono in un ordine casuale nel grafico, ma non significa che devi ricordarle allo stesso modo. Crea altri test simili a questo, fai scegliere le parole ad un amico e controlla il tuo stato di memoria. Cerca anche altri modi per fare sempre un controllo della tua mente (Cherry, 2019).

5. Imparare Nuove Attività

Quando hai una memoria allenata e le tue capacità cognitive funzionano correttamente, allora ti rendi conto di quanto sia facile imparare cose nuove. Tuttavia, ci sono ancora altri metodi per imparare le nuove informazioni in modo più efficace.

Tieni presente che non tutte le abilità che apprendi devono essere ripetute regolarmente. A volte dobbiamo imparare qualcosa di nuovo solo temporaneamente, come ad esempio una piccola procedura sul lavoro che eseguirai solo per un paio di mesi. Qualunque cosa sia, è comunque importante capirla nella sua essenza. Sia che tu voglia memorizzare rapidamente il nome di qualcuno o imparare le regole di un nuovo gioco, ci sono alcune cose che puoi fare per imparare facilmente le nuove informazioni. Per prima cosa, non lasciarti intimidire dalle cose che non sai. Ci sono molte persone al mondo che si sentono incredibilmente frustrate quando non capiscono qualcosa. Ciò accade spesso perché si sentono insicuri del loro livello di intelligenza. Tuttavia, non dovresti mai sentirti male con te stesso anche se non capisci le cose con la stessa facilità con cui le capiscono gli altri.

Comincia a convincerti che puoi imparare qualsiasi cosa, e ce la farai. I limiti esistono solo nella tua mente. Sono le tue convinzioni su ciò che puoi fare a limitarti.

Spingiti oltre, più forte di quanto il tuo livello superiore potrebbe fare. Cerca di migliorare la tua forza mentale. Ecco un modo per farlo. Se devi fare un compito in un ora, sfidati a farlo in 30 minuti. Nei miei corsi di formazione, quando parlo di produttività dico sempre "Agisci come se avessi meno tempo". Funziona. Puoi fare in 4 ore quello che stai facendo in 8 ore, te lo garantisco!

Gli adulti, tendono a convincersi di essere pessimi nell'imparare cose nuove. Pensano che ormai i loro cervelli siano troppo vecchi per acquisire nuove competenze. Il problema non è l'età, ma la metodologia di apprendimento (Mikel, 2017). Non esiste un'abilità o una chiave segreta che ti farà imparare più velocemente. Non si tratta di premere un pulsante. Ci vorrà del tempo. Tuttavia, con questi metodi, puoi imparare tutto ciò che vuoi con facilità.

Parti dal vero significato

Per capire davvero come funziona qualcosa, bisogna capire quale sia il vero significato, la vera intenzione e lo scopo reale di un oggetto, un esercizio, una persona e quant'altro.

Non lasciarti sorprendere da descrizioni superficiali e informazioni di riempimento. Concentrati davvero su ciò che devi capire sulla situazione nel suo insieme.

A volte cerchiamo di essere troppo logici. Tuttavia, dovresti approcciarti alle cose come un bambino. Non pensarci troppo e guarda solo il semplice significato dietro una circostanza. Lascia che questa sia la tua base per comprendere le nuove informazioni.

Chiediti sempre: "Perché?" Sfida le tue abilità intellettuali. Vai sempre più in profondità per scoprire come i vari significati si collegano alle cose che già conosci. Comprendi l'intenzione che c'è dietro qualcosa. Qual è il suo vero scopo? Perché lo stai facendo? Più sei consapevole, più è facile ricordare come funzionano le cose. Questo vale sia per una piccola attività come imparare a giocare a dadi o anche a una più seria come l'uso di macchinari pesanti.

Purtroppo il sistema scolastico che conosciamo, ha sempre limitato l'apprendimento delle persone. Pensaci bene, hai sempre studiato per ottenere un buon voto, non per comprendere davvero gli argomenti. Voglio spiegarmi meglio riportando un piccolo estratto della mia tesi universitaria censurata (2010), affinché tu possa capire meglio questo importante concetto.

«Ogni individuo sviluppa capacità personali di adattamento alla realtà. Queste tendenze assumono forme molteplici, che talvolta si caratterizzano per la loro efficacia e per la loro inefficienza. Ad esempio uno studente si preparerà in maniera differente a seconda che la prova d'esame sia scritta o orale, a crocette o a domande aperte, con il professore buono o cattivo. Il voto (qualora alto) esprimerà l'efficacia del percorso ma non la sua efficienza. Gli studenti rinunciano ad imparare veramente preferendo il finto riconoscimento di un voto che da loro sicurezza e la presunzione di essere superiori ad altri studenti. Avranno però rinunciato al tentativo di apprendere.

Questo paradosso (gli studenti con voti più alti non sempre sono quelli che hanno appreso di più) si estende anche al mondo del lavoro. I datori di lavoro selezionano le loro risorse umane a partire da un principio sbagliato. Il tentativo di semplificare la realtà porta loro a preferire gli individui per i loro voti (percorso efficace) e non per le loro capacità/abilità (percorso efficiente).

Come già spiegato in precedenze la società riconosce l'importanza della Scuola per il suo valore educativo, ma l'importanza scolastica non si limita solo alla formazione dell'individuo, influisce direttamente, anche, sul miglioramento economico della società dove è inscindibile, o almeno dovrebbe esserlo, il collegamento economia - scuola - lavoro.»

Permetti a te stesso di capire sempre il significato più profondo o la verità più grande dietro una situazione. Non limitarti solo a memorizzare le informazioni. Piuttosto, comprendile nella loro essenza primordiale.

Più si è intelligenti, più ci si rende conto di quanto resta da imparare. A volte smettiamo di insegnare a noi stessi perché pensiamo di non dover più imparare. Potremmo smettere di imparare nuove cose e scoprire nuovi mezzi perché sentiamo di non avere più il bisogno di farlo. Non commettere questo errore. Continua ad apprendere. Migliorerai la tua vita ad ogni livello.

Mantienilo piccolo e semplice

Quando si impara qualcosa di nuovo, spesso vogliamo farlo tutto in una volta. Non devi farti prendere dalla fretta. Non importa cosa stai imparando, però, dovresti prenderti il tuo tempo per comprendere realmente quello che stai studiando! Non c'è fretta di farlo. Anche se il test è il giorno dopo, è meglio dedicare del tempo a comprendere i singoli concetti piuttosto che cercare di studiare il più possibile. Cosa succederà se hai cinque argomenti da studiare e ne affronti solo tre? È meglio conoscere a fondo questi tre argomenti piuttosto che memorizzare in maniera superficiale tutto il resto. In primis perché così ricorderai meglio le informazioni ed eviterai di dimenticarle la settimana dopo. Poi, se comprendi un argomento, può diventare più facile capire anche il resto. Ci puoi arrivare da solo.

Se dovessi mangiare una pizza, sarebbe molto meno piacevole infilarti l'intera fetta in bocca in una sola volta piuttosto che consumarla a poco a poco. Quando ingerisci la fetta, hai avuto subito la pizza. Tuttavia, le conseguenze non saranno così divertenti! Quando la mangi lentamente, morso dopo morso, apprezzi i sapori che si diffondono in bocca. Anche il tuo corpo digerisce il cibo più facilmente ed è nel complesso un'esperienza più piacevole che probabilmente ricorderai. Per l'apprendimento è la stessa cosa.

Devi assaporare lentamente quello che stai apprendendo cercando di capire il vero significato delle cose. E darai tempo alla tua mente di digerire meglio i concetti.

Spesso potresti rinunciare ad apprendere una nuova attività perché ti sembra troppo complicata. Il segreto è scomporre quello che devi imparare in piccole parti. Non immaginare una lunghissima strada da percorrere. Ma pensa ad una serie di piccoli passi da fare. Se guardi la lunga strada può sembrarti difficile e potresti scoraggiarti. Concentrati solo sul prossimo passo. Dopo tutto, chi vuole spostare una montagna lo farà pietra per pietra. Non proverai a spingere l'intera montagna da un posto all'altro in una sola volta.

Scomponi i tuoi problemi in parti più piccole e tutto ti sembrerà più semplice.

Vorrei concludere con altri due concetti. Immagina di spiegare qualcosa a un bambino di cinque anni. Da lì, puoi entrare in verità più profonde e in un significato più grande.

Infine, non aver mai paura di chiedere aiuto a qualcuno quando stai imparando nuove informazioni. Può farti sentire stupido o meno intelligente di altri se devi chiedere aiuto. Tuttavia, un individuo veramente saggio in questa situazione capirà che è giusto farlo. Puoi vedere un grosso e pesante tronco nel mezzo della strada che deve essere spostato. La persona forte è qualcuno che cerca disperatamente di sollevarlo da solo, incapace di farlo muovere con le proprie forze? Oppure l'individuo intelligente si farà aiutare dagli altri e li guiderà in modo che tutti possano spostare facilmente il tronco?

La competenza inconscia

Se da un lato è importante comprendere le cose in profondità, dall'altro devi fare anche pratica per poterle ricordare meglio.

Ci sono 4 livelli di apprendimento.

Il primo livello è quello dell'incompetenza inconscia. Cioè non conosci che esiste qualcosa quindi ne sei completamente incompetente.

Il secondo livello è l'incompetenza conscia. Conosci quella cosa, ma ne sei incompetente.

Dopo la prima fase di studio e di esercizio, arriverai al terzo livello, quello della competenza conscia. Stai cominciando a diventare competente. Pensa alle prime volte che andavi in bicicletta oppure ai tuoi primi giorni che hai guidato la macchina. Prestavi attenzione ad ogni singolo tuo movimento. Per fare quelle cose avevi bisogno della tua mente conscia.

Ma dopo con la ripetizione costante nel tempo arrivi all'ultimo livello, il livello della competenza inconscia. Questo è il livello dove riesci a fare le cose in modo automatico, senza pensare, qui è dove tutto ti viene spontaneamente e in modo naturale. Questo è lo stadio dove puoi raggiungere la maestria. Diventa un maestro in quello che fai!

6. Consigli per una Memoria Efficiente

Può essere facile pensare che il cervello che abbiamo adesso sia quello che porteremo con noi per sempre. Questo è molto lontano dalla verità! Pensare in un certo modo ora non significa che devi pensare in quel modo per tutta la vita. Basta guardare quanto la tua mentalità oggi sia diversa da quando eri bambino!

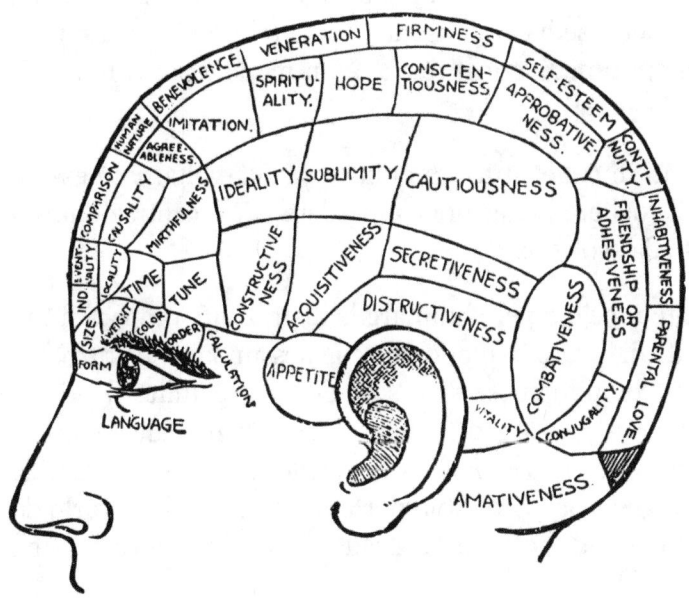

Ci saranno sempre parti di te stesso che saranno sempre uniche. Viviamo esperienze che nessun altro capirà mai, anche se si tratta di una situazione simile. Questo è ciò che ci porteremo con noi e sarà peculiare di ciò che siamo. La tua intelligenza può sempre crescere. Il tuo cervello è uno strumento che puoi facilmente imparare a padroneggiare.

Devi solo essere disposto a lavorarci!

Puoi creare dei palazzi mentali. Questo è un modo visivo per conservare le informazioni. Puoi creare stanze piene di informazioni preziose che puoi prendere. Poi, quando ne avrai bisogno, potrai accedervi facilmente viaggiando per il palazzo.

Per ricordare piccole cose, alcuni sentono l'impulso di scriversi addosso. Per aiutarti a ricordare potresti avere le mani coperte da piccole note scritte a penna o pennarello. Voglio suggerirti una alternativa migliore. Diciamo che devi ricordarti di spedire una lettera. Gira la sedia della tua sala da pranzo al contrario. Poi, più tardi nel corso della giornata, vedrai quella sedia e penserai: "Perché è così?" Quindi, ti ricorderai immediatamente che è un modo per ricordarti di spedire la lettera.

Assicurati di concentrarti su una cosa alla volta. Può essere facile distogliere l'attenzione e perdere la concentrazione sul compito da svolgere.

Fai del tuo meglio per eliminare le distrazioni, prepara il tuo ambiente di lavoro in modo tale che nessuno può disturbarti. Passa al compito successivo solo dopo aver finito il primo. Assicurati di provare di capire le cose prima di andare a chiedere aiuto altrove. Può essere facile rivolgersi a un amico e chiedergli se ha visto il tuo portafoglio prima di cercarlo da solo, ma prendi sempre la strada difficile e concediti una sfida mentale.

Inoltre, prova a utilizzare una cartina stradale prima di utilizzare un GPS. Cerca in anticipo dove stai andando. Stampa una mappa, se lo desideri, in modo da poter considerare di arrivarci senza usare il GPS. Avrai sempre il tuo telefono come supporto, quindi potresti provare a sfidarti. È anche un ottimo esercizio per sviluppare il senso dell'orientamento.

A volte può capitare di avere dei tempi morti. Tieni sempre a portata di mano un libro da leggere o uno dei giochi che ti ho consigliato in questo libro. Non sprecare mai il tuo tempo.

Dormire al momento giusto

Il sonno è essenziale non solo per la tua salute generale ma anche per il tuo benessere mentale. Questo è il momento in cui il tuo cervello riposerà, quindi devi assicurarti di dare alla tua mente questo periodo di sonno completo.

Un ciclo regolare di solito è un bene, perché significa che sarai in equilibrio con il tuo ritmo circadiano. Cerca di andare a letto e di svegliarti intorno alla stessa ora ogni giorno. I nostri corpi hanno cicli più rigorosi di quanto possiamo immaginare, quindi aiutiamoli avendo un sano ciclo di sonno.

Il tuo corpo non sempre riconosce la differenza tra 1 minuto o 10; per questo non deve essere un qualcosa che ti stressa o ti fa prendere dal panico. Anche se hai intenzione di andare a letto tra le 22:00 e le 23:00 ogni sera e svegliarti tra le 6:00 e le 7:00 ogni giorno, va bene! Più sei preciso e meglio è, ma non possiamo sempre vivere le nostre vite in base alle ultime due cifre di un orologio.

Oltre a questo assicurati di spengere l'elettronica molto prima di programmare di addormentarti. Se vuoi bene al tuo cervello non lasciare il tuo telefono acceso e in carica nella stessa stanza dove dormi. Tienilo spento quando dormi, avrai un sonno più rigenerante. E non trovare la scusa che devi lasciarlo acceso per la sveglia. Compratene una! Quando dormi il cellulare deve rimanere spento e in un'altra stanza. Se non ci riesci hai una dipendenza che devi curare. Oltre allo stress anche l'utilizzo eccessivo dei dispositivi elettronici ha un impatto molto importante sulla salute cerebrale.

Cerca di svolgere durante il giorno delle attività per riequilibrare le tue funzioni cognitive, regala al tuo cervello momenti di tranquillità e armonia. Come leggere, disegnare, meditare, fare delle conversazioni interessanti e passeggiare nella natura.

Anche fare esercizio fisico durante il giorno può aiutarti a dormire meglio. Fare attività fisica migliora la qualità del sonno. Fai qualcosa ogni giorno per liberare la tensione fisica e per far svagare la tua mente. Che si tratti semplicemente di fare stretching, fare yoga leggero o ballare per trenta minuti, tutto ciò può effettivamente aiutare a rilassare il tuo corpo in modo da ottenere un sonno più profondo. Anche dormire troppo può effettivamente essere dannoso per te. I sonnellini frequenti possono farti sentire bene, ma possono lasciarti intontito e annebbiato. Un pisolino una volta al giorno va bene, ma resisti alla tentazione di farne di più.

Mentre dormi, è utile provare a tenere traccia dei tuoi sogni. Questo può aiutarti a scoprire cose che non sapevi di te stesso. Alcune persone diranno che non sognano, ma questo non è vero. Semplicemente non ricordano i loro sogni. Più sei consapevole del tuo sogno, tanto più puoi renderlo comprensibile.

Scrivere un diario dei sogni aumenta la tua creatività. Molti scienziati e inventori hanno avuto delle geniali intuizioni grazie ai loro sogni. Inoltre è un ottimo allenamento per la memoria oltre che essere una finestra del tuo subconscio. Quando ti svegli, annota quello che è appena successo.

Anche se è un ricordo nebbioso, gli eventi più importanti ti rimarranno impressi e potrai ricordartene di più in seguito.

Scrivi le parole chiave. Usa i dizionari dei sogni e altri strumenti per vedere se c'è un significato più profondo dietro ciò che hai sperimentato durante il sonno. Più sei consapevole delle tue menti consce e inconsce, più facile sarà prendere nuove informazioni ed elaborarle correttamente attraverso la tua memoria.

Questi sogni possono anche aiutarti a saperne di più su te stesso. Analizza i tuoi sogni. Solo questo ti rende analiticamente e spiritualmente connesso a te stesso.

Mindfulness

La Mindfulness è un modo per tenerci connessi dentro questo preciso momento. Ci aiuta a portare l'attenzione verso il momento presente. Spesso ci possiamo perdere in una fantasia di ciò che potrebbe accadere in futuro. Possiamo rimanere bloccati nel passato, pieni di rimpianti. La Mindfulness ti aiuta a prendere coscienza di questo momento e a cominciare a vederlo più chiaramente. Ci si può liberare dallo stress del passato e del futuro in modo da poter godere il più possibile il presente.

Vivere il presente significa stare più vicini a noi stessi e non abbandonarci. Ci aiuta a capire meglio noi stessi. Questo stato meditativo è il raggiungimento della consapevolezza di sé, della realtà che ci circonda e del momento presente in maniera non giudicante. Inizierai a cogliere maggiori dettagli. Ti renderai conto della situazione reale in cui ti trovi invece dell'idea di ciò che pensi stia succedendo. Oltre ad avvertire un senso generale di benessere fisico e mentale. La meditazione è spesso associata alla mindfulness. Dopotutto, ti aiutano a capire come rimanere meglio nel momento presente. Per tali attività, ti insegnerò come implementare facilmente la consapevolezza nella tua vita quotidiana.

Ricorda, tuttavia, che la mindfulness è un qualcosa che puoi fare ovunque e in qualsiasi momento. Più frequentemente la fai, più facile sarà rimanere in contatto con il presente. All'inizio, può sembrare strano, ma alla fine sarai in grado di rimanere concentrato nel momento, non stressato per le cose che non puoi controllare.

Fallo quando ti senti ansioso. Quando ti trovi distratto a una festa perché ti senti insicuro o ti senti come se stessi per avere un attacco di panico sul lavoro, diventa consapevole del momento presente. Fai uno di questi esercizi. Pratica la mindfulness anche quando ti stai divertendo. Mentre ti diverti con i tuoi amici, ridendo e divertendoti, prenditi un secondo per diventare consapevole e pensa a quanto è bella questa esperienza. Non aspettare solo momenti di nervosismo prima di praticarla. Praticarla nei momenti di felicità significa mettere in pratica davvero gli insegnamenti di Orazio, che ci ha trasmesso uno dei valori più belli della vita: Il Carpe Diem.

Cogli tutto da ogni esperienza, anche quelle negative. Più cose prendi, più facile sarà ricordare tutte le informazioni che ne sono derivate. Non sai mai cosa potresti scoprire quando inizi a prestare attenzione alla tua situazione attuale.

Scegli un colore

Per questa prima attività di mindfulness, tutto ciò che dovrai fare è scegliere un colore, una trama, una forma o qualche altra caratteristica di identificazione fisica. Ad esempio, scegliamo un colore.

Inizia con il verde. Scegli tutto ciò che è di colore verde intorno a te, anche se ne ha solo una sfumatura. Prendine nota mentalmente. Forse è una tazza di caffè appoggiata sul bancone, un portachiave sul tavolino, una candela che è mezza bruciata, una pianta con foglie appassite, un dipinto sul muro o un intero divano. Qualunque siano questi elementi, sceglili per il loro colore.

Questo è tutto ciò che devi fare per rimanere davvero attento e connesso a ciò che sta accadendo nel momento. Improvvisamente ti rendi conto di ciò che ti circonda e ti distrai dai pensieri più ansiosi che potrebbero averti trattenuto.

Fatti strada attraverso il resto dei colori. Percorri l'arcobaleno e ripeti finché non sei più ansioso. Dopo averlo fatto, scegli una texture e scegli tutto ciò che è di legno.

Tutto questo sarà sufficiente a distrarti da qualsiasi pensiero tu abbia e ti mantiene nel momento. In questo modo, puoi assorbire il più possibile da quella situazione.

I cinque sensi

In questo caso, ti concentrerai sull'attingere dai tuoi cinque sensi. Abbiamo già discusso di come farlo può essere utile a mantenerti stimolato a livello cognitivo.

Lavorerai attraverso i tuoi cinque sensi per giungere a una conclusione su ciò che ti circonda. La regola generale è identificare tutto ciò che può essere classificato usando uno dei tuoi sensi. Scegli cinque cose che puoi vedere di fronte a te. Dille ad alta voce. Se non sei solo, dichiarali nella tua testa. Forse è una TV, un divano, un letto, una sedia e un poster.

Scegli quattro cose che puoi ascoltare. Forse c'è un cane che abbaia, un bambino che piange, una asciugatrice che gira o il battito del piede di qualcuno. Anche se non è presente, cos'è un oggetto che fa molto rumore? Forse c'è anche una chitarra nell'angolo.

Quali sono tre cose che puoi toccare? Non devi alzarti e toccarle. Pensa solo a come puoi farlo e a cosa potresti sentire. Ad esempio, un tappeto morbido, un gatto, un coltello o una pianta.

Quali sono le due cose che puoi odorare? Anche in questo caso, anche se non riesci a sentirne l'odore in questo momento, come una candela spenta, identifica gli oggetti che puoi odorare se lo desideri.

Quali sono le cose che puoi assaggiare? Forse c'è un cesto di frutta secca dall'altra parte della stanza, un bicchiere d'acqua o un orticello di erbe aromatiche.

Basta cominciare dalle basi e rimanere logici. Tuttavia, non aver paura di scegliere cose che non puoi necessariamente assaggiare o annusare. Immagina quali possono essere questi odori e sapori! Questo ti aiuta a distrarti da qualsiasi altra cosa stai pensando.

Lascia che anche le tue idee diventino strane. Non puoi mangiare un divano, ma puoi sicuramente assaggiarlo se vuoi. Sperimenta questi metodi di mindfulness e trova il modo di incorporarne più di uno nella tua vita quando hai bisogno di distrarti dai tuoi pensieri.

Laser corporeo

Per questa tecnica, bisogna sedersi o stare dritti in piedi. Che tu sia seduto o in piedi, mantieni la postura il più possibile perpendicolare al suolo.

Immagina cosa dovrebbe percorrere un laser mentre passa dalla parte superiore della tua testa alla parte inferiore delle dita dei tuoi piedi. Immagina che ti passi sopra la testa. Scivola su occhi, naso, bocca e mento.

Guarda mentre il laser si sposta sulle tue spalle. Passa su petto, stomaco e fianchi. Quindi, finisce attraverso le gambe e giù fino ai piedi.

Quando ti senti stressato, lascia che passi attraverso il resto del tuo corpo. Puoi visualizzare il laser per aiutarlo a viaggiare attraverso il tuo corpo e rimanere in contatto con te stesso più di qualsiasi pensiero ansioso o stressante che stai vivendo.

Puoi anche flettere queste parti del tuo corpo e rilasciarle per tenerti fisicamente consapevole. Puoi iniziare con spalle, stomaco e braccia e poi scendere fino alle gambe e i piedi. Puoi fletterle per circa tre secondi alla volta e poi rilasciarle. È qualcosa che puoi fare ovunque tu sia per rimanere concentrato sul tuo corpo.

Riflessione sulla ruminazione ansiosa

Lo stress ha effetti collaterali fisici che possono alterare il tuo modo di pensare. Può anche modellare il tuo cervello in un modo diverso se non stai attento a come lo gestisci.

La ruminazione è una forma di pensiero persistente e depressiva, un processo cognitivo caratterizzato da uno stile di pensiero ripetitivo che si focalizza su pensieri e sensazioni negative e sulle loro conseguenze negative.

Si verifica quando si sta riflettendo su ogni minimo dettaglio. Forse stai pensando a una festa o ti stai fissando sulle più piccole cose imbarazzanti che hai detto mentre gli altri non si ricordano nemmeno di se stessi. Bene, non angosciarti per quello che è successo.

Mantieni una prospettiva obiettiva sulle cose della tua vita. Sii realista con la tua riflessione e ricorda che la maggior parte delle persone giudicano maggiormente se stesse e le proprie azioni anziché ciò che avete detto o fatto. Tienilo a mente perché se rumini troppo e ti preoccupi sui dettagli secondari, questo può influenzare il modo in cui ricordi le cose.

Non dire niente a te stesso che non dirai a un amico. Sii gentile e ricorda che la cosa peggiore che tu abbia mai fatto non è poi così male agli occhi di qualcun altro. Essere negativo nei confronti di te stesso non è la stessa cosa che fare una riflessione positiva. Ogni volta che hai un pensiero negativo, sfidalo con uno positivo. Se scopri che stai riflettendo e ruminando troppo, allora è il momento perfetto per fare qualche gioco mentale.

Quando non sai cosa fare e ti senti incredibilmente ansioso, immagina i consigli che daresti a un amico che si trova nella tua stessa situazione. Pratica l'amore per te stesso e concentrati sulla realtà in modo da poter ricordare la verità più che gli aspetti negativi.

Il minimalismo della memoria

Il minimalismo è iniziato come una forma d'arte negli anni '60. Da allora, il minimalismo è diventato uno stile di vita. È spesso associato al fatto di buttare via tutte le proprie cose e vivere con quasi nulla. Tuttavia, adesso non deve essere questo il caso. Si tratta semplicemente di rimuovere le cose che non ti servono, così come quelle che non ti rendono felice. Ridurre le cose che hai in casa può aiutarti a mantenere la mente lucida. Se hai un sacco di oggetti sparsi per la casa che non ti interessano o che servono a poco, per esempio, possono essere una fonte di distrazione per te.

Quando lasci progetti finiti per metà in giro per la casa, è la stessa cosa di avere pensieri in sospeso. Anche se potresti non pensare alla scrivania dipinta a metà nell'angolo, il tuo cervello può comunque vederla visivamente e sta ancora usando un po' di spazio per elaborare quelle informazioni. Lascia che la tua mente sia libera e non tenerla ingombra di cose che ti distraggono. Quando si tratta di mantenere i ricordi in giro, assicurati che siano comunque quelli che vuoi. Ad esempio può essere utile lasciare dei pensieri che ti ricordino di raggiungere i tuoi obiettivi. Pensa ad un foglio di carta attaccato sulla porta della tua camera che puoi leggere appena sveglio.

Quando si tratta di avere un sacco di scatole piene di ricordi, trova il modo di integrarle nella tua casa. Appendi le foto anziché tenere le scatole piene di ricordi. Scatta delle foto dei tuoi oggetti invece di tenerli. Avere un diario con 100 foto è molto meno ingombrante che avere dieci scatole piene di 100 oggetti.

Parlare con persone intelligenti

Abbiamo un metro intellettuale che dobbiamo raggiungere. È quindi importante discutere argomenti intelligenti con persone intelligenti. È bello avere un gruppo di amici con cui puoi essere d'accordo, ma dovresti anche trovare dei modi per avere dibattiti amichevoli.

Se non hai persone con cui parlare nella vita reale, le community online sono un ottimo modo per esprimersi.

Solo perché i tuoi amici non sono tutti studiosi non significa che non siano abbastanza intelligenti da avere conversazioni significative. Cambiate argomenti e quello di cui scegliete di parlare. Non spettegolate sulle persone. Discutete invece di idee!

Poni sempre anche altre domande. Può essere facile parlare di noi stessi perché è tutto ciò che sappiamo. Tuttavia, sii curioso e scopri le opinioni degli altri. Puoi imparare molto su te stesso imparando a conoscere le altre persone. Essere intelligenti significa anche esporsi a quante più nuove informazioni possibili. Non rifiutare mai l'opportunità di imparare qualcosa di nuovo.

La teoria dei giochi

Hai quasi terminato di leggere questo libro e adesso voglio che tu rifletta sulla teoria dei giochi. Questa disciplina scientifica studia il comportamento e le decisioni dei soggetti razionali in un contesto di interdipendenza strategica. Questa interdipendenza è la situazione in cui le scelte di un individuo influenzano anche le scelte e la situazione degli altri individui. La teoria dei giochi ha diverse implicazioni, tra le tante una è quella di interpretare la realtà. Ci aiuta a comprendere i ragionamenti logici che iniziano a svilupparsi nelle nostre dinamiche sociali. La teoria dei giochi può anche spiegare come una persona può reagire in una situazione e prevedere cosa dovrebbe fare dopo. Pensa a una partita a scacchi. Non ti limiti solo a capire quale dovrebbe essere la tua prossima mossa. Piuttosto, elabori diverse soluzioni in base a ciò che può fare anche l'altra persona.

Quando comprendi la teoria dei giochi, puoi diventare più analitico nella vita reale. Chiedete sempre a voi stessi perché le persone che hai intorno fanno quello che fanno e quali verità più grandi possono aiutarti a scoprire.

Conclusione

Per implementare le tue strategie di rafforzamento della memoria, assicurati di stare attivamente al passo con la tua energia cerebrale e di cercare sempre nuovi modi per far crescere le tue capacità mentali. Dai un'occhiata agli altri libri di questa serie per una potenza del cervello ottimale. Il primo libro si chiama *Memoria Fotografica* e gli argomenti includono tecniche di memoria e strategie mnemoniche. Il terzo libro si chiama *Miglioramento della Memoria* e gli argomenti sono il miglioramento delle abitudini di salute del cervello per migliorare la memoria, ricordare di più e dimenticare di meno.

Un grande motivo per cui tendiamo a perdere così tante informazioni è che facciamo la stessa cosa tutti i giorni. In futuro, è importante per la tua salute generale scegliere sempre nuovi modi per provare ciò che già conosci.

Il tuo cervello è la cosa più importante che hai! Il tuo cuore potrebbe smettere di funzionare, ma avresti comunque potenzialmente un trapianto di cuore. Dobbiamo ancora determinare come eseguire un trapianto di cervello completo. Questo organo è prezioso e peculiare di te. Se non hai un buon benessere mentale, può essere difficile migliorare ogni altro aspetto della tua vita.

Non aver paura di imparare cose nuove! Cambia la tua vita e prova attività che ti spaventano. Accetta la sfida perché ti aiuterà a crescere! Abbiamo solo una vita e dovremmo fare del nostro meglio per ricordare quanto più possibile per poterla navigare. Ogni barca è più sicura in porto, ma non è per quello che è stata costruita.

MIGLIORAMENTO DELLA MEMORIA

Il Libro sulla Memoria per Incrementare la Potenza Cerebrale
-
Cibo e Sane Abitudini per il Cervello per Aumentare la Memoria, *Ricordare di Più* e Dimenticare di Meno

"Tutto sta nel sapersi dominare"

MARCUS TULLIUS CICERO

Introduzione

La nostra memoria è una di quelle cose che pensiamo sempre di dover migliorare, ma in realtà non interveniamo per fare nulla. Questo è abbastanza tragico, secondo me, perché il miglioramento della memoria è qualcosa che è facile da fare e non richiede abilità speciali o superpoteri. Eppure, è una di quelle cose che se padroneggiata assomiglia a una superpotenza.

A cosa sei disposto a rinunciare per ottenere una grande memoria? Tutti noi abbiamo familiarità con il detto "per ottenere qualcosa bisogna rinunciare a qualcosa". Di solito, questo evoca immagini di grande sacrificio e uno stile di vita da monaco. Bene, in questo caso, tutto ciò a cui bisogna rinunciare è il prezzo di questo libro e dei suoi predecessori in questa serie: *"Memoria Fotografica"* e *"Allenamento per la Memoria"*.

Naturalmente, dovrai dedicarci un po' di tempo. Tuttavia, la buona notizia è che non è necessario rinchiudersi in una stanza per esercitarsi specificamente in nessuna delle tecniche di questo libro. Beh, puoi farlo se lo desideri, ma non è necessario. Puoi fare tutte queste cose mentre vai avanti con la tua giornata. La parte migliore di tutto ciò, come scoprirai, è che una memoria migliorata andrà a beneficio della tua capacità di acquisire una serie di abilità, oltre ad essere un punto di partenza per le conversazioni di gruppo. Abilità come la capacità di ricordare interi discorsi, fatti storici, imparare lingue straniere, risolvere i compiti quotidiani e così via. Ultimo ma non meno importante, ti mostrerò anche come una memoria potenziata, migliorerà i tuoi profitti, cioè mettendo più soldi nelle tue tasche.

Quindi cosa puoi aspettarti dalle pagine seguenti? Puoi trasformarti in un supergigante della memoria? Questo dipende da te. Le tecniche richiedono lavoro e molte persone si sabotano facendo troppo o troppo poco. Vacci piano e dai al tuo cervello un po' di tempo per adattarsi e recuperare il tempo perduto. Scoprirai che il detto "chi va piano va sano e va lontano" è molto appropriato quando si tratta di allenare la tua memoria. Ricorda che avere una grande memoria è un'abilità. Come ogni altra abilità, è necessario esercitarla e praticarla. Pensa alla tua memoria come a un muscolo che deve essere allenato. Se lo eserciti troppo si logora, e rischierai un infortunio. Se non lo eserciti, perde tono.

Concediti un adeguato riposo e rilassati. Non devi imparare queste cose in una notte. Se hai già praticato tecniche di miglioramento della memoria, allora avrai familiarità con alcune delle idee di questo libro. Tuttavia, ci sono un certo numero di tecniche più avanzate che illustrerò. Lungo il percorso, imparerai anche come adattare le tecniche di memoria a situazioni specifiche, dall'usarle per ricordare i numeri, all'apprendimento di una nuova lingua. Prima di tutto, però, è importante capire la fisiologia del tuo cervello. Quindi, senza ulteriori indugi, diamo un'occhiata prima a questo.

1. Come Funziona la Memoria

Siamo sempre stati indotti a credere che i nostri ricordi siano dei file che vengono archiviati in uno schedario che è il nostro cervello. Un'altra descrizione più moderna paragona il cervello a un supercomputer e i singoli ricordi come file memorizzati elettronicamente. Tuttavia, date le recenti scoperte, la verità è che i nostri cervelli e i nostri ricordi sono ancora più complessi e difficili da comprendere attraverso tali metafore.

Comprendere i diversi tipi di memoria e come il nostro cervello decide di memorizzare qualsiasi cosa faccia è fondamentale per sviluppare le proprie capacità mnemoniche.

Biologia

In termini biologici semplici, i nostri ricordi sono semplicemente un gruppo di neuroni che si attivano insieme nel nostro cervello per ricreare un evento passato. Pertanto, quando ricordiamo un evento precedente, il nostro cervello non sta recuperando alcuni vecchi file dai suoi recessi, ma piuttosto ricreare l'intero evento accendendo i neuroni coinvolti (Ifc.unam.mx, 2019).

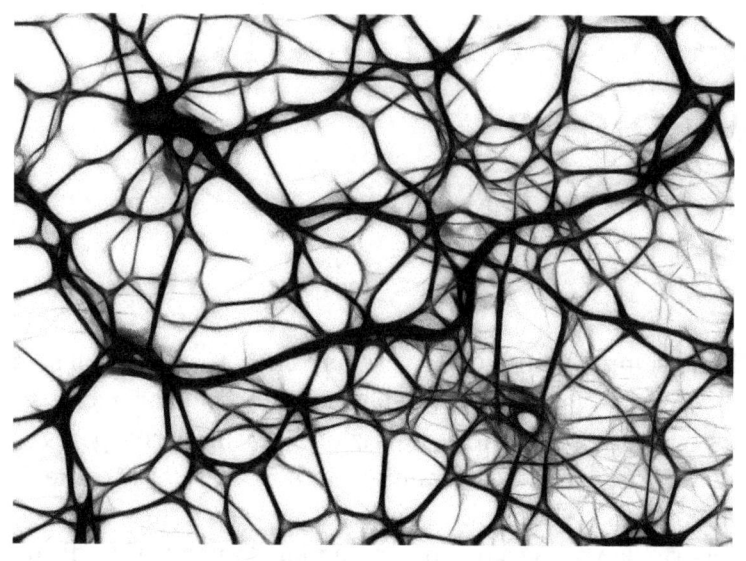

Come fa il cervello a ricordare quali neuroni si sono accesi in quel momento? Bene, questo non è del tutto noto o compreso. Ciò che è noto è che i processi di memoria e apprendimento sono collegati. Mentre l'apprendimento comporta l'attivazione di nuovi insiemi di neuroni e la costruzione di nuovi percorsi neuronali, il ricordo della memoria comporta l'attivazione di quelli vecchi.

Il processo di costruzione di nuovi percorsi neurali richiede necessariamente l'accensione di quelli vecchi e, quindi, non possiamo imparare senza alcuna forma di memorizzazione. Lo capiamo istintivamente. Prendiamo ad esempio il caso dell'apprendimento di una lingua straniera. Per progredire ulteriormente e apprendere complesse strutture grammaticali, è necessario prima memorizzare le lettere dell'alfabeto e i numeri.

Il lobo temporale nel nostro cervello è un'area importante per quanto riguarda i nostri ricordi (Ifc.unam.mx, 2019). Danni a questa porzione compromette la nostra capacità di imparare e ricordare le cose. Jetlag e stress sono alcuni dei fattori dello stile di vita che causano danni al lobo temporale se non controllati, per un lungo periodo di tempo.

I nostri ricordi non sono tutti uguali. Questo per dire che ci sono diversi tipi di ricordi che conserviamo in noi. La memoria a lungo termine è ciò che designiamo come "memoria" nel linguaggio quotidiano.

Modelli di memoria

Esistono due noti modelli di memoria che cercano di spiegare come le immagini e le informazioni vengono archiviate dentro di noi. Uno ha una struttura molto rigida e si chiama modello Atkinson-Shiffrin, dal nome degli scienziati che l'hanno proposto (Human-memory.net, 2019). Secondo questo modello, si pensa che la memoria abbia tre fasi: memoria sensoriale, memoria a breve termine e memoria a lungo termine.

In altre parole, tutte le informazioni iniziano come memoria sensoriale, poi passano alla memoria a breve termine, prima di essere incorporate nella memoria a lungo termine. Questo modello suddivide ulteriormente la memoria a lungo termine in fasi. La memoria a lungo termine è divisa in memoria esplicita o cosciente e memoria implicita o inconscia. La memoria cosciente è ulteriormente suddivisa in altri due livelli a seconda che si cerchi di ricordare compiti o fatti.

Ora, non è necessario per i nostri scopi immergerci nel modello per capirlo. Piuttosto, è per mostrare quanto in profondità vanno i nostri ricordi e davvero, quanto poco li capiamo. Un rapido sguardo a questo modello rivelerà che non tiene conto di come si formano i ricordi subconsci e di come essi influenzano i ricordi e le decisioni coscienti.

Il secondo modello cerca di affrontare questo problema rimuovendo tutta la rigidità e spiega semplicemente l'apprendimento e lo sviluppo della memoria come un flusso dalla memoria cosciente a quella profonda (Human-memory.net, 2019). Questo modello è chiamato il modello dei livelli di elaborazione ed è stato proposto dagli scienziati Fergus Craik e Robert Lockhart. Le carenze di questo modello sono però evidenti per la sua incapacità di spiegare la memoria a breve termine rispetto a quella a lungo termine.

Ad ogni modo, possiamo concludere che esistono tre tipi di memorie: sensoriale, a breve e lungo termine. Quindi diamo un'occhiata a questi a turno.

Memoria Sensoriale

Questa forma di memoria si riferisce al mantenimento delle informazioni ricevute dai nostri input sensoriali. Le nostre impressioni sugli input sensoriali possono essere ignorate o riconosciute. Quando li riconosciamo, le informazioni passano nella memoria sensoriale. La decisione di ignorare o riconoscere è l'unica parte cosciente di questo ricordo, il resto funziona automaticamente. È così che possiamo percepire le cose senza toccarle. Ad esempio, se vedi una tazza di caffè fumante, non è necessario toccarla per rendersi conto che sarà calda.

Questo tipo di memoria non può essere potenziata in alcun modo tramite tattiche come esercitazioni o memorizzazione cosciente, come ad esempio la memorizzazione di un blocco di testo. La memoria sensoriale effettiva dura meno di un secondo prima di iniziare a rifiutare o passare alla memoria a breve termine.

Il tempo che dura è così breve che spesso viene mescolato insieme al processo di percezione.

Memoria a Breve Termine

La memoria a breve termine viene spesso utilizzata in modo intercambiabile con il termine memoria di lavoro. Questo tipo di memoria è ciò che ci aiuta a completare le attività. Ad esempio, il richiamo di parti precedenti di frasi o conversazioni per continuare o terminare un compito.

Come suggerisce il nome, la memoria a breve termine non dura a lungo e le informazioni all'interno di solito vengono perse per sempre a meno che non si faccia qualche sforzo per ricordarle.

Quando uno sforzo, come la ripetizione o altre tecniche, viene messo sulla memorizzazione delle informazioni, queste ultime passano istantaneamente nella memoria a lungo termine. Si discute se si verifica o meno una qualche forma di modifica o controllo, specialmente quando sono coinvolte emozioni profonde, ma in genere il trasferimento avviene abbastanza rapidamente e non c'è molto ritardo.

La memoria di lavoro può contenere da cinque a nove elementi alla volta, secondo vari studi effettuati (Human-memory.net, 2019). Questo potrebbe non sembrare molto, ma molte informazioni che archiviamo tendono ad essere frammentate. Il chunking (metodo dei blocchi) si riferisce a un processo di memorizzazione in cui molte informazioni simili sono raggruppate insieme per memorizzare caratteristiche e qualità usando una sola parola.

Ad esempio, la parola "auto" viene inserita nel nostro cervello per ricordare tutte le sue caratteristiche. Allo stesso modo, la parola "guida" è entrata nel nostro cervello come se contenesse tutto ciò che dobbiamo fare durante la guida. Quando impariamo a guidare, il nostro cervello non ha reti neurali dedicate a questo particolare blocco di informazioni e tratta ogni compito individualmente. Pertanto, l'atto di apprendere è in realtà insegnare ai nostri cervelli a formare ombrelli più efficienti all'interno dei quali posizionare le informazioni.

La parte esecutiva centrale della corteccia prefrontale è essenziale per la salute della memoria a breve termine. Gli studi hanno dimostrato che un danno a quest'area della corteccia prefrontale provoca una perdita di memoria a breve termine (Human-memory.net, 2019). La memoria a breve termine, in termini di evoluzione, ha svolto un ruolo molto importante nella propagazione della nostra specie.

La nostra capacità di focalizzare e definire le cose più importanti su cui lavorare e ignorare o conservare altre cose per il futuro, ci dà un vantaggio enorme rispetto alle altre specie. Pertanto, non solo possiamo ricordare le cose più a lungo, ma possiamo anche scegliere di pensare ciò che vogliamo. Anche se questo potrebbe sembrare impossibile per quelli che hanno menti iperattive, con l'allenamento, tutto è possibile.

Le tecniche per migliorare la memoria a breve termine, includono il chunking e le ripetizioni. La ripetizione è semplicemente martellare nella mente le stesse informazioni, ancora e ancora. Questa è una tecnica particolarmente efficace poiché la naturale inclinazione della memoria a breve termine è quella di decadere e dimenticare le cose dopo che è trascorso un po' di tempo, dal momento che deve fare spazio ad altre questioni più impellenti.

Pertanto, la ripetizione di un'informazione a sé stessi, la si trasferisce nella memoria a lungo termine e libererà spazio nella memoria di lavoro. Il chunking, come spiegato prima, consiste semplicemente nel mettere insieme concetti simili per assorbire meglio le informazioni. Si riferisce anche alla scomposizione di informazioni che sembrano troppo complesse. Ad esempio, un numero lungo può essere suddiviso in blocchi più piccoli e quindi assorbito in pezzi separati.

Le ricerche mostrano che la memoria a breve termine può essere resa più efficiente e che le informazioni possono essere conservate meglio nella memoria a lungo termine collegando foneticamente il suono associato alle informazioni.

Il metodo del collegamento è una tecnica di memorizzazione popolare, come spiegato nel primo libro di questa serie, e aumenta la memoria a breve termine.

A questo punto è importante notare che aumentare la memoria a breve termine non significa che puoi contenere più informazioni al suo interno. È solo che le informazioni fluiscono più rapidamente nella memoria a lungo termine e quindi liberano lo spazio disponibile nella memoria di lavoro.

Memoria a Lungo Termine

La memoria a lungo termine è ciò che pensiamo quando

parliamo dell'argomento, ma la realtà è che questo è il meno compreso di tutti i tipi di memoria. La ricerca ha dimostrato che la memoria a lungo termine è solo un insieme di reti neurali e la formazione di una nuova memoria è solo un collegamento di neuroni esistenti tramite connessioni, chiamate sinapsi. Più forti e spesse sono le sinapsi, meglio ricordiamo qualcosa.

Tuttavia, le sinapsi non sempre si disconnettono o cessano di esistere. In alcuni casi, specialmente quelli estremamente traumatici, le sinapsi tendono a rompersi e la memoria si perde per sempre, ma in larga misura ciò non accade. Ciò ha portato molti ricercatori a chiedersi se abbiamo davvero dimenticato qualcosa (Human-memory.net, 2019).

Quindi, come si spiega il fatto che non possiamo ricordare i nostri giorni da bambini? Bene, ciò che accade è che i vecchi ricordi vengono spesso sepolti sotto una tonnellata di reti neurali più nuove e fresche e quindi i vecchi ricordi vengono sovrapposti. Di tanto in tanto, può verificarsi qualche innesco che ci consente di ricordare vecchi ricordi e quando ciò accade, ci spenge per qualche istante poiché il nostro cervello, letteralmente si aggiusta, e questo provoca una sensazione di disconnessione per un momento.

Parlando di fattori scatenanti, mentre la memoria a breve termine e sensoriale usano i sensi per ricordare e interpretare le cose, la memoria a lungo termine usa il significato e l'associazione. Questo per dire che le cose che sono più importanti, come quelle determinate dai nostri sentimenti, hanno la priorità quando si tratta di memorizzazione e facilitano la mancanza di sovrapposizione da parte di altri ricordi. Questo è solo un modo elegante per dire che le emozioni contano quando si tratta di memorizzare. Collegare le emozioni positive a nuove informazioni è estremamente utile quando si tratta di memorizzazione. La memoria a lungo termine è ulteriormente suddivisa in memoria conscia e inconscia o subconscia e non capiamo biologicamente come funziona.

A livello psicologico, sappiamo che la nostra mente subconscia è piena di cose che sono state passate dalla nostra mente conscia. Queste abitudini sono vecchie e radicate e le eseguiamo senza pensare, come ad esempio allacciarsi le scarpe. Tuttavia, qual è l'impatto emotivo di legare un laccio? Anche se avremmo potuto sentirci bene quando l'abbiamo realizzato per la prima volta da bambini, quell'emozione è davvero più positiva di, diciamo, ricevere amore da qualcuno che apprezziamo?

Quindi perché questo ricordo passa nel subconscio e non viene mai sovrascritto mentre molti altri di natura simile non lo fanno? La risposta è che non lo sappiamo. Gli scienziati ritengono che il nostro cervello potrebbe dare la priorità alle informazioni ricevute durante i primi cinque anni e i primissimi anni della nostra vita rispetto a quelle che riceviamo quando siamo più grandi, ma non ci sono prove scientifiche a sostegno di questa tesi (Human-memory.net, 2019).

Per esperienza, tuttavia, capiamo che i bambini sono macchine dell'apprendimento e assorbono semplicemente tutto ciò che li circonda in modo indiscutibile, mentre gli anziani tendono a diventare irascibili quando le loro convinzioni vengono messe in discussione. In tutta onestà, questo vale per tutti gli adulti, ma il grado in cui si può mettere in discussione le convinzioni di una persona diminuisce con l'età.

Biologicamente parlando, la corteccia prefrontale e l'ippocampo svolgono ruoli importanti nel recupero e nella formazione della memoria a lungo termine. Come abbiamo detto con la memoria a breve termine, il modo per spingere le informazioni nella memoria a lungo termine è semplicemente associarle a input sensoriali adeguati, come pensare a parole in rima e così via, quindi imprimerle nella memoria a lungo termine, semplicemente infondendole emozioni positive e forti.

Le emozioni negative possono aiutare? Ebbene sì, e il fatto è che i nostri cervelli sono molto più ricettivi alle emozioni negative anziché quelle positive, grazie a come ci siamo evoluti. Da un punto di vista psicologico, tuttavia, dovrebbe essere ovvio che l'emozione positiva ci farà molto più bene dell'emozione negativa.

Le emozioni positive influenzano anche la nostra immagine di noi stessi. Anche in questo caso, non sappiamo come vengono immagazzinate queste raccolte di convinzioni, ma sappiamo come cambiarle. Cambiare la propria visione di sé cambiando le nostre convinzioni è molto importante. Ci sono dei metodi che uso spesso con i miei clienti, potenzio le loro menti nel minor tempo possibile sostituendo le loro convinzioni limitanti con convinzioni potenzianti. Ma questo è materiale per un altro libro, come tale, non lo toccherò qui.

Onde cerebrali

La comunicazione tra le tue reti neurali tramite sinapsi avviene tramite elettricità. Queste comunicazioni elettriche producono onde elettromagnetiche all'interno del cervello e sulla base della frequenza di queste onde, è possibile rilevare il tipo di stato che il cervello sta attraversando.

Ora, prima di procedere, devo avvertirti che ci sono un certo numero di fonti là fuori che assegnano proprietà magiche alle onde cerebrali e alla loro capacità di cambiare la tua vita. Affermazioni come aumentare il tuo QI (quoziente intellettivo), migliorare la tua concentrazione e così via, ascoltando suoni che hanno la stessa frequenza delle onde cerebrali che producono l'effetto desiderato.

Dal punto di vista scientifico, nessuno di questi funziona (Novella, 2017). Dovremo fare ulteriori studi per capire se il tuo cervello è un diapason che può essere indotto a vibrare quando sente un suono e si aggancia magicamente all'attenzione. Queste soluzioni quando funzionano, nella maggior parte dei casi, sono il risultato dell'effetto placebo. Ma quindi la musica non può alterare il nostro stato di coscienza? Ma certo che può farlo, pensa alla tua musica rilassante preferita. Ricorda, ogni stimolo esterno può cambiare il tuo stato di coscienza, anche una parola di un amico.

Le informazioni che sto presentando qui sono solo a scopo di conoscenza e non dovresti prenderle come un metodo per aumentare la tua attenzione o memoria. Queste tecniche vengono dopo.

In breve, i tipi di onde cerebrali esistenti sono i seguenti:

- **Infrarossi:** vibrano a una frequenza inferiore a 0,5 Hz e si sa molto poco sul tipo di attività che li produce. La loro bassa frequenza rende molto difficile rilevarli e misurarli.

- **Delta:** Le onde delta oscillano tra le frequenze da 0,5 a 4 Hz. Queste onde sono prodotte quando dormiamo profondamente e sono associate alla guarigione poiché il corpo si sottopone a questo processo quando dormiamo.

- **Theta:** Oscillano tra 4 e 8 Hz, le onde theta possono essere pensate come le onde del sogno, corrispondono ad uno stato di rilassamento profondo. Queste onde vengono rilevate quando le nostre menti sognano o sono in uno stato subconscio, tra la coscienza e l'incoscienza.

- **Alpha:** Queste onde sono prodotte quando siamo pienamente presenti e serenamente concentrati su un'attività senza distrazioni esterne. Quindi una mente calma e concentrata. Uno stato di coscienza tranquilla. Queste oscillano tra le frequenze da 8 a 12 Hz. In questo stato mentale siamo più capaci di immagazzinare e richiamare le informazioni.

- **Beta:** Le onde beta sono le più comunemente presenti e si verificano durante le normali funzioni quotidiane. Ad esempio mentre stai leggendo questo libro sei in Beta. E' uno stato di coscienza attiva. Queste oscillano tra 12 e 35 Hz.

- **Gamma:** Queste sono le onde della prestazione elevata. Questa è la lunghezza d'onda preferita da molti ciarlatani. Forse oscillanti tra 35 e 42 Hz (ci sono ricerche contrastanti), le onde gamma sono un po' un mistero. Tecnicamente, sono al di fuori dello spettro del funzionamento neuronale, ma vengono prodotte quando una persona si trova in uno stato di grande concentrazione, come una grande prestazione sportiva o un compito delicato da portare a termine che richiede assoluta concentrazione. Può essere anche uno stato di grande eccitazione, come ad esempio l'essere innamorati. Queste sono state rilevate anche nelle persone che hanno raggiunto un livello elevato nella loro pratica di meditazione. Ciò ha portato le onde gamma ad essere incoronate le onde dell'illuminazione spirituale, il che potrebbe essere vero, ma non fatevi ingannare, è pieno di truffatori e ciarlatani che giocano sulle debolezze delle persone.

Fra i neuroscienziati sono in corso vivaci discussioni sulle onde cerebrali, specialmente sulle onde gamma. Quindi fai attenzione a toni isocronici e battiti binaurali e simili, perché probabilmente funzionano principalmente come placebo.

Non ci sono molte prove scientifiche a sostegno della loro efficacia. Certamente non causano alcun danno se usati con parsimonia. Come della buona musica rilassante, a volte possono darti una sensazione di benessere. Tuttavia, non pensare a loro come scorciatoie per attivare in qualche modo il tuo cervello.

La scienza dell'apprendimento

Questo è un libro sul miglioramento della memoria, quindi parlare dell'apprendimento potrebbe sembrare tangenziale. Tuttavia, come abbiamo già visto, entrambi i processi condividono molte analogie. Comprendere brevemente come imparare in modo efficace ti aiuterà a capire come creare impronte di memoria più profonde, poiché dovrai imparare nuove tecniche.

Le esperienze sono il modo migliore di apprendere e un rapido sguardo alle nostre stesse vite lo confermerà. Quindi, creare una storia di qualche tipo prima di imparare una nuova materia è una tecnica eccellente. Un esempio, in questo caso, sarebbe quello di trasformare l'apprendimento di nuove tecniche di miglioramento della memoria in una sorta di indagine.

Potrebbe sembrare infantile, ma forse è una buona cosa perché i bambini sicuramente sanno molto di più sull'apprendimento rispetto ai grandi e sembrano avere un'immaginazione più attiva rispetto agli adulti. L'applicazione di una canzoncina a liste di parole e l'associazione di nuove informazioni a quelle vecchie sono tutte tecniche per applicare nuove informazioni ad una storyboard.

L'emozione è un'ottima motivazione per apprendere nuove informazioni e apre la nostra mente a nuove esperienze. Quando siamo in uno stato profondamente emotivo, le nostre reti neurali più vecchie sono pronte per essere sovrascritte ed è così che le abitudini indesiderate, che sono solo reti, vengono sovrascritte. Questa tecnica di associare le emozioni negative alle vecchie abitudini e le emozioni positive a quelle nuove viene utilizzata per il recupero e la riabilitazione da droghe e alcol (American Addiction Centers, 2019).

Il focus e l'intenzionalità guidano il nostro apprendimento verso un obiettivo specifico. Il focus ti aiuta a concentrarti e l'intenzionalità è il tuo "perché", nel senso "perché lo stai imparando?". L'ultimo pezzo del puzzle è la ripetizione. Fare una cosa più e più volte martella la rete neurale in forme e costruisce percorsi. Pertanto, con questi quattro strumenti, focus, intenzionalità, emozione e ripetizione, puoi imparare nuove informazioni. Non ci sono scorciatoie, è necessario sedersi ed eseguire questo processo.

Ora, dopo aver esaminato la biologia del cervello e il processo di apprendimento, diamo un'occhiata a come possiamo migliorare la nostra capacità di memorizzare e rafforzare il nostro cervello attraverso il nostro stile di vita.

2. Cibo e Scelte di Stile di Vita

Il primo passo per migliorare la tua memoria è riportare il cervello in uno stato il più sano possibile. Benché potrebbe essere impraticabile montare un set di pesi e sollevarli con il cervello, il tuo cervello fortunatamente non ha bisogno di tali forme di esercizio. Ciò di cui ha bisogno è che tu viva uno stile di vita il più sano possibile e in questo capitolo analizzerò alcuni dei fattori che compongono uno stile di vita sano.

Cibo per il cervello

Il cervello è il centro di comando dei nostri corpi, che fa in modo che tutto sia in linea e funzioni in modo ordinato. Insomma, è una grande impresa. Il cibo che mangi è il carburante che alimenta il tuo corpo e il tuo cervello, ed è anche questa una grande faccenda. Al giorno d'oggi, c'è un gran trambusto su cosa sia esattamente una dieta sana e la presenza di alimenti trattati chimicamente non fa nulla per rispondere a questa domanda.

La risposta sintetica è che una dieta equilibrata e biologica è la migliore forma di alimentazione. Ci sono alcuni alimenti che alcuni di noi preferirebbero non consumare, come i vegani per quanto riguarda i prodotti animali. Anche se questo non è l'ideale, non è nemmeno un grande handicap.

Finché otterrai le giuste quantità di proteine, grassi e carboidrati insieme a vitamine e minerali, starai bene e il tuo cervello sarà in buona salute.

I grassi tendono ad essere un po' demonizzati, con molte persone che pensano che li faranno ingrassare. Bene, la realtà è che il grasso è un macronutriente essenziale. Ciò che ti rende grasso è lo zucchero, non il grasso (Kubala, 2019). Lo zucchero è presente praticamente in tutti gli alimenti trattati chimicamente sotto forma di sciroppo di mais e altri prodotti chimici, quindi questo è l'ingrediente da cui dovresti stare lontano.

Concediti del cibo spazzatura se ne hai voglia ma non esagerare. Direi che la stessa cosa vale anche per un'alimentazione sana. Le nostre menti hanno bisogno di un po' di cibo di conforto per rimanere in salute di tanto in tanto, quindi sentiti libero di consumare alcune cose malsane ogni tanto per calmare il tuo cervello. Basta non esagerare.

Ci sono alcuni alimenti che aiuteranno il tuo cervello a raggiungere il suo stato ottimale. Prima di passare a questo elenco, sappi che il tuo cervello si deteriorerà con l'età. Non c'è cibo o droga che puoi prendere per invertire il processo. Il meglio a cui dovresti puntare è quello di essere in ottima salute ed essere la versione migliore di te stesso.

Pesce

Il pesce grasso o, più specificamente, gli acidi grassi omega 3, sono il miglior cibo per il cervello che ci sia. Pesci come sardine, trote e salmoni sono ricchi di grassi omega 3. Il tuo cervello è composto per la maggior parte di acqua, ma poi il resto è grasso. I grassi presenti nel cervello sono anche grassi omega 3 e questi sono usati per costruire sinapsi e reti neurali (Jennings, 2017).

Gli studi condotti hanno dimostrato che le persone che consumano regolarmente pesce grasso hanno una probabilità minore di contrarre il morbo di Alzheimer e di beneficiare di una serie di altre qualità degli acidi grassi omega 3. Questi includono pelle dall'aspetto più giovane, capelli più setosi e così via.

Una carenza di omega 3 è stata collegata a difficoltà di apprendimento, nonché a stati mentali come depressione e ansia (Jennings, 2017).

Caffè

Mentre il consumo di caffeina in grandi quantità può essere dannoso per la salute, un espresso dopo pranzo è più che benefico per te. Può aiutarti nella riduzione dell'assorbimento degli zuccheri. Inoltre la caffeina aumenta il livello di prontezza come attesterà qualsiasi gufo notturno assonnato. Lo fa bloccando l'adenosina che è una sostanza chimica che induce il sonno prodotta dal cervello (Jennings, 2017).

Non prendere il caffè la mattina appena sveglio, è l'ora peggiore, perché è uno dei momenti in cui il nostro organismo rilascia più cortisolo. Non devi bere caffeina in un momento in cui la concentrazione di cortisolo nel sangue è al massimo. Questo perché la produzione di cortisolo è fortemente correlata al tuo livello di attenzione e si dà il caso che il cortisolo raggiunga i picchi per il tuo ritmo di 24 ore in media tra le 8 e le 9 del mattino (Debono et al., 2009). Quindi è consigliabile prendere il caffè quando il livello di cortisolo presente nel sangue si è abbassato.

Il caffè contiene anche una serie di antiossidanti che aiutano a mantenere la salute generale delle cellule distruggendo i radicali liberi all'interno del corpo. Uno studio condotto ha indicato che le persone che consumano caffeina su base regolare hanno un rischio inferiore di contrarre il morbo di Alzheimer e ciò potrebbe essere dovuto agli antiossidanti presenti (Jennings, 2017).

Dovresti però abituarti a prendere il caffè senza zucchero. Se non riesci a berlo amaro, prova a metterci un po' di miele di acacia. Non bere più di un caffè al giorno. La quantità che mi sento di consigliarti è quella un espresso: 30 ml originati da 7 grammi di caffè macinato e pressato.

Frutti di bosco

Mirtilli, fragole e lamponi contengono un gran numero di antiossidanti che eliminano le tossine dal corpo e riducono l'infiammazione e il danno ossidativo all'interno delle cellule (Jennings, 2017). Numerose malattie neurologiche sono state collegate alla presenza di radicali liberi e infiammazioni, quindi le bacche sono un ottimo alimento per il cervello.

Alcuni studi condotti mostrano che il consumo regolare di bacche può aiutare anche la memoria a breve termine (Jennings, 2017). Ciò non significa che devi iniziare a consumare secchi di mirtilli ogni giorno, ma rendili parte della tua dieta.

Curcuma

Questa spezia è stata utilizzata fin dall'antichità per una serie di cose, dalla pulizia della pelle alla protezione solare naturale. Tuttavia, uno degli ingredienti della curcuma, la curcumina, è una sostanza che raramente riesce ad essere assorbita direttamente dal cervello (Jennings, 2017).

Oltre ad essere un eccellente antiossidante e antinfiammatorio, la curcumina aiuta a rafforzare la memoria e allevia gli stati mentali come la depressione (Jennings, 2017).

Consumala come parte della tua dieta aggiungendo spezie a base di curcuma al tuo cibo. Questa di solito è presente nel curry in polvere, anche se potresti semplicemente aggiungere direttamente la curcuma. Puoi anche aggiungerla al tuo tè, alla spremuta di arancia o a dell'acqua calda con limone e zenzero.

Il grande limite della curcumina però è lo scarso assorbimento. Infatti gran parte della curcumina che assumi, non viene assimilata e non entra nel sangue.

Broccoli

I broccoli erano molto diffusi tra l'antica Roma e l'antica Grecia. Questo grazie agli antichi Etruschi, una civiltà dedita alla coltivazione, che grazie ai loro commerci nel mediterraneo, diffuse questo prezioso ortaggio tra le civiltà.

Queste civiltà apprezzavano molto le proprietà benefiche dei broccoli, un alimento prezioso dalle virtù curative straordinarie.

Sono ortaggi ricchi di vitamina C e sali minerali come calcio, ferro, fosforo, potassio e zinco. Contengono anche vitamine B1, B2 e sono una ottima fonte di vitamina K. Questo micronutriente è responsabile della produzione di un tipo di grasso che si trova ampiamente nel nostro cervello (Jennings, 2017).

Gli studi condotti su persone anziane mostrano che quelli con un più alto apporto di vitamina K hanno ricordi migliori e soffrono di una migliore salute mentale in generale (Jennings, 2017). Questo oltre ad essere antinfiammatorio è un potente antiossidante.

Ma i benefici dei broccoli non finiscono qui. Sono ricchi di fibre, hanno pochissime calorie e hanno anche una discreta dose di proteine. Sono dei potenti antiossidanti, hanno un potere antianemico, emolliente, diuretico e depurativo. Proteggono le ossa e gli occhi, riducendo il rischio di cataratta. Aiutano a prevenire le malattia cardiovascolari e ictus. È davvero un alimento straordinario.

I broccoli contengono degli antiossidanti molto efficaci: il sulforano e gli isotiocianati. Queste sostanze oltre a prevenire la crescita di cellule cancerogene, ne impediscono anche il processo di divisione cellulare con la conseguente apoptosi (morte cellulare). Quindi svolgono una azione protettiva contro i tumori limitando lo sviluppo di cellule tumorali.

Ma il sulforano ha altre proprietà benefiche, aiuta le cellule a ripulirsi dalle tossine ed è indicato contro le affezioni polmonari. Ha la capacità di pulire i polmoni e di mitigare le infiammazioni delle vie respiratorie.

Abbiamo ancora molto da imparare delle civiltà antiche.

Semi di Zucca

Lo zinco, il magnesio e il rame sono minerali che hanno eccellenti benefici per il cervello. I segnali nervosi e la memoria sono aiutati direttamente da questi tre minerali (Jennings, 2017).

È importante ricordare che il cervello comunica tramite impulsi elettrici e che questi minerali sono altamente conduttivi.

I semi di zucca contengono tutti questi minerali in grandi quantità e contengono anche ferro che è essenziale per la funzione e la lucidità del cervello. Mentre i benefici sono collegati ai minerali stessi, i semi di zucca sono una fonte eccellente di tutti loro e quindi essenziali per un cervello sano.

Cioccolato Fondente

Il cioccolato è uno stimolante dell'umore, come tutti sanno. Il cioccolato al latte di solito contiene molti zuccheri che non fanno bene alla salute. Invece, il cioccolato fondente e il cacao in polvere non raffinato contengono una serie di acidi grassi vegetali che aiutano notevolmente le funzioni cerebrali (Jennings, 2017).

Grazie al cacao, il cioccolato è una delle fonti alimentari migliori di flavonoidi. Sono sostanze naturali che hanno proprietà antiossidanti e riparano i danni cellulari. Ci sono varie tipologie di flavonoidi, come i flavanoli e flavonoli, e sono contenuti entrambi nel cacao.

Il consumo di una dieta ricca di flavonoidi (in particolare flavanoli e flavonoli), aiuta la prevenzione del diabete di tipo 2 (Zamora-Ros et al., 2013). Inoltre i flavanoli del cacao possono migliorare la salute cardiometabolica. (Xiaochen et al., 2016).

Queste sostanze, sono densamente raccolte nelle aree del cervello che si occupano di apprendimento e memoria e studi hanno dimostrato che le persone che consumano cioccolato fondente tendono a soffrire meno di malattie degenerative del cervello (Jennings, 2017).

Frutta Secca

La frutta secca è ottima per la tua salute generale, in particolare le noci che hanno una buona dose di acidi grassi omega 3. Gli effetti primari sulla salute della frutta a guscio sembrano essere l'avere un cuore sano piuttosto che influenzare direttamente il cervello, ma questa non è certo una lamentela (Jennings, 2017). Ci sono stati studi che collegano la salute del cuore e del cervello e questo non dovrebbe sorprendere dato che questi due organi formano i centri nervosi del nostro corpo (Jennings, 2017). Inoltre, la frutta secca contiene anche dosi salutari di vitamina E, antiossidanti e prevengono i danni dei radicali liberi a livello cellulare.

Arance

Le proprietà benefiche e nutritive delle arance sono molte. Contengono fibre, sali minerali, vitamine e antiossidanti, come carotenoidi, antocianine, citroflavonoidi, flavanoni, esperidina e acidi idrossicinnamici. Sono famose per il loro contenuto di vitamina C, anche se ci sono altri alimenti che ne hanno di più, come ad esempio l'uva, il ribes, i peperoni e i broccoli. Grazie alla presenza di queste sostanze benefiche, è un frutto prezioso per il nostro organismo, ha proprietà antitumorali e riesce ad aumentare le nostre difese immunitarie. La presenza della esperidina presente soprattutto nell'albedo, il bianco dell'arancia, aiuta a prevenire le malattie cardiovascolari.

Ma le arance migliorano il nostro cervello? Aiutano la nostra memoria? Si. Il succo d'arancia è ricco di flavonoidi e migliora la funzione cognitiva (Alharbi, Lamport et al., 2016). Le nostre funzioni cognitive di base sono attenzione, memoria, percezione e ragionamento. Quindi, migliorare le nostre funzioni cognitive vuol dire migliorare il nostro processo di acquisizione di conoscenze e comprensione attraverso il pensiero, i sensi e l'esperienza. Tutto questo ci permette di memorizzare meglio le informazioni.

Il consumo di arance ha anche effetti sul nostro umore. A volte può bastare anche il profumo per rinvigorirci e ridurre gli stati d'ansia. Fanno bene al nostro cervello anche per la presenza dell'inositolo, una sostanza importante per i nostri processi cerebrali.

Uova

I nutrienti presenti nelle uova, in particolare le vitamine B6, B12, colina e acido folico sono ottimi alimenti per il cervello e migliorano la cognizione mentale e la memoria. Il corpo ha bisogno di colina per sintetizzare la fosfatidilcolina e la sfingomielina, due fosfolipidi importanti per le membrane cellulari. È un nutriente essenziale che deve essere incluso nella dieta per mantenere una salute ottimale. La colina è anche usata per la neurotrasmissione e regola la memoria e l'umore. La carenza di folati viene rilevata nelle persone con demenza e i tuorli d'uovo sono un'ottima fonte di colina e folati (Jennings, 2017).

La maggior parte delle persone ha problemi di colesterolo nel consumo di tuorli d'uovo, ma fintanto che ti alleni regolarmente e li consumi con moderazione, i tuorli d'uovo sono una fonte eccellente di questi micronutrienti e proteine.

La vitamina B6 è fondamentale per il funzionamento del sistema nervoso centrale e periferico ed è indispensabile per la sintesi della serotonina, che oltre a regolare il nostro umore, è importante per la concentrazione e la memoria.

Tè Verde

Il tè verde (Camellia sinesis) è ampiamente noto per le sue proprietà antitumorali e antinfiammatorie. Viene coltivato sin dall'antichità e viene utilizzato da millenni dalla medicina tradizionale cinese. È un'ottima fonte di antiossidanti e aminoacidi che stimolano le funzioni cerebrali. Tra questi abbiamo la L-teanina che aumenta la produzione di GABA (acido γ-amminobutirrico), un neurotrasmettitore che riduce i sentimenti di ansia e induce calma (Jennings, 2017). Questo sembra bilanciare gli effetti della caffeina presente nel tè verde.

Tra i composti biologicamente attivi contenuti nella Camelia Sinesis, i principali agenti antiossidanti sono le catechine. La migliore fonte di questi composti è il tè verde non fermentato (Musial, Kuban-Jankowska, Gorska-Ponikowska, 2020).

Naturalmente le proprietà antiossidanti variano a seconda del tipo e dell'origine delle foglie di tè verde. Influiscono anche le condizioni geografiche, le modalità di raccolta e la lavorazione delle foglie. Ma di base, le foglie del tè verde sono ricche di polifenoli e bioflavonoidi. Questi antiossidanti favoriscono la rigenerazione dei tessuti del nostro organismo e contrastano i radicali liberi e quindi ci aiutano a rallentare il nostro invecchiamento cellulare. Hanno un effetto protettivo sui neuroni e riducono il rischio di malattie neurodegenerative come Alzheimer e Parkinson.

Le catechine mostrano la forte proprietà di neutralizzare le specie reattive dell'ossigeno (ROS) e dell'azoto (RNS). Sono i radicali liberi più diffusi.

Il gruppo di derivati della catechina del tè verde comprende: epicatechina, epigallocatechina, epicatechina gallato ed epigallocatechina gallato. L'ultimo di questi presenta il più potente potenziale antinfiammatorio e antitumorale. In particolare, le catechine del tè verde sono ampiamente descritte per essere efficaci nella prevenzione del carcinoma polmonare, del carcinoma mammario, del carcinoma esofageo, del carcinoma dello stomaco, del fegato e della prostata (Musial, Kuban-Jankowska, Gorska-Ponikowska, 2020).

Stile di Vita

Non è necessario programmare orari separati per svolgere attività di potenziamento del cervello. Il modo migliore per farle è di integrarle effettivamente nella tua vita quotidiana. I seguenti suggerimenti ti permetteranno di integrare le attività di potenziamento del cervello nella tua routine quotidiana. È probabile che non comincerai a seguire subito tutti questi consigli. Non importa, non è necessario preoccuparsi. Quando cerchi di introdurre dei cambiamenti, assicurati sempre di farlo a piccoli passi. Questo è dovuto al condizionamento neurale del nostro cervello.

Le reti neurali più vecchie sono piuttosto forti e se cerchi di implementare nuove abitudini, quello che stai cercando di fare è di sovrascrivere queste vecchie reti forti con delle nuove e deboli. Potresti riuscire a ottenere temporaneamente un po' di controllo, ma alla fine la tua forza si esaurirà e tornerai a fare la stessa vecchia cosa.

Questo è il motivo per cui i propositi del nuovo anno falliscono, perché le persone cercano di cambiare drasticamente la propria vita non appena inizia l'anno. Entro poche settimane o mesi, tornano a fare le stesse cose di prima. Il modo per evitare questa situazione è di consolidare gradualmente, passo dopo passo, la forza della nuova rete neurale. Così, non è necessario sprecare la tua forza di volontà nel tentativo di forzarti a fare qualcosa di nuovo. I piccoli passi sono la chiave, ricordalo sempre.

Pianificare le attività

I nostri cervelli amano le attività che gli danno un grande allenamento. Il modo migliore per allenarlo è incorporare i seguenti elementi:

- **Novità:** qualcosa di nuovo che il cervello non conosce è un ottimo modo per rinfrescare la mente. Un ottimo modo per incorporare delle novità nella tua vita è fare qualcosa di vecchio della tua routine, ma in un modo nuovo. Ad esempio, guidando un nuovo percorso per andare a lavoro.

- **Sfida:** un'attività che richiede un coinvolgimento costante è perfetta per il cervello. Mentre il livello di sfida può variare, è importante che il cervello non entri in modalità pilota automatico. Ad esempio, giocare ad un nuovo livello di videogioco che richiede di ragionare, invece di riprodurre un livello di difficoltà che hai già superato.

- **Apprendimento:** scegli le attività che hanno una curva di apprendimento. Questo è un modo eccellente per garantire che la sfida continui. Inoltre, imparerai davvero un'abilità.

- **Ricompensa:** se questa attività ti dà dei benefici tangibili nella tua vita, questo ti motiverà a mantenerla più a lungo.

Esempi di attività che includono tutto quanto sopra sono l'apprendimento di nuovi hobby, l'apprendimento della musica, l'apprendimento di una nuova lingua e così via. Dare costantemente al tuo cervello un allenamento lo mantiene in forma.

Programmare l'allenamento

Non c'è bisogno di uscire e di costruirsi una montagna di muscoli addosso, ma basta muoversi e sudare. Questo non solo rilascia endorfine nel tuo sistema e giova al tuo cuore, ma libera il cervello dalle tossine.

L'esercizio fisico ha anche enormi benefici nella lotta contro la depressione e altri stati mentali che derivano dalla frustrazione. Scegliere un'attività fisica come il nuoto come hobby è un modo eccellente per combinare il punto precedente sulla novità con questo.

Dormire

Le nostre culture tossiche del lavoro in qualche modo pensano che sia un segno di forza lavorare con poco sonno o tirare tutta la notte. Certo, ci sono alcuni casi in cui questo è richiesto, ma farlo ripetutamente è solo una follia. Il sonno è essenziale per il tuo corpo per guarire e ripararsi, soprattutto se sei fisicamente attivo. Il sonno aiuta il cervello a ricordare tutto ciò che ha imparato e a liberarsi delle tossine. Un adulto medio ha bisogno di circa otto ore di sonno ogni ventiquattro ore.

Io utilizzo da anni *"La Regola 888 di Zeloni Magelli"*. Otto ore di riposo, otto ore di lavoro, e otto ore di piaceri, passioni e divertimento. Provala anche tu!

Assicurati di dare la priorità al sonno assicurandoti che la tua camera da letto sia adeguatamente buia e non ci siano rumori forti in giro. Se necessario, riproduci un po' di musica rilassante o suoni della natura per aiutarti a dormire meglio. Un consiglio è di evitare di guardare uno schermo luminoso un'ora prima di andare a letto. Ciò include cose come la televisione o lo schermo di uno smartphone. Ti consiglio inoltre di proteggere i tuoi occhi con degli occhiali da sole quando usi il pc, il tablet e lo smartphone.

Tieni il telefono spento e in un'altra stanza quando dormi. E non lo accendere subito quando ti svegli la mattina. Prima fai colazione, leggi, dedicati alla tua cosa più importante. Dopo che hai fatto tutto questo puoi accenderlo ed aprirti agli altri, ma non prima! Devi proteggere la tua mente e i tuoi spazi.

Monitorare lo stress

Seguire i passaggi precedenti ti consentirà di mantenere bassi i livelli di stress. Tuttavia, gli induttori di stress sono presenti ovunque e dovresti monitorarti per questi sintomi. Spesso lo stress è causato da aspettative non realistiche da parte nostra e da tendenze di perfezionismo. Assicurati di monitorarti per questi tipi di comportamenti e prendi dei provvedimenti per scaricare lo stress. La meditazione e lo yoga sono metodi eccellenti per gestire lo stress. Programma alcune attività divertenti da svolgere. Vai in un centro benessere e prenota un massaggio. Premiati bene e smetti di essere sempre così duro con te stesso.

Fai attività di potenziamento della memoria

Le attività di potenziamento della memoria includono novità e ti offrono una nuova sfida. In più, allenano direttamente il tuo cervello. Imparare altre tecniche di apprendimento, studiare la mnemotecnica e fare giochi per potenziare il cervello, sono ottimi modi per farti divertire e migliorare la tua salute cerebrale.

Monitorare le relazioni

Spesso, le nostre relazioni sono la più grande fonte di stress e di piacere allo stesso tempo. Assicurati che le tue relazioni siano sane e sii sempre proattivo quando si tratta di gestirle. Troppo spesso le diamo per scontate insieme alle persone coinvolte e ci lasciamo sfuggire le cose. Sfortunatamente c'è ancora molto sgomento associato alla ricerca di aiuto quando si tratta di riparare un rapporto. Non aver paura di cercare e affrontare i problemi e assicurati sempre che le tue relazioni siano una fonte di forza e non un qualcosa che ti debiliti.

Questo porta alla fine il nostro sguardo su uno stile di vita che supporta e migliora la salute del cervello, di cui la memoria è uno di questi. Finora hai imparato a conoscere la biologia che sta alla base del cervello e come il tuo stile di vita influisce sulla tua salute. Ora è il momento di tuffarsi e di guardare esercizi e situazioni specifiche in cui ti sarà utile un'ottima memoria.

3. Interesse e Memoria

In questo capitolo, il mio obiettivo è di dimostrarti che non esistono brutti ricordi. E non sto parlando di un incubo che hai avuto di recente, ma mi riferisco alla tua convinzione che dimentichi facilmente le cose o di avere difficoltà nel ricordarle e di dover scrivere sempre tutto.

Come abbiamo già visto, il tuo cervello non dimentica le cose (ad eccezione della memoria a breve termine). Le cose si sovrappongono, ma si dimenticano? No, ciò non accade poiché le connessioni neurali non si interrompono, tranne in condizioni molto remote.

Come vedremo, il punto di partenza di tutta la memoria è l'interesse e l'osservazione.

Osservazione

Stai camminando lungo la strada e mentre passi davanti alla vetrina di un negozio, vedi un enorme display che pubblicizza un prodotto, ad esempio un rasoio da barba, che attira la tua attenzione. In quel momento non hai il tempo per entrare e acquistarlo ma lo archivi per dopo. Durante la giornata lavorativa, ricordi il display e puoi ricordare tutte le informazioni che conteneva sul prodotto.

Se ti capita di essere un appassionato del taglio della barba o stai cercando di acquistare qualcosa come regalo per un maschio, potresti persino discutere di questo prodotto con alcune delle persone intorno a te. Potresti non avere il tempo di andare fisicamente al negozio e acquistarlo, ma riesci ad ordinarlo online e a farlo recapitare a casa tua poco dopo.

Quindi, quale magia ha avuto luogo che ti ha fatto ricordare quell'oggetto? Perché hai notato il prodotto mentre passavi? Al giorno d'oggi siamo bombardati da molte immagini pubblicitarie e non ci facciamo nemmeno più caso, al punto che mentre scorriamo una pagina web, i nostri cervelli hanno iniziato a oscurare la maggior parte di questi annunci. Voglio dire, quando è stata l'ultima volta che non hai saltato un annuncio su un social network quando ti ha dato la possibilità di farlo?

Adesso ho un altro esercizio per te. Non scrivere nulla mentre leggi questo e tieni tutto a mente: supponiamo che stai guidando un autobus pubblico. Alla prima fermata, entrano quattro persone e due scendono. Alla fermata successiva, nessuno sale ma due scendono dall'autobus. Alle tre fermate successive, per ciascuna entrano tre persone e due escono, tranne nell'ultima fermata dove ne esce una sola. In seguito, alle successive quattro fermate, ne entra una per ciascuna, ad eccezione dell'ultima fermata in cui entrano tre persone. A ciascuna di queste quattro fermate esce una persona. Hai tutto? Giusto. Ora, la mia domanda per te è: come si chiama l'autista dell'autobus?

La messa a fuoco

Quanto abbiamo visto sopra, è un gioco a cui alcuni bambini delle scuole giocano tra loro e anche se non ci hai mai giocato prima, puoi apprezzare il mio punto di vista qui. Vedi, la tua attenzione era probabilmente sui numeri e mentre continuavi a leggere probabilmente hai cercato di calcolare le somme e tenere traccia del numero di persone sull'autobus.

Se ti avessi chiesto alla fine quante persone fossero rimaste sull'autobus, avresti avuto una risposta pronta per me. Questo perché una volta che ho iniziato a dare i numeri, il tuo interesse è stato attirato da loro. Per interesse, non intendo dire che ho suscitato profonde passioni per i numeri dentro di te, solo che ti ho fatto concentrare su di loro.

Tuttavia, alla fine ti ho chiesto il nome del conducente dell'autobus, che non è qualcosa che ti interessava o su cui eri concentrato. Quelli di voi che hanno già incontrato questo esercizio in precedenza possono avere la risposta pronta. Bene, per queste persone ecco una domanda aggiuntiva: quante fermate ha fatto l'autobus? Non ne hai tenuto traccia, vero?

Questo esercizio si occupa più dell'osservazione che della memoria, ma il punto di partenza di tutta la memoria è l'osservazione e l'interesse. Si osservano solo le cose che interessano. Pertanto, per lavorare sull'allenamento della tua memoria, devi prima interessarti a farlo. È necessario iniettare un'emozione positiva in questo, come abbiamo visto nei capitoli precedenti.

Se lo fai, il tuo cervello ha un grande incentivo a lavorare con te invece che contro di te. In questo momento, se ti sei convinto di avere una scarsa memoria, la tua rete neurale dominante rispetto a questa convinzione ti indurrà a scrivere tutto. Se improvvisamente smetti di scrivere le cose, senza generare interesse ad allenare le tue capacità di memoria, non andrai da nessuna parte e presto regredirai.

L'interesse va oltre il desiderio di sviluppare le tue capacità mnemoniche. Devi anche essere interessato a ciò che desideri ricordare. Ora, in quest'ultimo caso, sto usando la parola interesse qui per mancanza di una migliore espressione. Forse memorabile è una parola migliore. Il tuo interesse è suscitato da cose che hanno un significato emotivo per te. Più profonda è l'emozione, più è probabile che la ricorderai e reagirai ad essa.

Supponiamo che ti trovi di fronte a una scelta di decidere quale pubblicità funzionerebbe meglio per un detergente per superfici e pavimenti. Un annuncio mostra un video di un ratto che corre in fretta e generalmente crea un trambusto, rovinando tutto ciò che tocca. Il secondo annuncio mostra un tenero cucciolo che corre in giro e fa cose da cucciolo e finisce con lui guardando il disordine che ha creato e dicendo "scusa" con una bella voce fuori campo.

Voglio dire, la scelta è ovvia, no? A meno che tu non sia quella persona eccezionale che ama i ratti, tutti sceglieranno il cucciolo. Perché questo? Ancora una volta, probabilmente lo capisci istintivamente e non ho bisogno di spiegarlo.

Il risultato netto è che ricorderai, in altre parole memorizzerai, meglio il prodotto quando vedi il cucciolo invece del ratto. In breve, il cucciolo ha creato un'esperienza più memorabile e interessante da ricordare. Ma a dire il vero, ricorderesti anche la pubblicità con il ratto, perché è una cosa inusuale. E quindi attirerebbe ugualmente la tua attenzione. Ma sarebbe una pessima scelta per vendere il prodotto. Inoltre non ricordiamo solo emozioni positive, ma anche quelle negative.

Immaginazione

Abbiamo una brillante immaginazione, questo è senza dubbio. Basta pensare agli scenari catastrofici che alcune persone visualizzano regolarmente nelle loro teste per capire che i nostri cervelli sono in grado di realizzare delle imprese cinematografiche davvero eccezionali una volta allentate le catene della realtà.

Probabilmente ricordi qualche tuo sogno memorabile e forse anche alcuni incubi. Ciò dimostra che quando si tratta di memoria, il tuo cervello non distingue tra reale e immaginario. Ogni esperienza viene trattata allo stesso modo e memorizzata all'interno.

Ecco perché la visualizzazione come tecnica per migliorare sé stessi è così potente.

Se visualizzi scenari in cui hai successo in un'attività o anche nella vita in generale, il tuo cervello richiama e ricorderà questi momenti iniettandoti fiducia. La chiave è fondere le emozioni positive con queste esperienze e renderle il più reali possibile. Più profonde sono e meglio è.

Immaginazione e memoria sono collegate. Mentre riportiamo alla mente i ricordi, avviene a livello inconscio un processo che rimodella i nostri ricordi e le nostre percezioni.

La nostra immaginazione si sovrappone e si intreccia con la nostra memoria. Non possiamo immaginare un qualcosa senza la base di un ricordo delle nostre esperienze passate. E non possiamo ricordare senza usare la nostra immaginazione. Il punto è che l'immaginazione è uno strumento potente quando viene usata consapevolmente.

L'immaginazione può rendere le cose memorabili e farci concentrare sulle cose che desideriamo ricordare.

Anche la tua immaginazione può essere considerata come un muscolo che ha bisogno di esercizio per essere allenato. Esercizi di visualizzazione regolari ti aiuteranno ad allenarti e aumenteranno indirettamente la tua capacità di ricordare le cose.

Un buon esercizio di visualizzazione è inventare scenari come un giorno perfetto o una settimana perfetta. Se lo desideri, estendilo a una vita perfetta.

Quando lo fai per la prima volta, le tue immagini saranno confuse e avrai difficoltà a renderle reali. Continua però e presto scoprirai che sarai in grado di visualizzare le cose facilmente anche per un'ora. Sebbene tutta questa visualizzazione è una cosa bella e buona, in che modo aiuta la tua memoria? C'è un esercizio che puoi fare per usare l'immaginazione per aiutare la tua memoria?

Certamente, ed è un metodo che può sostituire il processo di memorizzazione della forza bruta.

Processo di Memorizzazione della Forza Bruta

Anche se il nome ti sembrerà nuovo, è il metodo che hai usato più spesso a scuola per memorizzare le cose. Ad esempio ripetere all'infinito una poesia fino a quando non l'hai memorizzata. Ma questo metodo non è molto sicuro ed efficace. Pensa a tutte le poesie che hai imparato a memoria in passato. Quante ne ricordi oggi? Come puoi migliorare questa tecnica? Io uso un mio metodo che ho chiamato *"Forza Bruta Aumentata"*.

Immagina di dover memorizzare una poesia. Prendi carta e penna. Leggi il primo rigo della poesia che vuoi imparare e scrivilo per 3 volte sul foglio di carta. Leggi il secondo rigo e scrivilo per 3 volte. Continua così fino a quando non sei arrivato all'ultimo rigo della poesia. Hai fatto? Adesso ti ritroverai l'intera poesia scritta dove ogni rigo è stato ripetuto 3 volte. Voglio darti un esempio visivo, sul tuo foglio di carta leggerai:

Rigo 1,

Rigo 1,

Rigo 1,

Rigo 2,

Rigo 2

Rigo 2

e così via...

Una volta terminato, dovrai ripetere il tutto per altre 2 volte. Ti ritroverai alla fine 3 poesie scritte dove ogni rigo è stato ripetuto per 3 volte. Queste 3 poesie "aumentate" adesso dovrai leggerle ad alta voce. E dovrai registrare un audio. Poi dovrai sdraiarti sul letto ad occhi chiusi e ascoltare questo audio per 3 volte. Quando ti alzerai, avrai imparato la poesia a memoria.

Perché questo metodo è molto potente? Perché è un concentrato di tecniche che lavorano insieme e amplificano la tua capacità di ricordare.

Userai la ripetizione, la scrittura, la lettura ad alta voce, l'ascolto e le onde alpha del tuo cervello. Quando ti sdraierai e chiuderai gli occhi, entrerai in uno stato di calma e le tue onde cerebrali saranno di tipo alpha. Come abbiamo visto prima, queste onde favoriscono l'apprendimento e la memorizzazione. Inoltre in questo processo, stimolerai ben 3 dei tuoi 5 sensi: Vista, Udito e Tatto. Questa è una tecnica con un potere di memorizzazione molto elevato. Forza Bruta Aumentata! Provala!

Ma adesso torniamo all'immaginazione. Come possiamo memorizzare senza fare affidamento alla tradizionale forza bruta? Come possiamo utilizzare l'immaginazione per aiutare la nostra memoria? Ecco un metodo.

Il Metodo Ridicolo per ricordare le liste

Latte, pollo, acqua, cereali, pasta integrale, riso integrale, carote, sedano, pane integrale, formaggio majorero, uova e sapone di Marsiglia.

Prova a memorizzare questo elenco e vedi come procedi.

Probabilmente noioso vero? Richiede un po' di sforzo mentale e memorizzazione della forza bruta. Cioè, come abbiamo visto prima, ripeterlo fino a quando non lo hai memorizzato. Probabilmente è così che ricordavi le cose a scuola e, sfortunatamente, la maggior parte delle persone non ha imparato un modo migliore. Bene, sto per darti il metodo perfettamente ridicolo per ricordare le liste. Capirai perché si chiama così presto.

Si tratta di un insieme di alcune tecniche che abbiamo già trattato nei precedenti libri di questa serie.

Considerato ciò che hai appreso finora in questo capitolo, dovrebbe essere ovvio che il nostro primo passo per ricordare questo elenco è renderlo il più interessante e memorabile possibile. Non c'è nulla di sostanzialmente interessante in una lista della spesa, che è quello che è. Quindi cosa facciamo? Bene, qui entra in gioco la nostra immaginazione!

Quali sono alcune delle esperienze più memorabili della nostra vita? Probabilmente i viaggi. Li abbiamo amati da bambini e da adulti, ci investiamo denaro e riserviamo settimane speciali per prenderli. Molte esperienze memorabili sono seguite o precedute da viaggi. Quindi perché non fare un viaggio?

La chiave di questo esercizio è fare un viaggio in un luogo che conosci come il palmo della tua mano poiché devi concentrarti sul ricordare la lista e non il luogo attraverso il quale si sta viaggiando. La tua casa è il posto perfetto per questo. Dal momento che è la tua casa, non ti entusiasmerà molto, ma è qui che entra in gioco la parte ridicola.

Mentre viaggi attraverso la tua casa, dal soggiorno alla sala da pranzo e così via, devi posizionare gli oggetti presenti in quella lista lungo il percorso ed esagerare le loro caratteristiche a tal punto da non poterli dimenticare. Ad esempio, apri la porta di casa e la prima cosa che noti è un mare di latte che ti scorre sopra o una brocca di latte a grandezza naturale che ti chiede se ti sei ricordato di comprare il latte.

Poi, mentre ti giri per andare in camera da letto per cambiarti, vedi un pollo che sputa fuoco che chiede un bicchiere d'acqua, proprio ora, accidenti! Mentre apri la porta della tua camera da letto, c'è una scatola di cereali sdraiata sul letto a russare forte e ride istericamente perché sta sognando qualcosa di divertente.

L'idea è chiara. Prenditi il tuo tempo e rendi queste immagini il più ridicole e divertenti possibili. Non lasciare che i vincoli della realtà ostacolino la tua visione e cammina per tutta la casa, ponendo queste stranezze ovunque tu voglia. All'inizio, avrai problemi a concentrarti su particolari aree della tua casa e a posizionare gli oggetti.

Inizia lentamente. Invece di posizionare l'intera lista, posiziona solo alcuni oggetti e scrivi il resto. Poi aumenta lentamente il numero di oggetti che devi collocare. Ricorda di rendere il viaggio attraverso la tua casa il più sensato possibile. Quindi non saltare dal cortile alla camera da letto del piano superiore. L'idea è di rendere gli oggetti memorabili, non il viaggio in sé. Il viaggio dovrebbe essere una risposta automatica e ragionevole.

Quando si posizionano gli oggetti, non nominarli ma ricorda le loro caratteristiche. Pertanto, non chiamare la bottiglia di latte "latte", ma semplicemente notare di cosa si tratta e vai avanti. Quando desideri richiamare il primo elemento della tua lista, semplicemente ricomincia da capo il viaggio e lo incontrerai. Quindi, ricorderai il latte, poi il pollo e così via.

Una buona idea è quella di rendere queste immagini divertenti. L'umorismo è un'emozione estremamente positiva ed è un qualcosa da cui siamo naturalmente attratti. Voglio dire, potresti rendere queste immagini orribili, dal momento che anche quelle possono essere memorabili, ma lo vuoi davvero? Inoltre, se associ emozioni negative come la paura e lo shock a esercizi di memoria, è probabile che non li seguirai regolarmente.

Man mano che diventerai più abile in questo, sarai in grado di ingrandire la tua casa e ricordare tutto quello che c'è sulla tua lista. È a questo punto che dovresti fare le cose in grande e sfidare te stesso. Ricorda, il tuo cervello ama le sfide, non importa quanto si lamenti. È fondamentale per te continuare a lanciarli nuove sfide ed esercitarlo.

Espandere i confini

Se scopri che dopo un po' di tempo sarai in grado di correre o volare attraverso la tua casa nella tua testa e sei in grado di posizionare facilmente e quindi ricordare elenchi di dieci elementi, fai un passo avanti praticando la tecnica del collegamento e lasciando i confini della tua casa.

Il collegamento si riferisce all'associazione di un oggetto a un altro. Gli studi hanno dimostrato che tendiamo a ricordare cose che ci ricordano qualcos'altro. Quindi, ricordiamo e associamo l'acqua con una piscina o la sabbia con una spiaggia o un'emozione con un momento particolare della nostra vita.

Puoi usare questa tattica psicologica per ricordare elenchi più lunghi e richiamare oggetti in questo elenco con maggiore velocità rispetto al metodo ridicolo che richiede di viaggiare attraverso la tua casa o un luogo familiare. Il collegamento è qualcosa di cui dovresti procedere a piccoli passi poiché ti imporrà un maggiore carico cognitivo.

Tuttavia, ricorda che all'inizio qualsiasi nuovo esercizio sarà duro e devi continuare a esercitarti per migliorare.

La creazione di collegamenti

Utilizzando l'esempio precedente della nostra lista della spesa, il tuo compito è quello di creare collegamenti tra ogni elemento successivo della lista. Ad esempio, il primo elemento, il latte, deve essere collegato al secondo, il pollo. Ancora una volta, è importante rendere il collegamento il più ridicolo possibile per ragioni già spiegate.

Purtroppo un pollo che nuota nel latte non è abbastanza ridicolo. Che ne dici di un pollo che stringe una bottiglia di latte e rutta rumorosamente, gettandola sul pavimento chiedendone "Un'altra!" come un cowboy in un film western? Dopo questo, il pollo si strofina la pancia e comincia a vomitare i cereali in una grande scatola.

Sono consapevole che quello che ho scritto in queste righe non è molto elegante. Ma sono anche sicuro che questa immagine ti sia rimasta più impressa piuttosto di quella di un pollo che nuota nel latte. Sei riuscito a visualizzarla meglio e ti ha stupito. Quindi sarai in grado di ricordarla bene. Sono sicuro che adesso hai capito il vero significato di "ridicolo".

La tecnica del collegamento è in realtà solo una forma più avanzata del metodo ridicolo in cui si fa ugualmente un viaggio, ma si percorre la lista anziché di mettere gli oggetti in dei luoghi familiari. Lasciando la confidenza della familiarità di ciò che ti circonda, stai ponendo maggiore fiducia nella capacità del tuo cervello di fare affidamento solo sulle immagini della lista e di associare gli oggetti tra loro, invece di associare l'oggetto a un luogo familiare.

La chiave per creare collegamenti forti è rendere l'immagine il più ridicola possibile ma non perdere troppo tempo a renderla ridicola. La prima immagine che ti viene in mente è di solito la più potente e non ti preoccupare se pensi che non sia abbastanza ridicola. Cambia l'immagine solo se scopri di non poterla ricordare al momento della revisione.

Suggerimenti e trucchi

Esistono alcune tecniche che si possono utilizzare per costruire collegamenti migliori. La prima di queste è il dimensionamento. In poche parole, questo significa rendere gli elementi molto piccoli o molto grandi. Il gigantismo ha un effetto più profondo su di noi e tendiamo a considerare le cose più grandi di noi come più memorabili di quelle più piccole.

Anche fare qualcosa di carino e strappalacrime è una buona tattica. Ci sono pochissime persone al mondo che non sorriderebbero a un cucciolo o a un bambino e questo è semplicemente il nostro desiderio naturale di esprimere l'amore che traspare. Le emozioni positive che questo genera rendono l'immagine abbastanza memorabile da rimanere con noi per molto tempo. Se trovi simpatici dei cuccioli giganti, allora provaci.

Dare dinamismo e azione ai tuoi oggetti è un'altra buona idea. Chiedi loro di fare cose ridicole mentre si muovono e non lasciarli statici. L'idea di movimento è di nuovo un qualcosa che genera associazioni positive nella nostra mente. Ecco perché viaggiamo attraverso la nostra casa e la nostra lista, poiché il movimento implicito rinfresca il nostro cervello e porta novità.

Quando dinamismo e movimento sono associati a un oggetto esterno, proviamo ugualmente la stessa emozione grazie alla forza delle associazioni mentali con il movimento. Quindi usalo con le tue immagini. Altre buone tattiche, che ho già menzionato, sono l'umorismo e l'esagerazione. Adoriamo ridere e il nostro senso dell'umorismo è un qualcosa che molti di noi identificano come pietra angolare della nostra identità.

Una tattica che funziona per alcuni è la sostituzione. Si tratta di svolgere un'attività con un elemento della lista che sarebbe ridicolo fare nella vita reale. Ad esempio, provando a colpire una palla da baseball con un compasso. Il principio che sta alla base dell'efficacia di questo metodo è ancora la sua assurdità.

Cerca di incorporare più di una tecnica nelle tue visioni e continua a praticare e sviluppare le tue abilità. Ricorda che un'abilità è un qualcosa che si sviluppa attraverso ripetizione, focalizzazione, intenzionalità ed emozione. Usa questi principi per sviluppare la tua memoria, che non è altro che un'abilità.

Si chiude così il nostro sguardo sul ruolo dell'osservazione e dell'interesse nei confronti della memoria. Ricorda che la chiave è generare interesse, preferibilmente positivo, nelle tue liste o oggetti da memorizzare e il tuo cervello farà il resto per te. A proposito, l'autista del bus sei tu. Avevi dimenticato la domanda? Pensavi davvero che mi sarei dimenticato di darti la risposta?

4. Numeri e Mnemoniche

Mentre è facile memorizzare e viaggiare attraverso liste di parole, i numeri rappresentano un problema particolare. I numeri sono soltanto forme che abbiamo memorizzato e, a meno che non siano collegati a un ricordo speciale, non hanno troppo significato per noi.

A complicare il problema c'è il fatto che ci sono così tante combinazioni. Esistono dieci numeri di base, ma questi dieci si combinano per formare un numero infinito di combinazioni che fanno sembrare impossibile ricordare le cose.

In questo capitolo, ti fornirò un metodo infallibile per ricordare qualsiasi numero, indipendentemente dalle dimensioni utilizzando un metodo che si baserà sui metodi precedenti che abbiamo visto finora.

Il Codice Mnemonico

L'idea di usare la mnemotecnica per memorizzare qualcosa non è certo rivoluzionaria. Era nota anche nell'antica Grecia. Infatti "mnēmonikós" deriva da Mnemosine, la dea greca della memoria. La mnemotecnica era molto importante in antichità, ancor prima della alfabetizzazione, perché la conoscenza e le tradizioni culturali venivano tramandate oralmente.

Alcune mnemoniche, come abbiamo visto nel primo libro *"Memoria Fotografica"*, si affidano all'uso di suoni per correlarli alle parole o per abbreviare frasi complesse in un suono che abbia senso.

Un buon metodo per ricordare i numeri è assegnare una lettera o un suono a ciascun numero di base, da zero a nove, e quindi creare suoni per un numero o un insieme di numeri. Tuttavia, questo metodo si interrompe quando si ha a che fare con grandi numeri poiché ci saranno tanti suoni da memorizzare.

A complicare ulteriormente la questione è il fatto che nessuno di questi suoni significherà molto per te e diventerà difficile memorizzarli. Pertanto, invece di memorizzare i numeri, ora stai memorizzando i suoni e il collegamento al numero, che è un modo piuttosto contorto di fare le cose.

Bene, ti mostrerò un metodo che ti aiuterà a usare le mnemoniche nel modo giusto e ti consentirà di memorizzare facilmente lunghi elenchi di otto o nove numeri. La chiave è utilizzare i nostri vecchi amici, l'immaginazione e i collegamenti, una volta superate le mnemoniche.

L'Alfabeto Numerico

Il primo passo è quello di creare il tuo proprio alfabeto per i numeri da zero a nove. La mente processa immagini e un numero complesso deve essere visualizzato come un insieme di immagini. Per trasformare dei numeri in immagini abbiamo bisogno di un codice. Ognuno ha i propri metodi per farlo e vi spiegherò il mio qui di seguito.

o - O. Zero sembra una O quindi questo ha senso per me.

1 - A. A è la prima lettera dell'alfabeto

2 - B. La seconda lettera

3 - C. La terza

4 - D. La quarta

5 - E. La quinta

6 - S. Penso a sei che inizia con una S, quindi questo ha senso.

7- L. Il simbolo 7 può sembrare una L rovesciata.

8- H. Il numero 8 in un display di un orologio digitale può ricordare una H

9- N. Nove comincia con la N.

Devi inventare un alfabeto che abbia più senso per te invece di cercare di memorizzare quello sopra. La chiave è usare associazioni e collegamenti che abbiano più senso e siano quasi intuitivi per te. Ad esempio, trovo naturale associare la lettera E al numero cinque. Alcuni di voi potrebbero non pensarla così.

La chiave è sospendere la logica e usare invece le emozioni. Ricorda che l'emozione è uno dei principali driver della memoria e devi usarla a tuo favore. Quando pensi a un numero, qual è la prima cosa che ti viene in mente? Bene, usa la lettera associata con quel numero. Ad esempio, potresti pensare alla parola "raduno" con "uno". Quindi puoi usare la lettera "R" o qualche associazione simile per indicare quella lettera. È necessario memorizzare questo nuovo alfabeto prima di procedere. Il passo successivo è assegnare qualche personaggio ai numeri a due cifre. Assegnando loro personalità e azioni, puoi dar loro vita e diventa abbastanza facile per te creare dei collegamenti.

Ti avverto, questo metodo è brutalmente efficace ma all'inizio sembrerà noioso.

Quello che intendo con l'assegnazione di una personalità a numeri a due cifre è meglio illustrato tramite un esempio. Prendiamo il numero 67. Le lettere corrispondenti a questo sono S e L. Quindi 67 è SL. Il prossimo passo è assegnare una personalità e un'azione a SL. Per personalità, intendo una persona famosa o un qualcosa della cultura popolare che puoi immediatamente associare ad esso.

Personalmente, SL mi evoca la immagini di SNL, quindi lo immagino come Saturday Night Live (un programma comico che va in onda dal 1975) e l'azione che associo ad esso maggiormente è la risata. Dato che l'esagerazione è una buona cosa, esagererò questa azione trasformando le risate in risate da mal di pancia mentre mi tengo i fianchi o l'immagine di una persona che si tiene i fianchi ridendo in modo incontrollabile, che fa ridere anche me, grazie alla natura contagiosa delle risate .

Quindi ora abbiamo quanto segue:

67 = SL = SNL e risate incontrollate

Come ulteriore esempio prendiamo il numero 99. Ciò corrisponde a NN che, per me, evoca le immagini di una "notte fonda", allora penso ad un supereroe che prende a pugni in faccia un cattivo. Per chiarire ulteriormente, visualizzo i fumetti di Batman in cui colpisce i cattivi con le parole "bam" e "biff" in piccole nuvole esplosive, colorate di rosso e giallo.

Puoi usare quello che vuoi per indicare le lettere e le azioni. La chiave è che dovrebbero avere un certo impatto su di te e dovresti essere in grado di riconoscerle istantaneamente e denotare l'azione e la personalità della cultura pop. Sii breve e semplice e, come ho detto, scoprirai che la prima cosa che ti verrà in mente sarà la più memorabile. Ormai a questo punto dovresti aver capito che stai effettivamente utilizzando un ricordo esistente per crearne di nuovi.

Poiché i tuoi ricordi esistenti sono stati impiantati grazie alle emozioni, ha senso usare questi esistenti invece di cercare di evocare nuove connessioni emotive estendendo le associazioni. Queste associazioni che fai ai numeri non hanno bisogno di avere senso. Se scegli le associazioni pensando che sembreranno interessanti per qualcun altro, sbaglierai tutto. Sono cose tue, quindi tienile per te.

A volte, le tue associazioni non saranno politicamente corrette. Non si tratta di giudicarsi o censurarsi in alcun modo. Se sei disturbato da alcune associazioni, lavora sulla disattivazione delle credenze che promuovono la connessione, invece di cercare di scegliere qualcosa che ha un impatto secondario per te.

Un buon esercizio per liberare la mente e aprire davvero la tua immaginazione è quello di scrivere un elenco di numeri da 00 a 99 e attribuire dei riferimenti a loro insieme a un'azione. Per esempio:

00 → OO → Due occhi grandi che esprimono stupore.

01 → OA → Suona come Aloha. Quindi Hawaii. Collana di fiori Hawaiana.

02 → OB → Mi ricorda la catena di bricolage OBI, quindi il fai da te. Penso al gazebo di legno che ha costruito mio padre.

03 → OC → Orange County, California e surf, tramonto sulla spiaggia, falò sulla spiaggia. (In questo caso la mia azione è collettiva e indica un certo stato d'animo. Finché ha senso per te, seguilo)

08 → OH → Una emoji scioccata e una persona che fa "ooooh"

45 → DE → Germania e guida veloce in autostrada.

38 → CH → Svizzera, case di legno in montagna ed escursioni.

58 → EH → Ed Helms e un dentista che si estrae un dente

46 → DS → MS-DOS e scrivere al computer

Scrivi un elenco completo, quanti più numeri possibili, da 00 a 99 e lascia che la tua mente ti dia immagini e azioni. Ricorda di scegliere semplicemente la prima cosa che ti viene in mente. A volte, questo non avrà senso, soprattutto quando lo fai per la prima volta. Tuttavia, rimani concentrato e libera la mente, ti divertirai molto con lei.

Memorizzazione

Ora che sei in grado di associare automaticamente riferimenti e azioni ai numeri, è ora di iniziare a usare tutto questo per aiutarti a memorizzare numeri lunghi. Utilizzeremo qui il nostro vecchio amico chunking per aiutarci ad assimilare le informazioni che dobbiamo memorizzare. Se abbiamo una lunga serie di numeri, come un numero di telefono, diciamo 6142099456, dobbiamo prima suddividere questo numero in blocchi di due cifre. Quindi 6142099456 si trasforma in 61, 42, 09, 94 e 56.

61 → SA → Sudafrica e giocare a cricket.

42 → DB → Deutsche Bank e il furto di denaro.

09 → ON → Robin Hood e il tiro con l'arco.

94 → ND → Notre Dame e il gobbo di Notre Dame che balla.

56 → ES → Spagna e corrida.

Ora che hai la tua lista di riferimenti e azioni, è tempo di tessere una storia ridicola alternando il riferimento e l'azione. Quindi, 6142099456 diventa il Sudafrica che ruba una tonnellata di soldi a Robin Hood perché il gobbo di Notre Dame vuole fare festa in Spagna e ha bisogno di grana. Capisco che questo sembra un esercizio estremamente noioso da fare e probabilmente stai pensando che non riuscirai mai a ricordare i passaggi o le associazioni. Bene, fidati di me, dopo alcuni tentativi, sarai in grado di volare attraverso questo procedimento.

Questo mi porta alla fase finale del processo. Sebbene sia bello creare una storia e associarla a un numero, non ti aiuta nei casi in cui è necessario associare il numero a un nome. Ad esempio, sai che il numero è 6142099456, ma di chi è il numero?

Associazione

Il passaggio finale è creare un collegamento tra la tua storia e il soggetto. Quindi, se stai cercando di memorizzare il numero di telefono di un amico, imposta la storia nella sua casa o in un luogo ad esso associato. Il luogo è solo un metodo di associazione. Potresti anche avere qualche elemento nella storia che rimane costante da associare alla persona che conosci. Ad esempio, potresti fare in modo che i soggetti della tua storia indossino un particolare capo di abbigliamento che associ al tuo amico. O forse questi argomenti contengono qualcosa che appartiene al tuo amico. E così via; le scelte sono infinite.

Formare un'associazione con una storia così bizzarra e senza senso, garantisce al tuo cervello il ricordo del numero. Come sempre, più ridicola è la tua storia, meglio è. Ora questo sarà inizialmente un lavoro pesante. Avrai bisogno di un po' di tempo per creare una storia e anche formare associazioni e azioni per i numeri coinvolti. Tuttavia, una volta che continuerai ad allenarti, ti ritroverai a migliorare e alla fine, sarai in grado di inventare istantaneamente storie e azioni e memorizzare lunghe liste di numeri. Non dovrai continuare a salvare i numeri di telefono o scriverli ovunque, sarai in grado di recitarli a memoria.

Suggerimenti

L'uso del codice mnemonico riguarda la creazione di storie memorabili. Fin dall'inizio quando scegli il tuo alfabeto per le dieci cifre di base, devi inventare qualcosa che ti colpisca immediatamente e con emozione. Ancora una volta, come menzionato nel capitolo precedente, la prima cosa che ti colpisce di solito è la scelta migliore.

Lo stesso vale per il secondo passaggio in cui è necessario associare i numeri a due cifre con riferimenti che si comprendono insieme ad azioni che sembrano plausibili per tali argomenti. Non scegliere azioni casuali che non hanno senso ma non andare fuori di testa cercando di far sì che le cose abbiano troppo senso.

Infine, pratica. Fai molta pratica. Questa tecnica sarà molto più semplice una volta padroneggiato il materiale del capitolo precedente poiché il tuo cervello sarà già stato allenato fino ad un certo punto. Non essere frustrato o non ti arrendere facilmente. Ricorda che nel tempo sarai in grado di applicare questa tecnica senza sforzo. Questo ci porta a chiudere il nostro sguardo sulla memorizzazione delle liste di numeri e sull'associazione con le persone a cui sono collegate. Tra poco, vedremo qualcosa che fa sudare freddo la maggior parte delle persone: i discorsi in pubblico.

5. Le Parole Chiave Sbloccanti

Parlare in pubblico è una di quelle cose che è in cima alle paure della maggior parte delle persone. Parlare in pubblico provoca una tale paura che memorizzare un discorso o utilizzare la memoria in qualsiasi modo sembra impossibile grazie al nervosismo che genera.

Bene, in questo capitolo ti darò una scorciatoia per imparare a padroneggiare il parlare in pubblico. Questo sarà fatto usando proprio il tipo di iperattività che subisce il tuo cervello durante i momenti di tensione.

Il Succo del Discorso

Parlare in pubblico è solo una delle tante occasioni in cui la tecnica delle parole chiave è utile. Altri momenti in cui puoi utilizzarla è quando si memorizzano molti fatti, come durante una lezione di storia che coinvolge molte date. Puoi utilizzare il metodo del capitolo precedente per ricordare questi fatti e poi collegare la data alle parole chiave che si sceglieranno per i vari avvenimenti.

Le parole chiave ti aiuteranno anche a imparare molto più velocemente il significato delle frasi in lingue straniere. Tuttavia, a dire il vero, il suo utilizzo nell'apprendimento di una lingua straniera è un po' limitato e, il più delle volte, il modo migliore per imparare una nuova lingua è immergersi in essa e comunicare con essa il più possibile.

In altre parole, ascolto e ripetizione della forza bruta.

La tecnica delle parole chiave non è utile anche per la memorizzazione a lungo termine, a meno che non lo si faccia esplicitamente. La stessa tecnica aiuta la memoria a breve termine e sto usando questo termine qui come diverso dalla memoria di lavoro che può contenere in media solo sette fatti alla volta. Per breve termine, intendo qualcosa che ricorderai per una settimana o due e poi dimenticherai a meno che continui a ripetere le informazioni a te stesso.

Ricorda che sto solo usando il parlare in pubblico come esempio per illustrare come funziona, dal momento che questa è una di quelle situazioni estreme che funziona bene per mostrarti i vantaggi e le insidie della tecnica. Questo metodo non si limita affatto a memorizzare solo i discorsi.

Memorizzare i discorsi

Di fronte a una grande folla, la prima cosa che scompare è la nostra concentrazione. Per combattere questo, molte persone cercano di memorizzare il loro intero discorso, ma questo è in realtà il modo peggiore possibile per affrontare la paura di parlare in pubblico. Questo metodo è poco efficace, poiché fa sì che il tuo cervello si concentri su ciò che verrà dopo e in effetti, ciò che l'oratore fa è creare un collegamento tra ogni singola parola del discorso.

Quindi, quando fuoriesce una parola, l'intero tsunami di parole fluisce. Tutto questo funziona fino a quando un collegamento si interrompe e la persona dimentica una parola. Questo è il momento in cui l'oratore annaspa e balbetta e anche la folla inizia a innervosirsi.

Per non parlare del fatto che difficilmente ci si può aspettare che una persona che memorizza un intero discorso lo esprima in modo coinvolgente. In tali casi, la mente del relatore è così focalizzata sui minimi particolari che dimentica lo spirito più ampio del discorso, che è quello di intrattenere la folla e coinvolgerli nell'argomento.

I migliori oratori pubblici non si preoccupano di memorizzare i loro discorsi e non scrivono i loro discorsi parola per parola. Invece, si lasciano trasportare dal momento e ne traggono ispirazione. Ad esempio, sapevi che le parole "I have a dream" non compaiono da nessuna parte negli appunti del Dr. Martin Luther King prima che pronunciasse quel discorso fondamentale? Se l'è inventato sul momento (Grant, 2016)!

La parte che è entrata nella storia è stata improvvisata. Un discorso spontaneo è più forte di un discorso preparato. Il metodo che è stato utilizzato dal Dr. King, e da altri numerosi illustri oratori è il metodo delle parole chiave. In sostanza, si tratta di scomporre parti di informazioni in riassunti e poi scegliere una parola o una frase che incarni l'idea di cui si vuole parlare.

Successivamente, collegando tra loro le diverse parole chiave, il discorso riceve la sua cornice o struttura e l'oratore è libero di colorare ciò che manca. Questa è una tecnica particolarmente efficace perché sfrutta appieno la capacità interna del nostro cervello di ricordare ed essere creativi.

L'ispirazione creativa

La creatività si riferisce a qualcosa che emerge da un qualcosa che prima non c'era. Creare è produrre dal nulla, anche se in realtà avviene una trasformazione di un qualcosa. Perché il pittore sceglie di dipingere questa macchia nera e quel punto giallo? Nessuno lo sa, forse nemmeno lui. Tutto quello che sa è che lo "sente" giusto. Ascoltando musicisti parlare, tutto ciò che si sente è come il momento li spinge a produrre musica.

Ho suonato per molti anni con la mia band, i miei assoli di chitarra erano sempre improvvisati, cambiavano sempre, mi facevo ispirare dal momento. Era come se mi connettessi ad un qualcosa sopra di me. Le mie dita si muovevano da sole.

La creatività non è qualcosa che nasce dalla memoria e come tale, la memorizzazione non ha molto a che fare con essa, almeno in superficie. Tuttavia, esaminare le condizioni che ispirano la creatività è istruttivo poiché sembra che una buona memorizzazione possa creare queste condizioni.

Pensa all'ultima volta che hai fatto qualcosa di creativo. Il tuo cervello probabilmente era a riposo e rilassato. Non eri gravato dalle tensioni quotidiane e probabilmente non hai riflettuto molto sulla questione.

La risoluzione dei problemi si verifica quando i nostri cervelli sono a riposo, stranamente, non quando sono iperattivi.

Tornando all'esempio di parlare in pubblico, conoscendo il percorso o il viaggio che il tuo discorso dovrebbe fare, sarai molto più rilassato. In primo luogo, non è necessario ricordare ogni singola parola del tuo discorso poiché devi solo ricordare le tue parole chiave o le tue parole essenziali.

Collegando insieme le tue parole, crei una storia che può essere facilmente richiamata e raccontata senza troppi sforzi. Questo lascia il tuo cervello libero da preoccupazioni e ti puoi concentrare a rendere il discorso migliore.

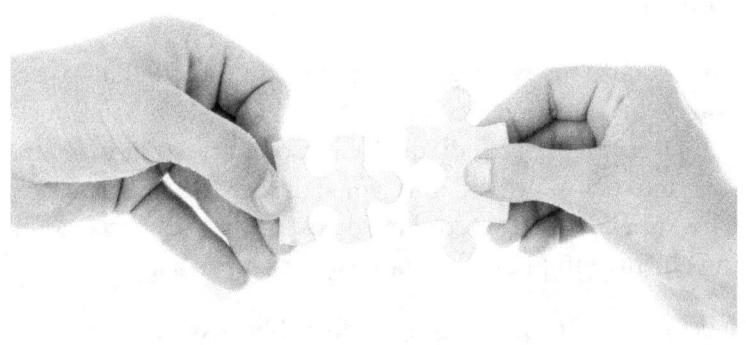

Con questo metodo, viene stabilito un flusso e il tuo cervello riesce ad esercitare i suoi muscoli creativi poiché può trovare ispirazione nel momento e trasmettere le informazioni con il giusto impatto emotivo e la giusta profondità.

La più grande paura che la gente ha nei confronti del parlare in pubblico è quella di rendersi ridicola, dimenticando cosa dire o dicendo qualcosa di stupido. Questo può essere affrontato preparando accuratamente l'argomento di cui parlare in anticipo.

L'applicazione del metodo

L'attuazione del metodo è piuttosto semplice. Se è la prima volta che lo fai, è una buona idea scrivere il tuo discorso in anticipo, parola per parola, e poi rivederlo. Ricorda, non è necessario memorizzare il tutto, basta rivederlo per vedere se ha senso per te o no. Successivamente, identifica i punti di transizione all'interno del tuo discorso. I punti di transizione si riferiscono alle aree in cui si passa da un argomento all'altro. Segna la fine di un argomento e l'inizio di un altro. A questo punto, avrai suddiviso il tuo discorso in blocchi di argomenti.

Una volta fatto questo, leggi i singoli pezzi e scrivi una frase o un'idea che meglio racchiuda ciò che stai cercando di comunicare all'interno di quel blocco. Potresti usare una parola ma per i principianti consiglio di usare una frase poiché sarà più facile ricordare e costruire una storia. Man mano che diventi più abile, puoi usare una parola.

Il passo finale è qualcosa che dovrebbe esserti familiare. Collega tutte le frasi insieme formando una storia, il più ridicola possibile, per intrecciare un filo comune attraverso tutte loro e affidarle alla memoria. Per fare questo, ripeti la storia a te stesso ripetutamente e quando arriverà il momento di parlare, inizia con il primo collegamento e scoprirai che il tuo cervello ti fornirà le parole giuste.

La chiave di tutto questo è fidarsi del proprio cervello. Ricorda che il tuo cervello è più che in grado di memorizzare e ricordare le cose da solo. È solo che c'è un sacco di altra spazzatura che si sovrappone ad esso e ne ostacola il suo comportamento naturale. Quindi fidati e abbi fede nel tuo cervello e svolgi questo compito. Ti scoprirai un meraviglioso oratore.

Mentre parlare in pubblico è fantastico e tutto il resto, la nostra vita lavorativa è una parte estremamente importante delle nostre attività quotidiane. Dato il tempo che dedichiamo al lavoro, è una buona idea rivedere e guardare come la memoria svolge un ruolo importante e come è possibile migliorare le prestazioni lavorative con pochi semplici aggiustamenti.

6. Pianificazione delle Attività

Come abbiamo visto prima, la prima chiave della memoria è l'attenzione. Se la tua attenzione è soggetta a richieste esterne, ci sono poche possibilità che tu possa finire il tuo compito attuale nel modo corretto. Pensala in questo modo: potresti pensare di aver inviato quell'e-mail importante al tuo cliente, ma la realtà è che è ancora nella cartella delle bozze in attesa di essere inviata.

Perché è diventato più difficile concentrarsi sul lavoro e portare a termine le cose? In questo capitolo, tratterò questo argomento e ti fornirò la chiave per fare le cose in metà del tempo usando la tua capacità di memoria intrinseca.

Il problema della produttività

Internet è una cosa meravigliosa e ha avvicinato il mondo. Però ha fatto insorgere anche delle cattive abitudini. Per qualche ragione, per molti dipendenti, il modo migliore per garantirsi quel dolce bonus di fine anno è quello di spedire le e-mail alle tre del mattino. Ciò ha portato a una bizzarra convinzione che più cose puoi fare in una volta, o destreggiarti, meglio sei come lavoratore.

Quello che in precedenza era il dominio degli artisti circensi è ora diventato la strategia per ogni colletto bianco là fuori, e chiunque non obbedisca o non sia all'altezza di questo standard viene guardato dall'alto verso il basso.

Il problema di rimanere sempre connessi al lavoro è che in realtà diminuisce la produttività. Certo, è utile rimanere connessi in caso di emergenza, ma non è un caso che il numero di emergenze sul lavoro sembri essere aumentato da quando è nata tutta questa connettività. Quindi cosa sta succedendo veramente?

Multitasking

Dall'inizio del millennio, la giocoleria è diventata più amichevole con il business e manageriale, ora è chiamata multitasking. Questo è quando si risponde alle e-mail, durante una chiamata importante e si impartiscono anche comandi a coloro che lavorano per te al fine di ottenere le cose velocemente. Alcune persone sono abbastanza stupide da pensare che questa sia una buona cosa.

Il fatto è che i nostri cervelli non sono progettati per funzionare in questo modo. Le ricerche condotte presso la Stanford University mostrano che le persone che svolgono più compiti sono in realtà meno produttive di quelle che non lo fanno e sono nettamente peggiori nel passare da un determinato compito a un altro (TalentSmart, 2019). La loro qualità del lavoro è, di conseguenza, molto inferiore rispetto a coloro che rifiutano il multitasking. Quel che è peggio è che il multitasking effettivamente riduce la produttività nel tempo. Dal punto di vista biologico, questo ha senso dal momento che stai indebolendo costantemente il tuo cervello nel tempo e non puoi aspettarti che sia in grado di tenere il passo. Rimanendo costantemente connesso al lavoro o impegnandoti in pensieri legati al lavoro per tutto il tempo, non ti spegni mai e non concedi al tuo cervello un momento di relax e di assorbire ciò che sta succedendo.

Il risultato netto è una bassa qualità del lavoro che aumenta solo il numero di cose che devi fare, l'esatto contrario di quello che era l'obiettivo primario. Eppure, le persone continuano a svolgere più compiti insieme. Perché questo? Una parte del motivo è l'inerzia. Semplicemente non cambiamo a meno che non ci sia un potente incentivo. Pensala come la prima legge di Newton.

In assenza di forze esterne, il moto rettilineo uniforme continua indefinitamente. Un oggetto in movimento rimarrà in movimento fino a quando non viene applicata una forza esterna. Anche noi lavoriamo così. Una ragione più grande è biologica e ha a che fare con il modo in cui funzionano i nostri cervelli.

La scarica di dopamina

Quindi, come pianifichi le tue attività? Se sei come la maggior parte delle persone, probabilmente crei un elenco di cose da fare, che ora sai come memorizzare, e poi ci lavori sopra. L'elenco delle cose da fare è un eccellente strumento di produttività e condensa tutto in un unico posto. Ancora meglio è che il suo sistema di ricompensa è integrato. C'è qualcosa di molto soddisfacente quando si cancella qualcosa dalla propria lista.

È qui che inizia il problema. Una volta cancellate le cose, ci si sente bene perché si riceve una scarica di dopamina, che può essere considerato l'ormone del "sentirsi bene" (Newsonen, 2014). È un ormone responsabile del senso di gratificazione, è una catecolamina, come l'adrenalina e la noradrenalina, quindi ci da anche la giusta carica ed energia per continuare a terminare la lista.

Poiché la dopamina è coinvolta nella promozione dei comportamenti e nella stabilizzazione delle abitudini, questo ormone ci motiva all'azione. Più dopamina viene rilasciata da una particolare attività, più forte diventa quel particolare percorso neurale. Dopotutto, questa è solo un'emozione che imprime un'abitudine o un ricordo più profondo nel tuo cervello.

Quindi, iniziamo a inseguire quel benessere e cerchiamo di cancellare le cose dalle nostre liste sempre più velocemente. Questo ci porta a fare più cose possibili in una volta sola, ragionando sul fatto che più cose possiamo fare, più velocemente possiamo cancellare le cose. Il risultato di tutto questo pensiero distorto è fare tre cose contemporaneamente e vantarsi delle proprie capacità multitasking sul proprio curriculum.

La scarica di dopamina distorce il nostro giudizio in molti modi. Non solo produciamo una qualità del lavoro inferiore, ma perdiamo anche la nostra capacità di dare priorità alle cose. Quello che succede nel tempo è che iniziamo a compilare elenchi con cose senza senso, e ci trasformiamo in degli "shufflers della carta". Questi compiti sono banali e ridicolmente piccoli ed equivalgono a spostare alcuni fogli sulla scrivania.

Il vero obiettivo del tuo compito viene dimenticato e, di conseguenza, finisci per diventare uno shuffler della carta al lavoro. E, peggio ancora, ci sono altre cose in sottofondo di cui non ti rendi conto.

Anche se cancellare alcune cose della tua lista ti fa stare bene, quelle cose non devono finire nella tua lista!

Lascia che ti racconti brevemente il principio di Pareto. Il principio afferma che circa il 20% delle cause provoca l'80%

degli effetti. Quindi l'80% di ciò che otteniamo è dovuto soltanto dal 20% di quello che facciamo. In ogni campo, ambito o settore, la maggior parte degli effetti è dovuta ad un numero ristretto di cause.

Quindi se la maggior parte dei risultati deriva da una piccola parte delle nostre azioni, vuol dire che la maggior parte di ciò che facciamo ha poco valore ed è abbastanza inutile.

Da ora in poi, concentrati solo sul quel 20% che ti genera l'80% dei risultati! Abbandona il resto e delegalo ad altre persone. Oltre a migliorare la tua produttività, migliorerai la tua vita.

Il tuo cervello e il multitasking

Lo studio più sorprendente che dimostra quanto sia inutile il multitasking è stato condotto dall'Università di Londra (TalentSmart, 2019). In questo studio, ai soggetti è stato ordinato di fare multitasking con una serie di obiettivi complicati. Questi obiettivi erano cose che si verificano regolarmente in un luogo di lavoro come l'invio di un'e-mail quando si è impegnati in una chiamata e così via.

Il QI è una metrica fraintesa e non significa l'intelligenza complessiva di una persona. In effetti, la persona che inizialmente aveva proposto il punteggio intendeva usarla come metrica per misurare il potenziale di un bambino che aveva un punteggio basso sulla scala, indicando una carenza nel processo educativo (TalentSmart, 2019).

Nel tempo, questo è stato frainteso per indicare un indicatore di intelligenza generale.

Il QI aumenta e diminuisce a seconda dell'ambiente in cui ci troviamo. Se ti trovi in un luogo sconosciuto dove nessuno parla una lingua che capisci, il tuo QI effettivo sarà più o meno lo stesso di un cumulo di mattoni, nonostante il dottorato dell'università più prestigiosa che hai nella tasca posteriore. Attualmente il QI può essere considerato come la misura dello stress cognitivo del tuo cervello.

Più la tua mente è rilassata, migliore è il tuo lavoro e più intelligente sei. A parte abbassare drasticamente il tuo QI nel momento, ancora più preoccupante è che il multitasking costante danneggia effettivamente il tuo cervello. In precedenza, la ricerca aveva ipotizzato che il danno derivante dal multitasking potesse essere temporaneo, ma nuovi studi condotti presso l'Università del Sussex indicano che il danno potrebbe essere permanente (TalentSmart, 2019).

I ricercatori hanno scoperto che coloro che facevano regolarmente il multitasking avevano meno densità cerebrale nella corteccia cingolata anteriore. Questa parte del cervello è responsabile di un altro fattore estremamente importante quando si tratta di valutare la nostra intelligenza, il nostro quoziente emotivo o EQ.

L'EQ tende a essere un po' in secondo piano rispetto al QI, poiché non può essere misurato mediante un numero ma viene invece osservato. In poche parole, l'EQ è una misura di come "con essa" ci si trova in una situazione.

Ridere ad alta voce a un funerale o piangere lacrime di tristezza per il nascituro del tuo migliore amico sono esempi estremi di un EQ quasi inesistente. Anche se non può essere misurato, l'EQ determina la qualità della nostra vita in diversi modi. Oltre ad aiutare o ostacolare le nostre relazioni, determina anche quanto bene facciamo sul lavoro. Gli studi hanno dimostrato che i dirigenti di alto livello possiedono alti livelli di EQ (TalentSmart, 2019). Quindi, l'implicazione è chiara, e a dire il vero, è un qualcosa che tutti noi sappiamo innatamente. Per fare bene nella vita, bisogna andare d'accordo con chi ci circonda.

Questo si è improvvisamente trasformato in un libro sulla produttività? No, non proprio. Il punto che sto cercando di comunicare qui è che la tua memoria è una qualità profondamente innata ed è un qualcosa che deve essere curato. Tutto inizia da quanto bene ti prendi cura del tuo cervello. Questo è il motivo per cui ho trascorso un bel po' di tempo a darti una lista di cibi per il cervello e ad affrontare temi relativi allo stile di vita.

La verità è che i nostri cervelli hanno la capacità di ricordare le cose estremamente bene. Ricorda che il cervello non può dimenticare le cose, biologicamente parlando. Le cose vengono sovrascritte ma le informazioni originali sono tutte lì dentro. Si tratta solo di rivelarle e di riportarle in superficie.

Prenditi cura del tuo cervello. Il danno a lungo termine causato dal costante multitasking ti indebolisce ed è molto più dannoso del guadagno a breve termine che ricevi dalla scarica di dopamina di cancellare le cose dalla tua lista.

Quindi come dovresti lavorare? Esiste un modello pratico che puoi seguire per fare le cose meglio e prenderti cura del tuo cervello allo stesso tempo? Certamente! Scopriamolo insieme.

Come lavorare

Esistono diverse strategie di lavoro, ma scegliere quella che è la migliore per la salute del tuo cervello è un compito arduo. Bene, il modo più semplice per ridurre il rumore è semplicemente tornare a ciò che abbiamo imparato finora. I nostri cervelli possono gestire solo un compito alla volta e quindi la tua strategia di lavoro è semplice: fai una cosa alla volta Questa strategia porta molti nomi chiamati deep work, monotasking, single tasking e così via. Analizziamo un po' di più questi elementi.

Suddivisione del lavoro

È abbastanza facile dire che dovresti fare una cosa alla volta, ma in pratica, questo è un compito impegnativo. Entra così la soluzione della suddivisione. Mettere da parte il tempo appositamente per completare importanti singole attività rispetto al tempo impiegato per svolgere più attività di riordino della carta. Ovviamente tutto inizia con le tue priorità.

È necessario classificare la lista dei compiti sulla base dei più e dei meno importanti. Un buon modo da adottare qui è il famoso metodo Eisenhower che classifica i compiti sulla base di una matrice. I fattori coinvolti sono urgenti e meno urgenti sull'asse orizzontale e importante e non importante sull'orizzontale.

Quello che è importante ha un impatto elevato su quello che facciamo, quello non importante ha un impatto ridotto.

	URGENTE	NON URGENTE
IMPORTANTE	Ora! Da Fare Subito!	Pianifica Datti una Scadenza
NON IMPORTANTE	Delega Chi può farlo per te?	Elimina

Figura 1: La matrice di Eisenhower

Pertanto, i compiti su cui concentrarsi maggiormente sono quelli che sono urgenti e importanti piuttosto i non urgenti e i non importanti.

Una volta fatta una lista in questo modo, diventerà abbastanza ovvio quali attività hanno bisogno di essere svolte monotasking.

All'inizio, questo sarà una cosa difficile da fare. Potresti essere abituato semplicemente a buttare le cose sulla carta e a elencarle in ordine sparso e fare in modo che le cose vengano cancellate. Questo metodo richiede di fare una pausa e di pensare davvero alle cose che devi fare. Quindi prima di tutto, prenditi del tempo e fai uno studio consapevole. Questa attività ha l'ulteriore vantaggio di darti un'idea del framework in cui è necessario completare l'attività.

Una volta terminato l'elenco, è necessario selezionare un framework di partizione. Nel suo libro, *Deep Work*, Cal Newport menziona quattro framework che puoi usare per dividere i tuoi compiti (Newport, 2016):

- **Filosofia monastica:** Concentrarsi costantemente sui propri compiti.

- **Filosofia bimodale:** dividere il tempo in blocchi di mesi, settimane o un anno per concentrarsi su compiti importanti e passare il resto del tempo a fare quelli meno importanti.

- **Filosofia ritmica:** dividi la tua giornata tra lavoro focalizzato e multitasking.

- **Filosofia giornalistica:** Lavora focalizzato ogni volta che i tuoi impegni lo permettono.

Come puoi vedere, ogni approccio ha i suoi pro e contro. La filosofia monastica è giustamente chiamata così perché finirai in isolamento per la maggior parte del tempo e la tua risposta predefinita a qualsiasi cosa che non sia il tuo lavoro sarà un "no". La filosofia bimodale è più facile da attuare se te la puoi permettere. A me piace molto prendermi dei mesi e settimane di pausa per concentrarmi su un solo compito. Programmo regolarmente del tempo per isolarmi nella natura e lavorare e meditare su un compito particolare che è importante per me. La filosofia ritmica è quella dove la maggior parte delle persone si orienteranno. Ad esempio, l'utilizzo delle prime ore della giornata per affrontare il compito più importante limitando le e-mail e le riunioni a poche ore nel pomeriggio.

Trascorrere del tempo in uno stato di lavoro concentrato e indisturbato è il modo migliore per ottenere risultati di qualità elevata.

Non sottovalutare le prime ore della giornata, loro possono determinare come andrà a finire la tua vita.

L'ultima filosofia è quella opportunistica e potrebbe non funzionare per alcuni. Ad esempio, se una riunione viene annullata, è possibile utilizzare quel tempo per concentrarsi profondamente su un'attività. Ma sembra che la maggior parte delle persone userebbe questo tempo per il multitasking anziché prolungare i loro periodi già programmati di monotasking focalizzato.

Creare una routine

Quando si inizia con il monotasking, è importante procedere a piccoli passi, come con tutto il resto. Pianifica piccole finestre di lavoro mirate e sviluppa la tua capacità. Una delle cose più belle del lavoro focalizzato è che scoprirai che quindici minuti di lavoro estremamente focalizzato equivalgono a un'ora del normale lavoro, se sei un multitasker accanito.

Quindi, inizia con piccole finestre di venticinque minuti e fai una pausa rinfrescante per tutto il tempo necessario. Parlo di tutto il tempo necessario perché all'inizio potresti aver bisogno di mezz'ora o più per recuperare. Non intendo dire di riprendersi da un danno o qualcosa del genere, ma al fatto che il tuo cervello dovrà adattarsi alla nuova routine. Una volta che si sarà abituato, sarai in grado di cavartela con pause di recupero da cinque a dieci minuti dopo mezz'ora o un'ora di lavoro concentrato.

Il tuo luogo per il lavoro focalizzato è estremamente importante. Il consiglio che Newport dà nel suo libro è di cambiare le posizioni ogni tanto perché dà al tuo cervello una dose di novità (Adegbuyi, 2019). Come abbiamo visto, le novità mantengono il cervello fresco e cambiare l'ambiente è uno dei modi migliori per farlo. Forse trovi l'ufficio troppo triste? Cerca di convincere il tuo capo se puoi invece lavorare dalla sala conferenze o nel bar se sei davvero avventuroso.

Imposta una routine fissa durante questo periodo di tempo. Ad esempio, berrai solo acqua e non caffeina e non risponderai e non controllerai nemmeno i messaggi sul telefono. Naturalmente, tutte le forme di internet e social media dovrebbero essere evitate religiosamente.

Pianifica meticolosamente anche le tue pause. Non controllare nulla inerente il lavoro e non concentrarti sul problema che hai a portata di mano e al quale stai lavorando.

Il periodo di riposo è in realtà il luogo in cui avviene la magia e il meccanismo subconscio del tuo cervello si mette in moto. L'impulso creativo funziona in background e spesso scoprirai che quando tornerai coscientemente al lavoro, avrai delle idee su come risolvere il problema che avevi in mano.

Una delle cose che devi fare è eliminare i compiti che non aggiungono abbastanza benefici alla tua vita. Sfortunatamente, ci sono persone che tendono a svolgere dei compiti dal punto di vista della loro mancanza. Ad esempio, controllano spesso i social media perché temono di perdere alcuni importanti aggiornamenti di una persona cara. Controllano le notizie ogni tanto perché temono di poter perdere alcune notizie importanti che riguardano le loro vite.

Il fatto è questo: se si verificasse qualcosa di così importante che riguarda la nostra vita, lo verremo a sapere. Un tuo familiare non ti terrà fuori dal giro nel caso in cui succeda qualcosa e gli effetti delle notizie del mondo si faranno sentire presto. Lavora per eliminare completamente queste cose velenose dalla tua vita invece di limitarle ai tuoi periodi di riposo.

Studi hanno dimostrato che le notizie e i social media popolari funzionano per aumentare la nostra inclinazione alla negatività (Adegbuyi, 2019). Questo è un altro modo di dire che ti rende più propenso a guardare il lato miserabile delle cose rispetto a quello positivo e, per cominciare, non hai bisogno di alcun aiuto in questo.

Devi sapere che rimanere esposto alle notizie negative non gioverà alla tua salute mentale. Potresti reagire in due modi. Il primo è attivare un meccanismo di difesa per mantenere il tuo equilibrio, cominciando a provare indifferenza, distacco e perdita di empatia. Il secondo invece è quello di assorbire la negatività, sviluppando ansia, depressione, insicurezza, incertezza sul futuro, attacchi di panico e paura.

Spesso, chi ascolta notizie negative, comincia anche a lamentarsi. Sicuramente lamentarsi non è mai la soluzione. Le lamentele sono dannose, sia quelle che creiamo sia quelle che subiamo. Hanno un effetto negativo sui nostri neuroni e sul funzionamento del nostro cervello. Servono per farti scaricare i tuoi stati mentali emotivi negativi e nascosti che vanno a discapito di chi ne subisce l'effetto passivo.

Le lamentele attivano il cortisolo, l'ormone dello stress, che ha effetti negativi sull'ippocampo, che è la regione cerebrale che partecipa ai processi di memoria, apprendimento e immaginazione. Questo spenge le tue capacità di problem solving e condiziona anche le tue scelte future.

Stai lontano dalle lamentele e non lamentarti. Penso che non ti farà piacere sapere che poi andrai a creare nel subconscio una realtà esattamente identica alle lamentele sentite o create. Quindi allontanati da tutto ciò. Cerca di creare una routine senza esposizione alla negatività e senza lamentele. Lamentarsi è solo uno spreco di tempo e di energie che impedisce al tuo cervello di elaborare nuove idee e soluzioni.

Le ultime cose che vorrei menzionare sono quelle di programmare il tempo per leggere e pensare. Sai chi è il tuo cliente più prezioso? Sei tu. Venditi almeno un'ora al giorno. Devi dedicare del tempo a migliorare te stesso. È importante pensare al costo opportunità di quest'ora. Da un lato, si può controllare i social network, leggere alcune notizie online e rispondere ad alcune e-mail, facendo finta di finire il promemoria che dovrebbe essere al centro della tua attenzione. Dall'altro lato, puoi dedicare il tempo a migliorare te stesso. A breve termine, si sta meglio con la corsa alla dopamina delle e-mail e dei social network, mentre si fa multitasking. A lungo termine, l'investimento per imparare qualcosa di nuovo e migliorare sé stessi va oltre (Farnam Street, 2019).

Benjamin Franklin una volta disse: "Un investimento nella conoscenza paga il miglior interesse". Conosceva il valore di diventare costantemente più competente. In effetti, quasi ogni persona di successo nel mondo ha una cosa in comune: legge e si educa costantemente tutti i giorni (Bryant, 2016).

> "Diventa un autodidatta che dura tutta la vita attraverso una lettura vorace; coltiva la curiosità e cerca di diventare ogni giorno un po' più saggio."
>
> Charlie Munger

Leggi per apprendere nuove informazioni e poi rifletti su di esse. Siediti tranquillamente in una stanza e pensa alle cose della tua vita. Concentrati sulle cose importanti per te e su ciò che vorresti realizzare.

Pensare profondamente e in modo mirato è semplicemente una forma di meditazione e dà al tuo cervello un buon allenamento. Non è necessario passare ore intere a farlo, anche quindici minuti sono sufficienti.

Ti ritroverai rinfrescato mentalmente e desideroso di tornare al compito da svolgere. Non commettere però l'errore di programmare questa attività durante la pausa.

Il pensiero focalizzato richiede lavoro e impegno, quindi è meglio metterlo da parte o all'inizio della giornata, subito dopo il risveglio o prima di andare a letto la sera. Il nostro cervello è estremamente favorevole a nuove idee in questi momenti, quindi sfruttateli appieno.

"Vai a letto più intelligente di quando ti sei svegliato."

Charlie Munger

Praticare un lavoro mirato, attraverso il monotasking, manterrà il tuo cervello sano e pronto per assorbire maggiori informazioni. In altre parole, ti aiuterà a funzionare meglio e la memoria è una delle cose che migliorerà grazie a questo.

7. Mind Mapping

Spesso utilizzate come strumento di produttività, le mappe mentali sono comunque un modo fantastico per ricordare idee e compiti complessi. La semplicità della tecnica è ciò che la rende potente. Oltre a mostrarti come creare mappe mentali e come aumentano la tua produttività, ti mostrerò anche come creare mappe che rimangono in memoria, in modo da non dover nemmeno fare riferimento alla carta su cui sono state create.

Immagini visive

Sebbene ogni persona impara in modo diverso, ognuno di noi risponde bene alle immagini visive. Sia come video che come foto, le immagini possono trasformare il processo di apprendimento e memorizzazione.

Se ripensi ai tuoi ricordi più cari, il modo in cui li ricordi è attraverso immagini significative che sono rimaste con te e le emozioni che hanno suscitato.

Mentre generare emozioni per le mappe mentali è un po' una sfida, è possibile sfruttare il loro elemento visivo e usarlo per migliorare la tua capacità di ricordare le cose. Le mappe mentali sono spesso utilizzate come strumento organizzativo e per scomporre idee e compiti complessi. Ad esempio, all'inizio di un nuovo progetto al lavoro, il project manager creerà spesso una mappa mentale per aiutare a visualizzare i vari problemi che devono essere affrontati e quelli che sorgeranno.

Le mappe mentali scompongono anche idee e pensieri astratti e li rendono più concreti semplicemente costringendoli ad essere scritti su carta. La scrittura è uno strumento di apprendimento estremamente potente e viene ricordata dai nostri cervelli molto più velocemente della digitazione o di qualsiasi altra forma di registrazione di informazioni (Wax, 2019). Il modo migliore per imparare qualcosa il più rapidamente possibile è infondere emozione nelle informazioni e poi scriverle.

Anche se ho già affrontato le mappe mentali nel primo libro di questa serie, ritengo opportuno fare degli approfondimenti. Quindi dedichiamo un po' di tempo a capire meglio cosa sono e come possono essere utilizzate.

Cosa sono

Le mappe mentali sono strumenti visivi creati da una persona anziché un elenco lineare di idee. L'idea della mappa mentale è stata proposta per la prima volta dallo psicologo britannico Tony Buzan nel suo libro *How to Mind Map* (Buzan and Buzan, 1996). Buzan, nel suo libro, ha proposto che la creazione di immagini correlate al compito da svolgere avesse più senso della creazione di una lista lineare poiché la maggior parte dei problemi sono di natura complessa e iterativa.

Questo per dire che molti problemi non seguono un percorso di soluzione passo dopo passo e che invece è necessario rivisitare i passi precedenti e rifarli anche se non si è commesso un errore. Questo scenario si verifica sempre all'inizio di una nuova attività dove non c'è davanti un percorso chiaro e il percorso deve invece essere creato.

Pensare iterativamente, ovvero creare un processo che tenga conto della rivisitazione dei passaggi precedenti, è difficile se si crea un elenco. Un elenco costringe le nostre menti in un modello di pensiero lineare e quindi riduce la visione d'insieme. Inoltre, Buzan ha suggerito di allontanarci dalle nostre menti creative (1996).

Questa informazione è stata smentita da allora. Ma la teoria di Buzan era che il pensiero lineare ci costringeva a usare le nostre capacità analitiche e quindi impegnava solo la metà sinistra della corteccia prefrontale, che si pensava fosse la parte del cervello responsabile dell'organizzazione delle cose e delle capacità analitiche. Il lato destro, al confronto, era quello che era creativo ed era probabilmente un hippie dato il modo in cui gli studi ne proponevano le qualità (Buzan e Buzan, 1996). Buzan ha proposto che creando immagini visive, si doveva coinvolgere sia la destra creativa sia la sinistra analitica per quanto riguarda il proprio problema e quindi lo si attaccava in modi nuovi. Mentre la sua teoria dell'emisfero destro e sinistro è stata smentita, le idee di Buzan tuttavia reggono molto bene (Buzan e Buzan, 1996).

Recenti studi mostrano che la distinzione dicotomica "emisfero destro" ed "emisfero sinistro", pur nella sua validità, appare un po' troppo semplicistica, incompleta e imprecisa (Lucarelli, 2015).

Non è semplice descrivere che cosa accade nel nostro cervello quando pensiamo, quando elaboriamo gli stimoli sensoriali, quando pianifichiamo o eseguiamo attività motorie; sappiamo, però, che vengono coinvolte numerose aree dei diversi lobi (frontale, parietale, temporale e occipitale) in entrambi gli emisferi (Lucarelli, 2015). Il cervello non funziona in isolamento emisferico ma piuttosto come una squadra. Non c'è dubbio, tuttavia, che se applichi processi analitici a un'attività, coinvolgerai modelli di pensiero analitici dentro di te e, quindi, il lato creativo sarà un po' soppresso. La mappa mentale rimuove questo ostacolo tra i processi.

Le mappe mentali sono disegnate a mano su un pezzo di carta con il problema da risolvere al centro. Puoi pensarlo come qualcosa di simile alla figura 2.

Nella figura 2, la lampadina al centro contiene la parola "idee" ma potresti sostituirla con il problema che hai a portata di mano. Non è necessario disegnare una lampadina nel caso te lo stessi chiedendo. Disegna semplicemente un cerchio e scrivi l'essenza del tuo problema, o la tua parola chiave, al centro, quindi crea connessioni con altre nuvole di pensiero.

Figura 2: Un esempio di una mappa mentale

Puoi avere tutte le nuvole di pensiero che vuoi. Puoi avere connessioni dall'idea centrale alle nuvole e tra le nuvole stesse. L'idea è di essere il più ampio possibile. Le soluzioni ai problemi non ci arrivano in modo lineare e la mappa mentale elimina il problema di come ordinarle. Una volta creata una mappa mentale, diventa molto più facile ridurre il tutto in un elenco ordinato. Data la sua natura visiva, è anche molto facile designare qualcosa come più importante rispetto ad altre cose o fissare un ordine di priorità relativo.

La forza del collegamento tra il pensiero centrale e la nuvola ne indica l'importanza. In altre parole, è sufficiente tracciare una linea più spessa per le idee più importanti e più sottili man mano che diminuiscono in ordine di priorità. Utilizzare penne di colore diverso se necessario; la scelta dipende interamente da te. Dopo tutto è la tua mappa!

Perché le mappe mentali funzionano

Per capire perché le mappe mentali funzionano così bene, dobbiamo rivisitare i nostri vecchi amici, il chunking e l'associazione. Ricorda che al tuo cervello piace prendere le informazioni un pezzo alla volta, anziché un intero boccone e ricorda meglio quando le informazioni che vi entrano sono associate a qualcosa che già conosce.

Non solo ricorda meglio, ma comprende meglio il nuovo concetto. La comprensione gioca un ruolo determinante nel memorizzare un ricordo perché l'apprendimento meccanico, o la memorizzazione della forza bruta, può portare solo fino a un certo punto. Questo è un buon esempio della distinzione tra memoria a breve termine e memoria a lungo termine. Ricordiamo che abbiamo appreso in precedenza in questo libro che la memoria a breve termine dipende dall'input sensoriale da ricordare, mentre la memoria a lungo termine è emotiva e associativa.

La memorizzazione è una parte del processo di apprendimento. Quindi, ascoltare semplicemente le stesse parole ancora e ancora ti aiuterà a ricordare le cose solo per un breve periodo, mentre comprenderle associandole ad alcune informazioni esistenti ti permetterà di impararle veramente.

Possiamo supporre che questo metodo associativo di pensiero sia di natura radiante. In altre parole, non è lineare e si estende contemporaneamente in più direzioni. Dopo tutto, è così che funzionano le associazioni. Pertanto, la mappa mentale replica il modo esatto in cui il nostro cervello impara e memorizza e, quindi, diventa un compito facile comprendere e tradurre le idee sulla carta.

Le mappe mentali sono in effetti uno strumento di studio raccomandato per gli studenti, in particolare quelli che studiano a livelli accademici più alti. Uno studio condotto nel 2010 ha scoperto che gli studenti di medicina che utilizzavano tecniche di mappatura mentale erano stati in grado di conservare le informazioni con una misura del 10% in più rispetto ai loro colleghi che non le usavano.

Le mappe mentali aiutano anche i bambini a ricordare le parole meglio delle liste (Buzan e Buzan, 1996). Oltre a ciò, un altro studio ha scoperto che anche la memoria di lavoro a breve termine trae benefici dal processo del chunking che è inerente alla mappatura mentale, non solo la memoria a lungo termine (Buzan e Buzan, 1996).

Ultimo ma non meno importante, le mappe mentali sono un modo divertente e creativo per coinvolgere maggiormente i ragazzi con un argomento, consentendo loro di visualizzare e creare immagini proprie, invece di leggere un muro di testo su un pezzo di carta.

Quindi, le mappe mentali sono perfette, giusto? Bene, non proprio.

Svantaggi

Le mappe mentali di recente sono state spogliate di ogni sfumatura e vengono presentate come una panacea per ogni tipo di problema di memorizzazione e di apprendimento. Questo semplicemente non è vero.

Questa tecnica non gioverà a chi ha una natura estremamente logica e ama lavorare in modo lineare. Certamente, ci sono pochissime persone su questo pianeta che pensano in questo modo, ma esistono. Se sei uno di loro, queste mappe mentali danneggeranno effettivamente il tuo pensiero e i processi creativi.

La chiave è rendersi conto che ognuno impara in modo diverso. Per alcune persone, le mappe mentali possono portare a momenti di vera e propria illuminazione e cambiare il loro modo di pensare e per alcuni, potrebbe portare a miglioramenti marginali. Poi c'è chi potrebbe sperimentare una riduzione della creatività e della produttività grazie ad esse.

Non siamo tutti uguali ed è la bellezza della nostra specie.

Inoltre, vi è la tendenza a liquidare la linearità come un metodo di pensiero statico e vecchio stile. Questo semplifica le cose al punto che semplicemente non è vero. Sì, la linearità non aiuta molti di noi all'inizio di un progetto, ma una volta formato uno scheletro di una tabella di marcia, è la linearità che ci dà la direzione. Mettiamola così; quando nella tua testa girano molte idee e si rincorrono a vicenda, la mappa mentale è il tuo strumento migliore. Se sai come le idee si relazionano tra loro e sei in grado di metterle in ordine, un elenco è la soluzione migliore.

Per fare un esempio pratico, supponiamo che ti svegli e ti rendi conto che hai un certo numero di cose da fare quel giorno. Ora è necessario stabilire delle priorità e una bella lista lineare ti aiuta in questo.

L'ultimo inconveniente delle mappe mentali è che tendono ad essere cose estremamente personali.

Quello che voglio dire è che è una rappresentazione visiva di ciò che hai pensato. Come tale, usare una mappa mentale in un ambiente di gruppo potrebbe causare qualche problema, anche se a volte può essere un vero e proprio punto di forza.

Tutto dipende dai membri del gruppo.

Tutti probabilmente porteranno qualcosa di nuovo sul tavolo. Serve un equilibrio tra il lavoro individuale e quello di gruppo. È necessario raggiungere una armonia tra punti di vista, linguaggio, esperienze, motivazioni, obiettivi, strumenti, emozioni, sensibilità, competenze e conoscenze dei vari partecipanti.

Pertanto, in un contesto di gruppo, come la definizione di una tabella di marcia di un progetto, è meglio lavorare individualmente o in un gruppo molto piccolo di non più di tre persone che la pensano allo stesso modo e poi definire un elenco.

Aiutare la memorizzazione

Il primo passo per creare una mappa mentale è prendere un foglio di carta o una lavagna. Esistono software che possono aiutarti a creare mappe mentali per te, ma ti consiglio di usarli solo se stai pianificando qualcosa che non ha bisogno di essere memorizzato. Ai fini della memorizzazione, è meglio mettere penna su carta.

A proposito di penne, non è necessario attenersi a una normale penna. Usa pastelli, matite, inchiostro di diversi colori, qualsiasi cosa ti venga in mente.

La chiave è rendere l'impatto visivo della mappa mentale il più grande possibile. Inizia disegnando un cerchio al centro della pagina e scrivendo all'interno il concetto o il nome della tua idea/problema.

Puoi dare a questa idea un simbolo visivo che può essere qualsiasi cosa tu possa disegnare. Ricorda, non deve avere senso per nessuno tranne che per te. Quindi, se stai cercando di memorizzare un mucchio di fatti storici o un albero genealogico, se un compasso rappresenta il tuo bisnonno, fai pure.

Successivamente, fai un brainstorming sulle idee e sui pensieri associati a questa idea centrale. Un certo numero di loro compariranno nella tua testa. Se non ne hai la minima idea, perché l'argomento ti è del tutto sconosciuto, fai qualche ricerca e leggi qualcosa a riguardo.

Non hai bisogno di andare in profondità, ma solo di farti un'idea di cosa si tratta e di come si può applicare al tuo pubblico.

All'inizio, ti ritroverai a scrivere un piccolo riassunto delle idee, ma man mano che procedi, cerca di annotare solo le parole chiave per ogni idea, come illustrato nel relativo capitolo di questo libro. Ora avrai circa quattro o cinque idee associate all'argomento centrale. Alcune di queste idee saranno più rilevanti per il tuo pubblico o per te rispetto ad altre. Collega queste idee all'idea centrale con una linea spessa o qualsiasi altra cosa che significhi una forte connessione. Potresti dare all'idea associata un contorno forte e deciso.

Ora, esplora di più quell'idea collegata. Molto probabilmente ci saranno delle ramificazioni di quell'idea associata e gli darai lo stesso trattamento che hai riservato alle principali idee associate. Dai a queste le loro piccole nuvole di pensiero e collegamenti in base alla loro importanza e rilevanza.

In questo modo, esplora tutte le idee associate nel tuo disegno e dai a ognuna le loro derivazioni e annota come si collegano tra loro. Assicurati di dare a ogni collegamento uno spunto visivo forte in modo da poter immediatamente immaginare con un semplice sguardo cosa sta succedendo con quella relazione. Usa i colori per migliorare questo effetto.

Infine, cerca eventuali connessioni incrociate tra le idee. Molto probabilmente ci saranno delle corrispondenze tra gli argomenti. Uniscili in modo appropriato condividendo una nuvola o disegnando un collegamento tra le nuvole in questione. Rivedi il tuo disegno e apporta le modifiche che desideri.

Questa immagine finale è la tua mappa mentale ed è una raccolta radiale di tutte le tue idee sull'argomento. Bello, vero? Bene, l'obiettivo non è quello di abbellire la cosa, l'idea è quella di essere in grado di imprimere visivamente questa immagine nella tua testa. Le prime volte, avrai difficoltà con alcuni dettagli. Tuttavia, con la pratica, sarai presto in grado di memorizzare interi gruppi di idee e potrai fare immediatamente riferimento alla tua mappa mentale per capire dove si inseriscono nello schema delle cose.

Di fatto, la tua mappa mentale è in realtà la rete neurale che stai creando nel tuo cervello.

Consigli e astuzie

Le mappe mentali sono un ottimo strumento se usate bene,

ma il pericolo sta sempre nelle persone che pensano di non essere abbastanza creative nel disegnare cose su carta. Ciò è dovuto alla convinzione errata che le mappe mentali debbano essere belle. Vedi, qui non stai cercando di usurpare la posizione di Raffaello nel pantheon artistico. A nessuno importa se il tuo disegno è brutto.

La tua mappa mentale è tua e mantienila così. Crea tutto ciò che ha senso per te e non mollare fino a quando non lo hai fatto un paio di volte. Scoprirai che la ripetizione, in questo caso, ti aiuterà molto e la qualità di ciò che produrrai ti sorprenderà man mano che andrai avanti.

Un'altra buona idea è quella di creare le mappe mentali in ambienti che ti ispirano o ti portano calma e pace. Quindi, ad esempio, se fai una passeggiata lungo la spiaggia al tramonto, o su per le colline o in qualsiasi altro luogo della natura, perché non portare con te un blocco note e una matita? Scarabocchia quando ne hai il tempo. Essere nella natura, calma la tua mente e la rende più ricettiva alle idee e ai ricordi.

Ricorda che questo è un processo creativo. Non sai in base a quale logica funzioni il tuo meccanismo creativo o se ce n'è addirittura uno. Tutto quello che devi sapere è che è lì ed è lì solo per aiutarti. Quindi mettiti da parte e lascia che faccia le sue cose. Scoprirai spesso che quando crei mappe mentali, se ti liberi abbastanza, finirai con un altro cerchio che sostituisce il cerchio originale come idea centrale.

Questa è una buona cosa. Potrebbe non avere senso per te in questo momento e potrebbe sembrare ridicolo, ma ti garantisco che dopo ulteriori esplorazioni avrà senso per te. Queste cose non accadono per caso e ti troverai a imbatterti in grandi idee in questo modo.

Ricorda di usare simboli visivi che siano il più possibile suggestivi. Una buona idea è quella di utilizzare i principi del metodo ridicolo come indicato in precedenza. Crea immagini il più ridicole possibile. Forse provi a disegnare un elefante che finisce per sembrare una rapa? Grande! L'elefante rapa è il tuo simbolo visivo! Non puoi assolutamente dimenticartene, una volta che hai smesso di ridere di te stesso.

Usa colori e sfumature per evidenziare le tue idee ma non cercare di creare un dipinto. Non è questa l'idea. Rendetela suggestiva, ma una volta che ci trovi dentro un certo impatto emotivo, vai avanti.

Sperimenta anche le forme delle nuvole di pensiero, magari dando a quelle più importanti una forma circolare e a quelle meno importanti una forma quadrata e così via.

Ultimo ma non meno importante, elimina ogni forma di distrazione mentre lo fai. Niente email, niente messaggi, niente telefonate, niente internet e così via. Solo tu, i tuoi pensieri e la carta. Come ho detto prima, esistono eccellenti software che ti possono aiutare a creare delle mappe mentali. Se usati come strumento di insegnamento e strumenti di supporto, sono eccellenti, ma quando si sviluppano idee personali, è meglio usare carta e penna. L'idea è di personalizzarla il più possibile e nulla è più personale di qualcosa che crei a mano.

8. Sfruttare la Mente Subconscia

I nostri cervelli sono cose incredibilmente complesse. Da un lato, possono essere divisi in sezioni biologiche, come l'amigdala, la corteccia prefrontale e così via; e dall'altro, può anche essere diviso sulla base delle funzioni che ogni parte del cervello svolge.

Infine, il nostro cervello può essere classificato anche sulla base dei pensieri. Ciò che intendo dire è che, indipendentemente dall'origine del pensiero, il nostro cervello ha molteplici livelli a cui opera. Popolarmente, ci riferiamo a questi livelli come la mente cosciente, la mente subconscia, e a volte una terza categoria, la mente inconscia.

Guardare al compito dell'aumento della memoria attraverso il prisma del subconscio potrebbe risultare un po' confuso. Questo capitolo aprirà i tuoi occhi, e la tua mente, al potere che hanno il subconscio e l'inconscio e come la tua memoria può essere significativamente potenziata attraverso i giusti metodi.

Ma prima dobbiamo immergerci in profondità e comprendere la natura delle nostre menti.

Mente e Cervello

Spesso mente e cervello vengono erroneamente usate in

modo intercambiabile. Vorrei fare una distinzione definita tra i termini. Il cervello si riferisce all'organo biologico e in questo capitolo qualsiasi funzione biologica verrà indicata usando questo termine. Ad esempio, se parlo di quali aree vengono stimolate quando si ride, mi riferirò ad esse come aree del cervello.

La mente è una cosa più complessa e c'è la possibilità di virare su un sentiero spirituale. Tale digressione è inevitabile e prometto di ridurla al minimo. La mente si riferisce semplicemente all'insieme delle attività cognitive di ogni essere vivente.

Ne fanno parte anche quella raccolta di pensieri che possiedi e di quelli che alzano la testa in determinate situazioni. Anche i pensieri che bloccano il tuo pensiero o ti appesantiscono fanno parte della tua mente.

Quando parliamo della mente subconscia, inconscia e cosciente, stiamo parlando della mente e non del cervello. La mente è un argomento vasto e governa praticamente tutto nella tua vita, attraverso la tua mentalità. La mentalità è un complesso di idee, convinzioni, opinioni e rappresentazioni mentali; è un modo particolare di concepire, intendere, sentire e giudicare la realtà.

In accordo con i miei studi di psicologia primordiale, la mentalità è un qualcosa estremamente connessa alla percezione della realtà. È una raccolta di credenze e di reti neurali nel cervello, che si attivano in determinate situazioni. Una volta attivato il trigger per una situazione, tramite informazioni sensoriali, viene attivata la corrispondente rete neurale nel nostro cervello. Ciò dà origine a determinati pensieri che ci inducono ad agire nel modo in cui pensiamo.

Mente Cosciente

La mente cosciente comprende quei processi di cui siamo consapevoli come il pensiero, l'intuizione, la ragione, la memoria e la volontà. In questo momento, mentre stai leggendo questo libro, sei consapevole delle parole che stai leggendo e del loro significato. Stai anche formando i tuoi pensieri in risposta a queste parole e in una certa misura puoi modificarli e controllarli. Questa parte della tua mente comprende solo il 5% dei tuoi pensieri complessivi nonostante occupi una percentuale così grande della tua coscienza. Sigmund Freud si riferiva alla mente cosciente come la punta dell'iceberg, la punta che si affaccia fuori dall'acqua.

La mente cosciente è forse la parte più intelligente della mente e ha il potere della logica e del ragionamento. Ha la capacità di rifiutare e formare idee. La mente conscia ha una certa capacità creativa ma non è questa la sua funzione principale. In una parola, la sua funzione potrebbe essere definita come razionalità. In ogni situazione, non importa quanto sia emotivamente caricata, abbiamo il potere di focalizzare la nostra mente cosciente lungo percorsi razionali ed escogitare soluzioni. Data la sua inclinazione razionale, la mente cosciente è piuttosto ostacolata quando si tratta di progetti creativi.

Ciò non significa che gli artisti e quelli che lavorano nei campi artistici abbiano menti coscienti più piccole, tutt'altro. È solo che gran parte del loro lavoro non è prodotto dalla mente cosciente.

Di fatto, quasi ogni singola persona funziona allo stesso modo quando si tratta di svolgere dei compiti. Ad esempio, quando un battitore di baseball deve colpire la palla, non si ferma a pensare e ad analizzare la velocità o la curva della palla. Né tira fuori il goniometro e cerca di misurare la caduta della palla e l'angolazione con cui il lanciatore rilascia il colpo. Invece, usa semplicemente i suoi occhi e reagisce.

Questo fa emergere un punto eccellente, la mente cosciente è la prima tappa quando si tratta di imparare qualcosa. Quando il battitore ha preso per la prima volta in mano una mazza, non aveva nulla a che fare con il livello di abilità che ora possiede come professionista della Major League. Prestava attenzione ad ogni suo singolo movimento, doveva imparare a identificare i movimenti del lanciatore, la palla e così via.

Il punto importante da notare qui è che la sua mente cosciente non ha immagazzinato nulla dentro di sé. Semplicemente trasmetteva le informazioni e se ne dimenticava di fatto. La volta successiva che ha visto un passo che aveva appreso in precedenza, ha ricevuto la memoria appresa da qualche altra parte e ha identificato solo l'eventuale colpo della palla. Una volta fatto questo, si è tolta di mezzo.

Dove ha trasmesso le sue informazioni?

Mente Subconscia

Tornando all'analogia dell'iceberg del dottor Freud, la mente cosciente stava semplicemente passando le informazioni sott'acqua, al restante 95% della mente del battitore. Questa percentuale rimanente comprende la mente subconscia ed è responsabile della stragrande maggioranza dei nostri pensieri e delle nostre azioni.

Quando si tratta di tecniche di apprendimento, di cui la

memorizzazione è parte integrante, la mente subconscia è la parte più importante di tutte. Proprio come il modo in cui la memoria di lavoro trasferisce i pensieri nella memoria a lungo termine, la mente cosciente fa lo stesso e trasferisce le lezioni apprese nella mente subconscia.

Questo significa che la mente cosciente è la stessa della memoria di lavoro? Bene, non esattamente. Mentre la memoria di lavoro si riferisce solo alle cose ricordate o trattenute, la mente coscia e la mente subconscia racchiudono i comportamenti che regolano se il ricordo verrà memorizzato o meno in primo luogo. Ad esempio, se una lezione particolare innesca una dolorosa reazione emotiva, il tuo subconscio informerà la tua mente coscia di ciò e semplicemente non memorizzerai la lezione.

Tornando al nostro esempio del giocatore di baseball; se è stato colpito dolorosamente in faccia, o altrove dalla palla, è improbabile che impari a identificare gli indizi poiché il suo subconscio semplicemente non gli permetterà di imparare la lezione o addirittura non gli permetterà di muovere la mazza perché trasmetterà messaggi di paura alla mente cosciente e probabilmente si bloccherà.

La mente subconscia svolge quindi un ruolo enorme nel determinare la nostra capacità di memorizzare e imparare le cose. Ciò che rende le cose complicate è che non abbiamo accesso diretto al nostro subconscio. Semplicemente non siamo consapevoli di ciò che c'è lì dentro. Possiamo consapevolmente pensare a noi stessi come eccellenti ballerini ma se il tuo subconscio pensa di essere scarso, sarai scarso a ballare, non importa quanto cerchi di imparare o la qualità del tuo insegnante. Spero che tu possa capire dove voglio arrivare.

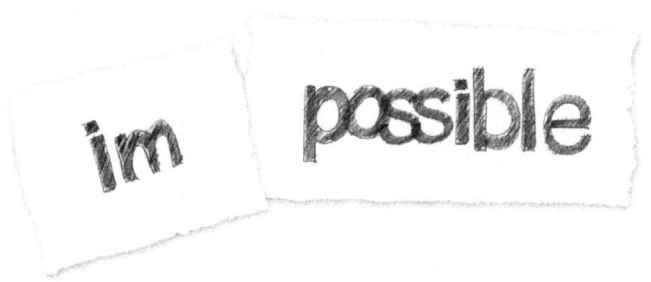

Dovresti sempre tenere bene a mente questa frase di Henry Ford:

"Che tu creda di farcela o di non farcela, avrai comunque ragione."

Il subconscio è il luogo dove sono memorizzate le nostre credenze e se provi ad avvicinarti al miglioramento della memoria con la convinzione che la tua memoria è cattiva, nessuna quantità di tecniche ti aiuterà. Non esiste una cattiva memoria, questo è ciò che ho sottolineato per tutto il libro. Tu, come ogni essere umano su questo pianeta, hai la capacità di ricordare tutto ciò che vuoi. Non sei scarso in questo, è solo che non sei allenato.

Questo è anche il motivo per cui ho valorizzato la memoria come un'abilità e non come una qualità o un tratto personale. Un'abilità può essere appresa e migliorata. Un tratto della personalità è una cosa molto più vaga e indefinita. Per esempio, come si diventa meno impulsivi? Contrapponi questo con qualcuno che viene da te e ti chiede come potrebbe migliorare le proprie capacità di lettura. Per questo ultimo caso possiamo fornire un percorso concreto mentre il primo sarebbe un labirinto di idee.

Se pensi al miglioramento della memoria come un tratto ereditario o genetico, probabilmente è perché non hai sperimentato quanto la tua memoria possa migliorare con pochi semplici esercizi. Questo è il motivo per cui il secondo libro di questa serie è stato dedicato all'allenamento della memoria e del cervello. Ed è anche il motivo per cui ho inserito in questo libro alcuni esercizi e giochi di memoria. Una volta fatti questi, acquisirai l'esperienza di avere una memoria rafforzata attraverso alcune semplici tecniche.

Una volta che questo accade, la tua convinzione che è collegata al tuo cervello e produce il pensiero subconscio nella tua mente, quello relativo alla tua incapacità di migliorare la tua memoria, si indebolisce solo un po'. È qui che entra in gioco la ripetizione. Martella ripetutamente il messaggio che puoi migliorare la tua memoria, poiché è una competenza che costruirà un'altra rete neurale e semplicemente disattiverà quella vecchia. Il modo per farlo è continuare a praticare gli esercizi di sviluppo della memoria in questo libro e negli altri due libri di questa serie.

Le tue convinzioni intrinseche sono il motivo per cui potresti non aver visto alcun miglioramento delle tue capacità di memoria se hai provato ogni sorta di giochi e astuzie in passato. Oppure, come è molto più comune, potresti aver visto dei miglioramenti ma poi semplicemente hai smesso di lavorarci e hai sperimentato una regressione. Forse sei diventato pigro o non hai voglia di continuare. Perché pensi che sia successo?

Era semplicemente il tuo subconscio che affermava le vecchie credenze su quelle nuove, e il cervello che esercitava la vecchia rete neurale al posto di quella nuova e così, sei tornato ai tuoi vecchi schemi. Finché questa convinzione è presente nella tua mente subconscia, non vedrai un miglioramento duraturo. Ecco un semplice test: con gli esercizi che ti ho mostrato in questo libro e le tecniche, come il chunking, il metodo dei collegamenti, il pegging ecc., è possibile per te entrare in una stanza piena di persone, diciamo un centinaio, e memorizzare tutti i loro nomi e cognomi e poi raccontarli a tutti alla fine della serata.

Pensi che sia impossibile? Ti sembra improbabile? Bene, proviamo invece questo: con la pratica continua, con un corretto allenamento e disciplina e un po' di talento, è possibile che un ragazzo alla fine giochi in Serie A. Questa affermazione non sembra improbabile, vero? Eppure, la precedente te l'ha fatta sembrare. Perché dovrebbe? Sto parlando della stessa cosa, che è lo sviluppo di abilità. Quali sono le tue convinzioni riguardo al miglioramento della memoria alla luce di queste affermazioni?

Mentre hai letto quelle affermazioni, probabilmente una piccola voce nella tua testa ti ha sussurrato: "è possibile per le persone, ma non per me". Questo è un piccolo interessante sottoinsieme della tua mente subconscia che ora esamineremo.

Mente Inconscia

La mente inconscia è una cosa estremamente interessante. L'opinione è divisa sul fatto che esista come entità separata o che sia un sottoinsieme completo della mente subconscia (Hanson e Mendius, 2009).

L'esatta natura di questo non ci riguarda. Al contrario, siamo più interessati alle funzioni di questa parte della nostra mente. La mente inconscia è quella parte di noi che ha registrato tutti i dati, non immediatamente disponibili alla coscienza, ma immagazzinati formando una raccolta delle nostre credenze su noi stessi, che determinano gran parte di ciò che siamo.

Chi siamo noi? Come siamo? Che cos'è "io"? Se la mente subconscia determina tutto ciò che accade nella nostra realtà, allora l'inconscio determina molte credenze che esistono nella mente subconscia.

Le nostre identità e le nostre immagini di noi stessi si formano in giovane età e, a meno che non sperimentiamo condizioni traumatiche più avanti nella vita o una grave lesione cerebrale, rimangono praticamente invariate (Hanson e Mendius, 2009).

Questo non vuol dire che le nostre immagini di noi stessi non cambiano mai. C'è una ulteriore sfumatura che si aggiunge man mano che invecchiamo e comprendiamo meglio le cose. Tuttavia, le fondamenta profonde delle nostre personalità si formano prima dei sette anni ed è attraverso questo prisma che vediamo tutto ciò che ci circonda. Pertanto, se sei cresciuto in un ambiente che privilegiava il mondo accademico rispetto allo sport, finirai per credere che lo sport come carriera non possa mai equivalere a qualcosa di serio. Per sostenere questa immagine di te stesso, svilupperai ulteriori convinzioni all'interno del tuo subconscio. Credenze come quella che il baseball è in grado di causare danni al viso.

Le tue azioni saranno in linea con questa convinzione e indovina cosa succede? Prenderai una palla da baseball proprio sul tuo naso; e questo rafforzerà la tua convinzione.

La nostra percezione della realtà modella le nostre credenze. Queste credenze modellano le nostre azioni e le nostre azioni determinano i nostri risultati.

Le nostre credenze sono plasmate dalle nostre immagini di noi stessi. Questo è il motivo per cui non è sufficiente cambiare alcune convinzioni a livello superficiale per realizzare cambiamenti duraturi. È necessario scavare in profondità e cambiare effettivamente la propria immagine di sé e di chi si è.

Questo è quello di cui mi occupo principalmente, potenzio le menti delle persone attraverso anche una riprogrammazione mentale.

La maggior parte dei programmi di riprogrammazione mentale fallisce perché mette in secondo piano il ruolo cruciale che svolge il potenziamento mentale. Ma fortunatamente questo è quello in cui sono specializzato. Aiuto le persone a potenziare le loro menti nel minor tempo possibile.

Studio la mente dal 2003 e nel corso degli anni ho creato un protocollo con potenti strategie, metodi avanzati e nuovi modi di pensare e agire, per aumentare la capacità di raggiungere obiettivi personali e professionali e per elevare le performance a livelli straordinari.

L'ho chiamato **Il Protocollo Zeloni Magelli** e anno dopo anno sta diventando il percorso di riferimento a livello europeo per il potenziamento mentale. E la cosa che mi gratifica più di tutte non è solo il riconoscimento di alcuni colleghi e formatori, ma le attestazioni di stima che ricevo giornalmente dai miei studenti.

Tornando alla tua memoria, se pensi a te stesso come a qualcuno che non ha una buona memoria o che è smemorato, non devi preoccuparti di cambiare le credenze in superficie che derivano da questa immagine di sé. Invece, attaccando la causa alla radice, che è la tua identità, disattiverà tutta una serie di credenze dipendenti. Questa è una cosa sia buona che cattiva.

La cosa buona è che non hai bisogno di scansionare tutta la tua mente alla ricerca di ogni singola credenza nella tua testa. Devi solo concentrarti su una cosa. Puoi sviluppare una memoria straordinaria. La cattiva notizia è che se hai la convinzione che la memoria non sia un'abilità, indica forse un problema più grande dentro di te.

Se questa tua convinzione è molto forte, ci vorrà del tempo per sradicarla e avrai bisogno di pazienza e molta ripetizione insieme a delle emozioni.

Molte persone credono che il talento sia in qualche modo essenziale per avere successo. Questo semplicemente non è vero. Più di ogni altra cosa, è il duro lavoro che determina il successo. Nel suo libro Mindset, la dottoressa Carol Dweck descrive in modo dettagliato come le persone di talento alla fine non siano all'altezza di quelli che lavorano sodo (Dweck, 2012).

Il talento determina casi marginali. Ad esempio, il fenomeno, il calciatore Ronaldo Luís Nazário de Lima, anche quando si allenava poco ed era fuori forma faceva ugualmente la differenza. Oppure, puoi lavorare più duramente che puoi, più di chiunque altro al mondo, ma nelle finali maschili dei 100 metri olimpici, è improbabile che tu corra più veloce di Usain Bolt nel suo apice, che era un mostro genetico che capita una volta nella vita, in possesso di un grande telaio che gli dava una falcata più lunga e l'abilità esplosiva di qualcuno molto più basso.

Alcune persone sono solo più fortunate di altre, non si può negare. Tuttavia, questo non significa che puoi correre per le Olimpiadi. Il duro lavoro vincerà sempre su qualcuno che ha talento ma non lavora così tanto. Questo è molto evidente quando ascolti una persona di successo (Dweck, 2012).

Leggi con attenzione queste parole di una celebre pubblicità. Questo è il monologo di Micheal Jordan:

"Forse è colpa mia. Forse vi ho fatto credere che fosse facile, mentre non lo era affatto.

Forse vi ho fatto credere che le mie migliori azioni iniziassero sulla linea del tiro libero e non in palestra.

Forse vi ho fatto credere che ogni tiro che ho fatto fosse vincente, che il mio gioco fosse basato sulla velocità e non sulla fatica.

Forse ho sbagliato a non farvi accorgere che ogni mio fallimento mi ha dato forza e che il mio dolore è stata la mia motivazione.

Forse vi ho lasciato credere che il basket fosse un dono di Dio e non qualcosa per il quale ho lottato ogni singolo giorno della mia vita.

Forse ho distrutto il gioco, o forse, state solo cercando delle scuse."

Rifletti anche su queste parole di Michelangelo Buonarroti:

"Se la gente sapesse quanto duramente ho dovuto lavorare per raggiungere tanta maestria, la mia arte non sembrerebbe poi così meravigliosa."

Il motivo per cui sto menzionando tutto questo è per convincerti del fatto che la memoria è un'abilità che può essere appresa e che non esiste una cosa come nascere con un talento nel ricordare le cose. Ora, qualcuno potrebbe avere un talento marginale in questo ambito, ma questo non importa. A meno che tu non abbia avuto una lesione cerebrale significativa, la differenza è trascurabile. Con il lavoro, anche tu puoi possedere eccellenti capacità di memorizzazione.

Pertanto, puoi vedere come la mente subconscia gioca un ruolo importante nel determinare la tua capacità di credere nella tua capacità di ricordare le cose. In altre parole, è la fondamenta del tuo palazzo mentre le tue capacità di memorizzazione sono una stanza all'interno, una tra le tante.

Assicurati che le tue fondamenta siano forti e tutto il resto andrà in linea. Quindi, come puoi allenarti e rafforzare il tuo subconscio?

Addestrare il Subconscio

L'allenamento del subconscio richiede di applicare i principi dell'apprendimento che abbiamo esaminato nel primo capitolo: emozioni, ripetizione e intenzione. C'è anche il focus, ma questi tre insieme determinano il tuo livello di concentrazione in modo che venga curato lungo il percorso.

Esistono una varietà di metodi che vanno dall'ipnosi alle

affermazioni per addestrare il tuo subconscio, qui, condividerò alcune potenti tecniche che funzioneranno.

Meditazione

Questa prima tecnica è probabilmente la migliore. La meditazione esiste da sempre e fin dai tempi antichi è stata prescritta come il miglior esercizio per il cervello. È una antichissima e universale pratica fondamentale per aumentare le proprie prestazioni sotto ogni livello, sia mentali che fisiche.

Ormai numerosi studi hanno confermato come questo processo interiore riassesta le capacità del cervello a vari livelli per portarti ad una sensazione di grande equilibrio e benessere.

La meditazione non solo rafforza la mente, ma la calma anche radicalmente e la tua capacità di classificare le cose nel giusto ordine d'importanza aumenterà enormemente. (Hanson and Mendius, 2009).

La meditazione cambia letteralmente il tuo cervello. Praticandola, ricablerai le tue reti neurali poiché ciò che stai effettivamente facendo è cambiare i tuoi schemi di pensiero.

Esistono molte forme di meditazione, dall'osservazione del respiro all'aumento della temperatura interna del corpo (Foreman, 2015).

Non c'è bisogno di diventare un monaco per meditare. Viene affrontata al meglio in modo graduale. Se ti stai avvicinando per la prima volta all'argomento può sembrarti tutto difficile, ma non lo è.

Comincia a trovare una posizione comoda, spontanea, in modo da raggiungere un bel grado di rilassamento e di abbandono. Non esiste una posizione più o meno giusta, esiste la posizione giusta per te!

Può aiutarti creare un giardino mentale dove poterti rifugiare per ritrovare la pace e la tranquillità assoluta, uno stato di rilassamento intenso e di benessere che ti permette di aumentare la tua energia.

Non pensare a quello che fai, chiudi gli occhi, rilassa le

braccia, il corpo, concentrati sul respiro e lasciati andare. Abbassa il tuo controllo mentale, rallenta tutti i tuoi processi, alternando fasi di concentrazione e fasi di distrazione per ascoltare le conversazioni del tuo silenzio. Noterai che i tuoi pensieri entrano ed escono liberamente dalla tua testa e avvertirai una bella sensazione di tranquillità e ordine. Ti sentirai molto rilassato.

Meditare ristabilisce in termini di equilibrio e armonia il funzionamento del tuo cervello e del tuo umore grazie anche alla dopamina e la serotonina. Ti aiuta a calmare in maniera efficacie per focalizzarti sulle tue priorità ed utilizzare il tuo cervello al meglio. Ti aiuta anche a lasciare andare tutto quello che ti appesantisce, che ti rallenta, che ostacola il tuo vero essere.

Questa naturalmente è solo una breve introduzione alla meditazione. Una volta fatto un po' di esercizio con le basi, dovresti scegliere una particolare pratica di meditazione e seguirla.

Le pratiche più seguite sono quelle di Samatha e Vipassana. Anche se gli obiettivi principali di entrambe sono diversi e le loro tecniche differiscono, in realtà, non vi è alcun enorme vantaggio dell'una rispetto all'altra. Basta sceglierne una e iniziare a impararla, preferibilmente da un insegnante qualificato. Quest'ultima tecnica rafforza la tua concentrazione ma questo non significa che Vipassana la danneggerà o non la svilupperà, quindi non preoccuparti dei loro obiettivi specifici. Comincia da una, ma poi cerca di apprendere più discipline possibili per completare e consolidare la tua crescita mentale e personale.

Ci sono anche forme religiose di meditazione e se ti senti a tuo agio con loro, sentiti libero di andare avanti con queste. Ancora una volta, il punto è esercitare e controllare la tua mente e, quindi, ricablare le tue credenze. Questo va ben oltre il semplice miglioramento della memoria come puoi immaginare.

Visualizzazione

Ho già accennato degli enormi vantaggi della visualizzazione in precedenza. Il nostro cervello non è in grado di distinguere tra pensieri immaginati e reali. Quindi, perché non usare questo a tuo vantaggio per cambiare le tue convinzioni?

Perché non visualizzarti di fronte alle persone, abbagliandole con le tue capacità mnemoniche? Immagina di ricordare il nome di tutti e di ricordare i loro nomi nonostante li hai incontrati una sola volta e poi li hai rivisti dopo qualche anno. La tua immagine di te stesso gioca un ruolo importante in questo processo così come le emozioni.

L'effetto dell'emozione è abbastanza facile da capire a questo punto. Concentrando l'attenzione su quanto siano buone queste capacità di memoria, darai al tuo cervello un ulteriore incentivo a incorporare queste immagini nella tua memoria a lungo termine e quindi influenzare la tua immagine di te stesso. Tuttavia, l'immagine di te stesso non si limiterà a prenderla alla leggera.

Se le tue immagini sono grandiose fin dall'inizio, puoi aspettarti sicuramente che quella voce dietro la tua testa ti dica "questa è una bischerata". Ti convincerà che tutta questa roba di visualizzazione è solo un'idiozia spirituale e stai meglio come sei. Non sei già a tuo agio? Allora perché cambiare qualcosa?

Questa è, ovviamente, la tua mente che si esprime grazie alle vecchie reti neurali attivate nel tuo cervello. La soluzione a tutto questo è semplicemente dare dei piccoli morsi alla mela. Quindi non iniziare con l'immagine di te che abbagli tutti, ma inizia con te stesso che svolgi con successo i tuoi compiti pratici e a vedere un miglioramento. Non deve essere un miglioramento enorme, basta un piccolo miglioramento.

Questa è una foto credibile per l'immagine di te stesso e in questo modo puoi cambiare i tuoi pensieri. Aumentando lentamente il grado delle tue imprese nelle immagini mentali e accompagnandole con forti emozioni positive, alla fine cambierai le tue convinzioni su te stesso.

Devi capire che la prima capacità per creare qualsiasi cosa è la capacità di immaginazione. Infatti le persone che ottengono successi straordinari hanno la grande dote di saper visualizzare. Hanno la capacità di creare esaltanti immagini di sé stessi e del proprio futuro.

È stato dimostrato che se non riesci a vedere nella tua mente un certo scenario futuro, sarà poi molto difficile che tu sia in grado di realizzarlo davvero. Se ci pensi bene tutte le grandi imprese, le grandi invenzioni e le grandi innovazioni della storia sono nate prima nella mente di qualcuno, hanno avuto origine da una immagine mentale di qualche persona.

Ad esempio i grandi geni del passato avevano la capacità di pensare in grande e creavano le loro invenzioni prima nella loro mente e poi nella realtà. Sono riusciti a trasformare in realtà quelli che per molti erano sogni impossibili, per il semplice fatto di averli prima immaginati. Rifletti, ciò che hai raggiunto nella tua vita, lo avevi prima raggiunto nella tua mente, tutto viene prima pensato e poi realizzato. Prima si fa il progetto, e poi la costruzione, prima si concepisce l'immagine e poi si compie delle azioni per trasformare l'immagine in realtà.

Questo è uno dei segreti dei più grandi uomini e delle più grandi donne di successo del mondo. Diventare la persona che immagini di essere. Imparare a usare l'immaginazione per creare immagini del tuo futuro e saperle poi gestire, ti permette di diventare artefice del tuo destino.

Leggi con molta attenzione, più volte, queste parole di Jack Nicklaus, considerato da molti uno dei più grandi golfisti di tutti i tempi:

"Non tiro mai un colpo, nemmeno in allenamento, senza avere in testa un'immagine molto nitida e a fuoco. È come un film a colori. Prima di tutto 'vedo' la palla dove voglio che finisca, bella e bianca e che si posiziona in alto sull'erba verde brillante.

Poi la scena cambia rapidamente e 'vedo' la palla che va lì; il suo percorso, la sua traiettoria, la sua forma, persino il suo comportamento all'atterraggio. Poi c'è una sorta di dissolvenza, e la scena successiva sono io mentre faccio il tipo di swing che trasformerà le immagini in realtà."

Non voglio trasmettere il messaggio che basta la visualizzazione per far accadere le cose e ottenere i cambiamenti desiderati nella vita. Perché è necessario lavorare molto su stessi, ricorda le parole di Michelangelo e di Micheal Jordan.

Ma la visualizzazione è molto importante per raggiungere i nostri obiettivi.

Elimina le tue immagini mentali di insuccesso e sostituiscile con immagini mentali di successo. Cambierai i tuoi stati d'animo per affrontare le tue sfide. La tua lucidità mentale sarà diversa e quindi accederai a risorse diverse. Attuerai dei comportamenti diversi e raggiungerai i tuoi obiettivi in maniera più efficace.

Affermazioni

Le affermazioni sono solo espressioni per parlare di sé in modo positivo. Purtroppo per molti, sono necessarie perché tendono a indulgere in discussioni interiori estremamente negative. Molto di questo deriva dal loro subconscio e inconscio. Una cattiva immagine di sé porta a molti discorsi dannosi e si traduce in un'esistenza miserabile.

Le affermazioni, positive o negative, sono quindi una funzione della tua immagine di te stesso. Per questo motivo molte di esse non funzionano per le persone. Non è semplicemente sufficiente ripetere a sé stessi un numero di messaggi positivi. Se la tua immagine di te stesso ti sembra falsa, la rifiuterai interiormente, proprio come rifiuteresti immagini grandiose (Hanson and Mendius, 2009).

Quindi, quando si tratta di parlare di sé in modo positivo, è necessario implementare l'approccio dei piccoli morsi insieme a un altro elemento cruciale. Le tue dichiarazioni devono essere al tempo presente e scritte come se le avessi già realizzate. Proprio come il modo in cui le tue immagini mentali convincono il tuo cervello che tutto ciò che stai visualizzando sta realmente accadendo o è successo, scrivere cose al tempo presente aiuta a convincere il tuo cervello che il tuo risultato è reale.

Pertanto, assicurati di scalare le tue affermazioni. Come si determina da dove iniziare? Bene, è qui che la meditazione è di grande aiuto. La meditazione ti darà una acuta consapevolezza su quali pensieri fluttuano nella tua mente e quando reciti le tue affermazioni, se senti una sorta di rifiuto negativo o senti che non è vero o è una sciocchezza, devi abbassare un po' i toni.

In alcuni casi, in modo piuttosto deprimente, potrebbe essere necessario abbassarli fino a zero. Vale a dire che le tue dichiarazioni si tradurranno in una celebrazione dell'assenza di un negativo invece della presenza di un positivo. Questo va benissimo. Anche in questo caso, proprio come le mappe mentali, è una cosa personale, quindi non preoccuparti.

La combinazione di queste tre tecniche ti darà risultati enormi per quanto riguarda il cambiamento delle tue convinzioni e per mettere il tuo cervello in una situazione migliore in modo da aiutare le tue capacità di memorizzazione.

Ci vorrà lavoro e pazienza, ma nel tempo, con disciplina, vedrai alcuni cambiamenti reali nella tua capacità di svolgere qualsiasi compito desideri. Il subconscio è estremamente potente e la cosa buona è che si può controllare perfettamente. Non ha la capacità di rifiutare ciò che gli dai e, quindi, assicurati di alimentarlo solo con immagini mentali e dichiarazioni positive.

Questo conclude il nostro sguardo su come puoi utilizzare il potere della tua mente subconscia per migliorare la salute generale del tuo cervello e coinvolgere meglio le tue facoltà creative. Molto di tutto questo richiederà tempo, ma rimarrai sorpreso da quanto presto riuscirai a far funzionare le cose con una pratica costante. La chiave di tutto ciò, come sempre, è la ripetizione.

Se vuoi un aiuto davvero efficace per potenziare la tua mente e per raggiungere gli obiettivi che vuoi, ricorda il Protocollo Zeloni Magelli. Potenzierò la tua mente, nel minor tempo possibile.

Una memoria migliore, un migliore te

Quindi eccoci alla fine. Lungo questo percorso, hai appreso di fatti biologici e tecniche pratiche, insieme ad alcune tecniche inaspettate che miglioreranno non solo le tue capacità mnemoniche ma anche la salute generale del tuo cervello. Oltre alle tecniche, agli esercizi e ai giochi descritti in dettaglio negli altri due libri di questa serie, dovresti avere un quadro completo di come la memoria, l'apprendimento e i processi biologici del cervello si legano tra loro.

Ricorda sempre le chiavi dell'apprendimento, che sono il focus, la ripetizione, l'intenzionalità e l'emozione. Il focus è qualcosa che scaturisce dall'attuazione delle altre tre. Mentre puoi praticare esercizi di concentrazione a sé stanti, il modo migliore per sviluppare il focus è lasciare che giunga in modo naturale. Cioè, se sei interessato a quello che stai facendo, ti focalizzerai da solo.

Sono le cose che non ti interessano che rendono difficile la tua concentrazione. Un'altra ragione per cui le persone hanno difficoltà a concentrarsi sulle cose che amano fare è che il loro cervello è stanco e ha bisogno di riposo. In molti tendono a prendere il benessere e la salute mentale con meno serietà di quanto meriti e questo è un peccato.

Il mio pensiero è, che è qui che entra in gioco l'intenzionalità. Ho parlato abbastanza di emozione e ripetizione, quest'ultima è abbastanza ovvia, ma l'intenzionalità è un concetto più elusivo e si potrebbe pensare, a ragione, che l'intenzionalità dovrebbe essere messa sotto l'ombrello della concentrazione. Ebbene, in questo contesto l'intenzionalità si riferisce ai tuoi obiettivi di stile di vita e alla definizione delle tue priorità.

Qual è l'intenzione dietro le molte attività che scegli di svolgere? Probabilmente, vai a lavorare ogni giorno e sopporti la grande quantità di stress che ne deriva. Qual è la tua intenzione dietro a fare tutto questo? Almeno lo sai? Potresti aver intrapreso il tuo lavoro con delle intenzioni in mente, ma sono ancora valide adesso?

Queste sono domande importanti perché molte persone si ritrovano a scambiare il fine con il mezzo. Vorrebbero realizzarsi con un lavoro, migliorare la loro salute, avere più tempo libero, avere più soldi ed avere delle relazioni migliori. Ma per effetto di un paradosso la maggior parte di loro si ritrova senza tempo, senza soldi con un forte stress ed in solitudine.

Fermati a pensare. Quello che stai facendo ti sta allontanando o avvicinando ai tuoi obiettivi? Queste sono domande importanti che è necessario valutare in modo da premiare il rischio. Ogni azione che fai mette un carico cognitivo sul tuo cervello e potrebbe causarti stress se non fai quello che ti piace. Se stai affrontando questo stress per una buona ragione, è giustificabile, ma aggiungere stress senza una ragione valida è un metodo infallibile per una vita miserabile. In poche parole, sarai troppo stanco per fare qualsiasi altra cosa, dal momento che tali attività richiedono una maggiore energia.

Ad esempio, crescere un figlio potrebbe essere una delle cose più stressanti che farai nella tua vita. Tuttavia, quasi tutti i genitori concordano sul fatto che lo stress ne sia valsa la pena. Le persone diranno la stessa cosa del proprio lavoro? Improbabile. Vedi, i fattori dello stile di vita vanno oltre ciò che stai facendo in questo momento. Devi guardare anche a quello che farai in futuro. Ricorda che il tuo cervello si deteriorerà e non diventerà più giovane o magicamente più sano se non fai niente. Come detto in precedenza, tutto ciò di cui ho parlato in questi tre libri funziona per mantenere migliore la salute del tuo cervello. Alla fine, nessuno di noi ha una possibilità contro il tempo. Sebbene ci sono molte abilità che si possono migliorare fino a 70 anni e in molti campi più si cresce e più si migliora, vedi l'esperienza.

Pertanto, è della massima importanza dare priorità alla salute e al benessere del cervello e considerare lo stress e la negatività (che causano molto stress indesiderato attraverso la paura), come nemici mortali. È fondamentale utilizzare il maggior numero possibile di ausili per aiutare la salute generale insieme a quella del cervello. Fai in modo che la tua intenzione sia quella di fare le cose che siano il più possibile gentili con te e che abbiano una ricompensa maggiore dello stress che ti impegni a portare a termine.

Non fraintendere questa frase. Non ti sto dicendo di vivere una vita senza rischi, altrimenti non ci sarebbe crescita. Affrontare nuove sfide fa bene al cervello, e dietro le grandi sfide si celano grandi ricompense.

Tutto ciò che ti ho dato finora farà questo e molto di più. Ma ci sono altri due modi per rinforzare le informazioni e imparare meglio. Questi sono l'uso della musica e della scrittura. La musica può generare più emozioni di praticamente tutto il resto in questo mondo.

Si parla molto di quale tipo di musica sia la migliore per il cervello umano e molti di questi risalgono alle teorie delle onde cerebrali. Si dice che la musica classica barocca stimoli le onde alfa all'interno del cervello e aiuti a imparare e ad espandere le reti neurali del cervello. Ora, come con molte tecniche di miglioramento della memoria basate sulle onde cerebrali, la ricerca credibile è quasi inesistente con queste teorie (Ball, 2011).

Attualmente ci sono molti tipi di musica venduti in commercio che sono marchiati come "aiuti al rilassamento". Tuttavia, le affermazioni secondo cui la musica può indurre un rilassamento psicologico e fisico sono raramente convalidate su base empirica (Lee-Harris et al., 2018).

Ad esempio si parla spesso della musica meditativa o dei battiti binaurali, ma questi suoni funzionano meglio della musica classica? Dipende. La musica meditativa e i battiti binaurali possono contribuire efficacemente al rilassamento, ma in modo diverso a seconda dell'età (Lee-Harris et al., 2018). Quello che sto cercando di dirti è che non c'è una scienza che dimostra che una musica è migliore di un'altra. Invece di preoccuparti del tipo di musica migliore, perché non concentrarsi solo sul tipo di emozione che la musica crea dentro di te.

Ascoltiamo diversi tipi di musica per diversi motivi. A volte, ascoltiamo determinati brani quando siamo giù e abbiamo bisogno di una spinta; a volte ascoltiamo un repertorio particolare quando siamo felici e vogliamo gioire. Poi ci sono le note che ci cullano per dormire la notte.

Invece di concentrarti sul genere musicale, concentrati sull'emozione che suscita in te. Ora, i brani che ti fanno sentire meglio quando sei giù potrebbero sembrare una buona scelta, ma a lungo andare, questo tipo di ascolto musicale non fa altro che rafforzare che le cose vanno male.

Se ti ritrovi ad ascoltare la musica in questo modo per la maggior parte del tempo, la colpa non è della musica, ma è solo un sintomo che qualcosa deve essere sistemato nella tua vita.

Il miglior tipo di musica da ascoltare è quello che ti aiuta a gioire e ti mette di buon umore. Scoprirai che tale musica viene ascoltata dalla maggior parte delle persone quando sono già di buon umore. Pertanto, l'obiettivo o l'intenzione qui non è usare la musica in qualche modo magico, ma semplicemente di sforzarsi di sentirsi bene per la maggior parte del tempo.

Sentirsi bene non significa rifiutare le emozioni di tristezza o di ansia. Questi si manifestano naturalmente e c'è un'ottima ragione per questo, quindi non commettere l'errore di invalidarle.

Tuttavia, sforzati di rendere le cose il meglio possibile. Se sei triste, non cercare di rifiutare la tristezza e non iniziare a saltare di gioia. Invece, mira a far sentire la tristezza meno triste e risali la scala fino a raggiungere la neutralità e poi la felicità. Piccoli morsi, ricordi?

Potresti usare la musica come ausilio alla memoria, come descritto nei libri precedenti di questa serie come dispositivo mnemonico. Tuttavia, ricorda di usare il potere trasformativo della musica a tuo favore.

La scrittura è un altro ottimo strumento. Pensa alla scrittura come uno scarico per le tue emozioni negative e semplicemente scaricale sulla carta. Non censurarti o mettere un freno al flusso di pensieri una volta che ti sei messo in moto. Tuttavia, proprio come con la musica, se scopri che stai usando la scrittura in questo modo per la maggior parte del tempo, c'è qualcosa di sbagliato che devi correggere e la tua intenzionalità non è orientata a favore del vivere bene ed essere gentile con te stesso.

La memoria è molto importante, se non riuscissimo a memorizzare le nostre esperienze, le emozioni, le persone, le parole e i numeri, non saremo capaci di pensare. Ricordare è un'arte che può essere appresa da chiunque. Tutti possono sviluppare la propria memoria individuale.

Il cervello umano è una macchina estremamente potente e ci sono ancora tante cose da scoprire. Quello che sappiamo è che è più potente di quanto sappiamo e dobbiamo smettere di sabotare i suoi sforzi ponendo su di esso le nostre preoccupazioni quotidiane e banali.

Quindi la strada da percorrere e la tua intenzione mirata è chiara: sii gentile con te stesso. Dai la priorità al tuo benessere. Seguirà tutto il resto, compresa la super memoria.

Conclusione

Adesso hai tutto ciò quello che ti serve per sviluppare la tua super memoria e potenziare il tuo cervello. Molti di questi non sono dei nuovi concetti, poiché le antiche civiltà si sono occupate di queste informazioni per diversi secoli.

Quando mantieni il tuo cervello stimolato e lo arricchisci con nuove informazioni di valore, puoi vivere alla grande e continuare a crescere. Invece di sentirti annoiato, stagnante e smemorato, ti sentirai stupito dal potere che la tua mente ha sempre contenuto.

Se da un lato fai affidamento sulla memoria per completare le attività durante la giornata, dall'altro dipendi da essa per prendere decisioni e agire. A seconda di quanto bene ricordi le informazioni, troverai diversi modi per rimanere motivato e per fare le migliori scelte possibili. Con una mente stagnante c'è il rischio di agire solo per evadere dalla noia. Questo di solito si traduce in un circolo vizioso, che non darà mai alla tua mente la possibilità di crescere. Imparando queste tecniche ed esercizi, sarai in grado di trasformare completamente le tue abitudini per far funzionare meglio la tua memoria e il tuo cervello.

Non solo il modo in cui ricordi le cose è importante per mantenere il tuo attuale livello di conoscenza, ma può anche aiutarti a trovare nuove idee e concetti. L'uso della memoria ti incoraggia ad essere ispirato e creativo nella vita. La tua memoria è come un magazzino che ospita tutte le tue esperienze passate e ospiterà i nuovi fatti che apprenderai. Ti consente di stabilire delle priorità e incide nel modo in cui spenderai il tuo tempo.

Con il giusto equilibrio tra compiti giornalieri e attività stimolanti, sarai in grado di ottimizzare completamente il tuo cervello per lavorare in modi che non ha mai fatto prima.

Migliorerai la tua capacità di parlare in pubblico perché sarai in grado di ricordare meglio i tuoi discorsi e le argomentazioni di supporto. Apparirai più sicuro di te quando parli.

Le tue relazioni miglioreranno perché potrai ricordare molti dettagli delle persone che frequenti. Alle persone fa piacere vedere una persona che mostra un interesse genuino per loro. Apparirai più interessante ma anche attento agli altri. Questo tuo modo di fare piacerà molto alle persone.

La tua salute migliorerà, perché essendo più produttivo avrai più tempo da dedicare alla lettura di libri per il tuo benessere e ricorderai meglio tutto quello che ti serve per mantenerti in salute. Inoltre avere buone relazioni aiuta ad avere una buona salute.

Come ormai già sai, migliorerai in molti aspetti personali e professionali, ne abbiamo già parlato nelle prime pagine di questo libro. In sintesi, hai appreso come usare la visualizzazione e l'immaginazione per trasformare in poco tempo i numeri, le parole e i concetti che vuoi ricordare in immagini. Perché le immagini sono un linguaggio universale comprensibile dalle persone di tutto il mondo. Tutti pensano e sognano per immagini. Ricordiamo meglio le cose che vediamo. Adesso sei in grado in poco tempo di creare delle immagini ricche di emozioni, azione e esagerazioni che difficilmente dimenticherai.

Ma ricorda anche di saper dimenticare, perché la vita è piena di informazioni che devi imparare a bypassare. Quando qualcosa non ti serve in modo pratico o positivo, devi capire come lasciarlo andare in modo da non ingombrare il tuo spazio di pensiero. Lasciando andare le cose che non contano, avrai molto più spazio per concentrarti sulle informazioni che possono portare un valore aggiunto alla tua vita. Attraverso questo processo, noterai immediatamente di essere molto meno appesantito dai tipici fattori di stress che incontravi di solito.

La tua memoria non cambierà completamente dall'oggi al domani, devi essere paziente con te stesso. Grazie al tuo impegno costante, inizierai a sentirti molto più presente nella tua vita quotidiana. Inizierai a ricordare i dettagli e le informazioni che una volta eri abituato a notare. Tutto ti sembrerà più chiaro e avrà senso per te: questo ti darà un grande senso di realizzazione. Puoi essere orgoglioso di sapere che hai scelto di fare questo grande passo nella giusta direzione. Non importa quale sia la tua ragione per migliorare la tua memoria, è un qualcosa che ti porterà benefici per il resto della tua vita.

Ricordare è una forma d'arte e può essere appresa da chiunque. Non importa quanti anni hai o quanto tempo è passato da quando hai sentito che la tua mente era al massimo del suo potenziale, puoi allenare il tuo cervello a lavorare più velocemente e in modo più efficiente. Tutti hanno la capacità di sviluppare una super memoria e tutto ciò che devi fare è impegnarti nel processo. Attraverso il tuo duro lavoro e un attento allenamento, sarai in grado di sentirti orgoglioso del modo in cui funziona il tuo cervello. Essere in grado di ricordare persone, eventi, luoghi e informazioni importanti è fantastico: ti dà una vita piena di significato.

Usa ciò che impari da questo libro per trasformare le informazioni in abitudini positive, ti aiuteranno in ogni situazione.

Hai appena eretto il tuo primo pilastro del successo. Sei pronto per il secondo?

Come autore, mi piace rimanere in contatto con i miei lettori, pertanto, ti invito a connetterti personalmente con me via internet per confidare le tue osservazioni e porre delle domande riguardo il fantastico universo della Mente.

Basandomi sulla mia esperienza, e nel limite del possibile, cercherò di rispondere a tutte le vostre domande, anche alle persone che non hanno la possibilità di studiare i miei corsi o partecipare ai miei eventi mastermind.

Quindi ti invito a pormi delle domande o condividere le tue osservazioni relative all'universo della Mente.

Entra in contatto con me su: **zelonimagelli.com** e iscriviti ai miei canali per rimanere sempre aggiornato.

Puoi visitare il mio sito, leggere articoli interessanti e approfittare della sezione "Risorse Gratuite". Non fartele scappare! A presto!

Sei stato programmato fin dalla nascita!

Nella tua Mente ci sono dei Programmi che stanno rubando il tuo Potere. Ti dimostrerò che puoi riacquisire quel potere affinché tu possa tornare in possesso della tua Mente Originale grazie alla Psicologia Primordiale.

Sei molto più potente di quanto credi!

LA MENTE È IL PRINCIPALE SISTEMA DI CONTROLLO DELLA NOSTRA VITA

La funzione della tua Mente è trasformare i tuoi schemi mentali nella tua Realtà. Non puoi cambiare la tua realtà se non cambi gli schemi mentali che l'hanno creata.

VUOI CONOSCERE DAVVERO LA STORIA DELLA TUA MENTE? POSSO INSEGNARTI A MODIFICARE E POTENZIARE I TUOI PROGRAMMI MENTALI.

La Psicologia Primordiale offre un insieme di conoscenze che permettono all'individuo di operare sulla propria mente, sulla propria anima e sul proprio corpo.

Grazie alla tecnologia dell'Io Primordiale e al mio protocollo di lavoro scientifico posso trasformarti in una persona migliore, più forte, più sana, più abile, più veloce, più pura, più magnetica in grado di prosperare e attrarre più ricchezza e benessere nella propria vita.

È la tua ultima occasione, se rinunci non ne avrai altre. Adesso puoi prendere la pillola blu e fine della storia: torni alla vita di sempre.

Oppure puoi prendere la pillola rossa, ti riapproprierai della tua Mente Originale e sentirai davvero quanto è potente la tua Mente.

Nessuno di noi purtroppo è in grado di descriverti la potenza della tua Mente Originale. Dovrai sentirla in prima persona per scoprire com'è e che cos'è…

TORNANDO IN POSSESSO DELLA TUA MENTE ORIGINALE E POTENZIANDO I TUOI PROGRAMMI MENTALI, AVRAI:

+ VITA

Tornando in possesso della tua mente originale saprai finalmente chi sei, cosa vuoi e qual è il tuo scopo nella vita. Ti sentirai vivo come non mai e sarai finalmente libero di vivere la tua vera vita, senza correre il rischio di rimanere intrappolato in una vita che non ti appartiene.

+ SALUTE

Ti mostrerò modi semplici per iniziare a potenziare la tua salute. Sai che mente e corpo sono in continua comunicazione tra loro? Distruggeremo quei blocchi che ti stanno prosciugando le energie e potenzieremo il tuo sistema immunitario.

+ RICCHEZZA

Nonostante i tuoi sforzi, stai durando fatica a ottenere la ricchezza che desideri. Sostituiremo i tuoi schemi mentali che ti stanno limitando con schemi che porteranno ricchezza e abbondanza nella tua vita. In poche parole, comincerai a prosperare senza limiti...

+ RELAZIONI

Sarai una persona molto più attraente, magnetica e carismatica in grado di creare l'amore che meriti. Oltre a stringere delle nuove sane amicizie, sarai in grado di stimolare una ondata di desiderio nelle persone intorno a te che andrà oltre l'attrazione fisica, le porterai a vederti sotto una nuova luce.

IL PROTOCOLLO ZELONI MAGELLI

TI RENDO PIÙ VIVO E POTENTE NEL MINOR TEMPO POSSIBILE

TORNERAI IN POSSESSO DELLA TUA MENTE ORIGINALE E RIPROGRAMMERAI LA TUA MENTE, COSÌ POTRAI SFRUTTARE APPIENO LE CAPACITÀ DEL TUO CERVELLO, IL POTERE IMMENSO DEL TUO MONDO INTERIORE E LE ATTIVITÀ, LE RELAZIONI E LE RISORSE DEL MONDO ESTERIORE

Studio la Mente dal 2003 e nel corso del tempo, ho creato un percorso formativo interdisciplinare.

Ho creato un protocollo scientifico con potenti strategie, metodi avanzati e nuovi modi di pensare e agire, per incrementare la potenza della mente, affinché tu possa davvero aumentare la capacità di raggiungere obiettivi personali e professionali e per elevare le tue performance a livelli straordinari.

Troverai un insieme di tecniche che ti aiuteranno a vivere meglio e raggiungere il giusto equilibrio tra la dimensione fisica e spirituale della vita per accedere alla vera fonte della salute e della felicità.

TI RENDO PIÙ VIVO E POTENTE, AVRAI UNA MENTE POTENZIATA E AGGIORNATA, AVRAI UN INCREMENTO DELLE PRESTAZIONI, PORTERAI LA TUA VITA AD UN LIVELLO SUPERIORE...

PERCHÉ POSSO DAVVERO TRASFORMARTI IN UNA PERSONA ANCORA PIÙ POTENTE IN GRADO DI OTTENERE I RISULTATI CHE VUOI?

Comincia il tuo Potenziamento Mentale adesso!

Scoprilo su zelonimagelli.com

Riferimenti bibliografici

Adegbuyi, F. (2019). *Deep Work: The Complete Guide (including a step-by-step checklist)*. [online] Ambition & Balance. Retrieved July 7, 2019, from https://doist.com/blog/complete-guide-to-deep-work/

Alban, D. (2018). *36 Proven Ways to Improve You Memory*. Retrieved from https://bebrainfit.com/improve-memory/

Alharbi, Mudi H. and Lamport, Daniel J. and Dodd, Georgina F. and Saunders, Caroline and Harkness, Laura and Butler, Laurie T. and Spencer, Jeremy P. E. (2016). Flavonoid-rich orange juice is associated with acute improvements in cognitive function in healthy middle-aged males. *European Journal of Nutrition*, 55 (6). pp. 2021-2029. ISSN 1436-6215

American Addiction Centers. (2019). *Depression, Anger, and Addiction: The Role of Emotions in Recovery and Treatment*. Retrieved July 7, 2019, from https://americanaddictioncenters.org/co-occurring-disorders/emotions-in-recovery-and-treatment

Ball, P. (2011). *The music instinct*. London: Vintage Books.

Beasley, N. (2018). *Difference Between Eidetic Memory And Photographic Memory*. Retrieved from https://www.betterhelp.com/advice/memory/difference-between-eidetic-memory-and-photographic-memory/

Boureston, K. (n.d.). *How to Develop a Photographic Memory: The Ultimate Guide.* Retrieved from https://www.mantelligence.com/how-to-develop-a-photographic-memory/

Bryant, J. (2016) *An Investment In Knowledge Pays The Best Interest.* Retrieved April 14, 2020, from https://selfmadesuccess.com/about-justin-bryant/

Buzan, T., Buzan, B. (1996). *The mind map book.* New York: Plume.

Buzan, T., Buzan, B. (2018). *Mappe mentali. Come utilizzare il più potente strumento di accesso alle straordinarie capacità del cervello per pensare, creare, studiare, organizzare*

Cherry, K. (2019). *A Simple DIY Short-Term Memory Experiment.* Retrieved from https://www.verywellmind.com/a-short-term-memory-experiment-2795664

Debono M, Ghobadi C, Rostami-Hodjegan A, Huatan H, Campbell MJ, Newell-Price J, Darzy K, Merke DP, Arlt W, & Ross RJ (2009). Modified-release hydrocortisone to provide circadian cortisol profiles. *The Journal of clinical endocrinology and metabolism,* 94 (5), 1548-54.

Dweck, C. (2012). *Mindset.* [Kennett Square, PA]:

Soundview Executive Book Summaries.

Farnam Street. (2019). *The Buffett Formula: Going to Bed Smarter Than When You Woke Up*. Retrieved July 7, 2019, from https://fs.blog/2013/05/the-buffett-formula/

Foer, J. (2016). *Slate's Use of Your Data*. Retrieved from https://slate.com/technology/2006/04/no-one-has-a-photographic-memory.html

Foreman, C. (2015). *Revealing the Secrets of Tibetan Inner Fire Meditation* Retrieved July 7, 2019, from https://www.thewayofmeditation.com.au/revealing-the-secrets-of-tibetan-inner-fire-meditation

Friedersdorf, C. (2014). *What Does it Mean to 'See With the Mind's Eye?'*. Retrieved from https://www.theatlantic.com/health/archive/2014/12/what-does-it-mean-to-see-with-the-minds-eye/383345/

Grant, A. (2016). Originals. 1st ed. [S.l.]: Penguin Publishing Group.

Hanson, R. and Mendius, R. (2009). *Buddha's brain*. Oakland, CA: New Harbinger Publications.

Human-memory.net. (2019). *Memory Encoding - Memory Processes - The Human Memory*. Retrieved July 7, 2019, from http://www.human-memory.net/processes_encoding.html

Ifc.unam.mx. (2019). *A Brief Introduction to the Brain:*

Themes. Retrieved July 7, 2019, from http://www.ifc.unam.mx/Brain/segunda.htm

Ifc.unam.mx. (2019). *A Brief Introduction to the Brain: Neural Nets*. Retrieved July 7, 2019, from http://www.ifc.unam.mx/Brain/nenet.htm

Improve Your Memory With a Good Night's Sleep. (n.d.). Retrieved from https://www.sleepfoundation.org/excessive-sleepiness/performance/improve-your-memory-good-nights-sleep

Jennings, K. (2017). *11 Best Foods to Boost Your Brain and Memory*. Healthline. Retrieved July 7, 2019, from https://www.healthline.com/nutrition/11-brain-foods#section1

Kubala, J. (2018). *14 Natural Ways to Improve Your Memory*. Retrieved from https://www.healthline.com/nutrition/ways-to-improve-memory

Kubala, J. (2019). *6 Ways Added Sugar Is Fattening*. Healthline. Retrieved July 7, 2019, from https://www.healthline.com/nutrition/does-sugar-make-you-fat

Lee-Harris, G. Timmers, R. Humberstone, N. Blackburn, D. (2008) Music for Relaxation: A Comparison Across Two Age Groups. *Journal of Music Therapy*, Volume 55, Issue 4, Winter 2018, Pages 439–462.

Lerner, K. (n.d.). *Hook Line & Sinker - Secrets to a Great Memory Hook*. Retrieved from https://www.topleftdesign.com/blog/2009/11/hook-line-sinker-secrets-to-a-great-memory-hook/

Lucarelli, G. (2015) *La verità, vi prego, su emisfero destro, emisfero sinistro e creatività*. Retrieved July 7, 2019, from http://www.giovannilucarelli.it/wordpress/2015/06/verita-emisfero-destro-emisfero-sinistro/

Maggi, P. (2015). Lete e Mnemosyne, ovvero elogio dell'oblio. *Dialoghi di filosofia della medicina*. Retrieved from https://paolomaggi.wordpress.com/lete-e-mnemosyne-ovvero-elogio-delloblio/

Mcleod, S. (2013). *Memory, Encoding Storage and Retrieval*. Retrieved from https://www.simplypsychology.org/memory.html

Memory Process - encoding, storage, and retrieval. (n.d.). Retrieved from http://thepeakperformancecenter.com/educational-learning/learning/memory/classification-of-memory/memory-process/

Memory Techniques - Association, Imagination and Location. (n.d.). Retrieved from https://www.academictips.org/memory/assimloc.html

Method of Loci - Increase Memory Using your Home's Map. (2011). Retrieved from https://www.mind-expanding-techniques.net/memory-strategies/methodof-loci/

Mikel, B. (2017). *Scientists Find an Undeniably Effective Technique for Mastering New Skills.* Retrieved from https://www.inc.com/betsy-mikel/use-this-technique-to-master-a-hard-to-learn-skill-at-any-age.html

Mind Mapping - How to Mind Map. (n.d.). Retrieved from https://www.mindmapping.com/

Mind Mapping Basics. (n.d.). Retrieved from https://simplemind.eu/how-to-mind-map/basics/

Mohs, R. (n.d.). *Improving Memory: Lifestyle Changes.* Retrieved from https://health.howstuffworks.com/human-body/systems/nervous-system/improving-memory1.htm

Mosconi, L. (2018). *Nutrire il cervello. Tutti gli alimenti che ti rendono più intelligente.*

Musial, C., Kuban-Jankowska, A., Gorska-Ponikowska, M. (2020). Beneficial Properties of Green Tea Catechins. *International Journal of Molecular Sciences* 21(5):1744 March 2020.

Negroni, J. (2019). *How to Memorize More and Faster Than Other People.* Retrieved from https://www.lifehack.org/articles/productivity/how-memorize-things-quicker-than-other-people.html

Newport, C. (2016). *Deep work.* 1st ed. Little Brown book Group.

Newsonen, S. (2014). *Why Do You Find It so Hard to*

Not Multitask?. Psychology Today. Retrieved July 7, 2019, from https://www.psychologytoday.com/intl/blog/the-path-passionate-happiness/201405/why-do-you-find-it-so-hard-not-multitask

Novella, S. (2017). *Brain Wave Pseudoscience.* [online] Sciencebasedmedicine.org. Retrieved July 7, 2019, from https://sciencebasedmedicine.org/brain-wave-pseudoscience/

Pinola, M. (2019). *The Science of Memory: Top 10 Proven Techniques to Remember More and Learn Faster.* Retrieved from https://zapier.com/blog/better-memory/

Qureshi, A., Rizvi, F., Syed, A., Shahid, A., & Manzoor, H. (2014). *The method of loci as a mnemonic device to facilitate learning in endocrinology leads to improvement in student performance as measured by assessments.* Retrieved from https://www.ncbi.nlm.nih.gov/pmc/articles/PMC4056179/

Step 3: Memory Retrieval | Boundless Psychology. (n.d.). Retrieved from https://courses.lumenlearning.com/boundless-psychology/chapter/step-3-memory-retrieval/

TalentSmart. (2019). *Emotional Intelligence (EQ) | The Premier Provider - Tests, Training, Certification, and Coaching.* TalentSmart. Retrieved July 7, 2019, from https://www.talentsmart.com/articles/Multitasking-Damages-Your-Brain-and-Your-Career,-New-Studies-

Suggest-2102500909-p-1.html

The Cleveland Clinic. (2017). *Cooking for Cognition: Making a Meal Is Good for Your Brain*. Retrieved from https://healthybrains.org/cooking-cognition-making-meal-good-brain/

The Good And Bad Things. (n.d.). Retrieved from https://photographic-memory-science.weebly.com/the-good-and-bad-things.html

The Journey Technique: – Remembering Long Lists. (n.d.). Retrieved from https://www.mindtools.com/pages/article/newTIM_05.htm

The Study of Human Memory. (n.d.). Retrieved from http://www.human-memory.net/intro_study.html

Types of Memory. (n.d.). Retrieved from https://learn.genetics.utah.edu/content/memory/types/

Types of Memory | Boundless Psychology. (n.d.). Retrieved from https://courses.lumenlearning.com/boundless-psychology/chapter/types-of-memory/

Venuti, A., Marianetti, M., Pinna, S. (2018). *Allena il tuo cervello. Esercizi, attività e curiosità per tenere in forma la tua mente.*

Wax, D. (2019). *Writing and Remembering: Why We Remember What We Write*. Lifehack. Retrieved July 7, 2019, from:

https://www.lifehack.org/articles/featured/ writing-and-remembering-why-we-remember-what-we-write.html

Wik, A. (2011). *How To Remember Anything Forever with Memory Hooks.* Retrieved from https://roadtoepic.com/remember-anything-forever-with-memory-hooks/

Wimber, M et al. (2015). Retrieval induces adaptive forgetting of competing memories via cortical pattern suppression. *Nature Neuroscience.*

Xiaochen Lin, Isabel Zhang, Alina Li, JoAnn E Manson, Howard D Sesso, Lu Wang, Simin Liu (2016). Cocoa Flavanol Intake and Biomarkers for Cardiometabolic Health: A Systematic Review and Meta-Analysis of Randomized Controlled Trials. *The Journal of Nutrition,* Volume 146, Issue 11, November 2016, Pages 2325–2333.

Zamora-Ros R, Forouhi NG, Sharp SJ, González CA, Buijsse B, Guevara M, van der Schouw YT, Amiano P, Boeing H, Bredsdorff L, Clavel-Chapelon F, Fagherazzi G, Feskens EJ, Franks PW, Grioni S, Katzke V, Key TJ, Khaw KT, Kühn T, Masala G, Mattiello A, Molina-Montes E, Nilsson PM, Overvad K, Perquier F, Quirós JR, Romieu I, Sacerdote C, Scalbert A, Schulze M, Slimani N, Spijkerman AM, Tjonneland A, Tormo MJ, Tumino R, van der A DL, Langenberg C, Riboli E, Wareham NJ. (2013). *The association between dietary flavonoid and lignan intakes and incident type 2 diabetes in European populations: the EPIC-InterAct* study. Diabetes Care. 2013 Dec;36(12):3961-70. doi: 10.2337/dc13-0877. Epub 2013 Oct 15.

Zeloni Magelli E. (2010). *La Teoria della Realtà.*

Copertina Realizzata da Carlotta Zeloni

www.ingramcontent.com/pod-product-compliance
Lightning Source LLC
LaVergne TN
LVHW051918060526
838200LV00026B/397/J